노동의 균열

조직과 삶의 새 패러다임 찾기

이화학술총서

노동의 균열

조직과 삶의 새 패러다임 찾기

이주희 지음

이화여자대학교출판문화원

들어가는 글

현대인은 누구나 일과 연관된 삶을 살고 있다. 우리는 대부분 다양한 목적의 조직에 속해 일하거나, 일하기를 원하거나, 실업이나 은퇴로 일을 그만둔 후의 생계를 걱정한다. 하지만 과연 일의 의미가 무엇인지, 우리가 일하는 조직이 보다 나은 삶을 위해 어떻게 변화해야 하는지에 대한 논의는 경제 담론의 그림자를 벗어나지 못한 채 아직 본격화되지 못하고 있다. 우리 사회는 세계화와 기술 혁신, 그에 이은 4차 산업혁명으로 일과 고용, 기업 조직에서의 근본적인 변화를 겪고 있는 중이다. 노동의 균열을 가져오는 변화가 급격하고 빠르게 진행되고 있는 만큼, 전 세계적으로 진행 중인 새로운 생산방식의 등장과 그에 따른 고용형태의 다변화, 점차 증가하는 실존적 평등의 요구를 받아들여야 하는 현대 조직의 성격과 그 안에서 만들어지는 일자리에 대한 다학문적이고 체계적인 이해가 필요하다.

인공지능(AI)과 자동화는 노동시장의 변화를 더욱 촉진해 노동시장과 사회복지의 이중구조를 더욱 악화할 것으로 예상된다. 이 책은 사회학, 경제학, 노사관계학, 정치학 등 사회과학의 주요 학문이 제공하는 분석틀을 사용해 미래의 직업인으로서의 대학생, 노동시장과 노사관계를 연구하는 대학원생, 현장에서 변화를 직접 겪고 있는 직업인, 노동조합 조합원, 인사담당자, 사용자 단체의 회원, 고용 및 노사관계 업무를 담당하는 공무원, 더 나아가 현대 사회를 살아가는 일반인 모두에게 필수적이며 실용적인 지식을 제공하고, 급변하는 노동환경에 유연하게 대응할 수 있는 노사관계와 노동시간 단축, 그리고 일과 생활의 균형을 가능하게 하는 바람직한 조직의 새로운 패러다임과 관련된 전문적이면서도 폭넓은 지식을 함양할 수 있도록 기획되었다.

이 책은 크게 3부와 9개의 장으로 구성되어 있다. 1부는 특별한 상품으로서의 노동을 둘러싼 기본 개념을 다룬다. 자본주의 사회의 다른 일반적인 상품과는 달리, 노동은 그것을 파는 인간의 삶으로부터 분리될 수 없다. 따라서 노동시장은 일반 시장의 원리와는 다른 고유한 특성을 가진다. 1장에서는 노동시장의 구조에 대한 경제학적·사회학적·정치학적 접근의 차이를 설명하고, 고용률과 경제활동 참가율의 차이 등 노동시장과 관련된 기본적인 용어와 개념을 소개한다. 2장은 노동조합의 역사와 유형에 대한 소개 후, 노동조합이 경제 및 생산성에 미치는 영향을 살펴본다. 가장 핵심적인 내용은 노동조합이 어떤 구조적 조건 아래 독점(monopoly), 혹은 집합적 소통(collective voice)이라는 두 상반되는 영향력을 가지게 되는가와 관련된다. 3장은 노사관계의 역사와 기초 개념을 습득한 후, 주요 선진국의 노사관계와 단체교섭구조의 비교를 통해 한국 노사관계 특성을 파악한다.

2부는 변화하는 고용형태를 추적하며 일의 미래를 예측한다. 4장은 비정규직이 부각되기 시작한 1990년대 말 외환위기 이후부터 2010년대까지의 상황을 분석하면서, 특히 비정규직과 관련된 산업 부문별 노동정치와 비정규직의 젠더화에 대한 심화된 논의를 제공한다. 2010년대 이후의 한국 사회에서는 간접고용과 특수고용을 포함한 모호한 고용관계가 점차 증가하게 되는데, 노동에 대한 규제는 이런 변화된 환경을 반영하지 못하고 지체되고 있다. 5장에서는 비정규직이 모호한 고용관계로 악화되는 실태를 분석하고, 균열일터에서 일하는 노동자에 대한 보호 방안을 검토한다. 최근에는 플랫폼 노동의 확산으로 모호한 고용관계가 표준고용관계를 본격적으로 잠식하고 있다. 알고리즘으로 통제되는 플랫폼 노동과정의 가장 큰 특징은 자율성과 억압이 공존하는 양면성으로, 노동자 보호라는 차원에서 어떤 과제를 내포하고 있는지 조사할 필요가 있다. 6장은 테크노봉건주의로서의 플랫폼 경제의 일반적 실태를 살펴본 후, 2022년 전후로 플랫폼 노동에 종사하는 청년층을 대상으로 한 심층면접 자료에 대한 분석을 토대로 한국 사회 플랫폼 노동의 문제점과 사회권 차원에서의 대안을 제시한다.

마지막 3부는 일과 생활의 새로운 패러다임을 위한 과제를 살펴본다. 현대 조직의 이상적인 고용인의 가장 중요한 특성은 조직의 요구에 따라 장시간 노동을 마다하지 않는 것이다. 장시간 노동은 조직 내 여성의 고용과 승진을 저해하며 일과 생활의 균형을 이루기 어렵게 만든다. 7장은 노동시간 단축의 역사와 함께 장시간 노동이 기업의 생산성과 노동자의 삶의 질에 미치는 영향을 살펴보고, 국제비교를 통해 바람직한 변화의 방향을 타진한다. 노동시간 단축이 부진한 것 외에도, 한국 사회에서 저출생 문제가 악화되고 여성의 노동시장 참여가 저해되는 것은 현대의 조직이 일과 생활의 균형을 이룰 수 있는 제도적 뒷받침을 제대로 하지 못하고 있기 때문이다. 8장은 우리보다 앞서 일-생활 균형을 이룩한 선진국, 특히 북유럽 복지국가의 정책과 사례를 통해 한국에 적용 가능한 대안을 논의한다. 한편, 조직은 사회생활의 기본이지만, 동시에 사회적 병리 현상의 원천이 되기도 한다. 조직 내에서 성과 세대와 관련된 갈등은 적극적 조치에 대한 상반된 의견, 서로 다른 세대의 문화에 대한 이해의 결여 등으로 발생할 수 있다. 9장에서는 미래를 위한 전략으로써 조직이 다양성을 포용하는 방안을 탐색한다.

이 책의 대부분은 새로 작성되었지만, 본문 중 일부는 기존에 발간된 필자의 논문에 기초하고 있다. 4장 3절은 이주희(2010), 「비정규직과 노동정치: 산업부문간 비교연구」, 『한국사회학』, 44(1)을 축약한 것이고, 4장 4절은 영어로 발간된 Lee, Joohee(2017), "More Protection, Still Gendered: The Effects of Non-standard Employment Protection Acts on South Korean Women Workers," *Journal of Contemporary Asia*, 47(1)을 번역해 축약한 내용이다. 5장은 이주희·정성진·안민영·유은경(2015)이 공저한 「모호한 고용관계의 한국적 특성과 전망」, 『동향과 전망』, 95호 게재 논문을 일부 수정한 것인데, 이 논문의 주저자와 교신저자는 연구책임자인 필자이며, 다른 참여자는 당시 이 연구의 연구비를 제공했던 한국연구재단 SSK 중형연구과제에 조교로 고용되었던 이화여대 사회학과 석사과정 및 박사과정 학생들이다. 이 기회를 빌려 연구에 참여해준 대학원생들에게 고마운 마음을 전한다.

이 책을 관통하는 문제의식은 미국 위스콘신대학교(University of Wisconsin-Madison) 사회학과 대학원 재학 중 여러 수업을 듣고 독일 노동평의회 제도의 미국 도입과 관련된 국제비교 프로젝트(Works Councils Project)의 연구 조교로도 함께했던 볼프강 슈트렉(Wolfgang Streeck) 교수에게 빚진 바 크다. 실제로 3장 첫 부분에 등장하는 단체교섭의 이중성과 관련된 그림은 오래전 수업 노트를 찾아 다시 재구성한 것이다. 사회학과와 노사관계학과에 공동 임명된 교수였던 그의 '비교노사관계' 수업은 다른 국가의 노사관계에 대한 구체적 지식 없이 1987년 노동자 대투쟁의 기억이 생생하게 남아 있었던 필자에게 한국 노사관계의 과거와 현실을 비교적 전망을 통해 다시 한번 객관적으로 들여다보게 해주었다. 스웨덴과 독일은 매우 부러웠으며, 영국은 너무나 다르게 느껴졌고, 일본은 표면적인 차이에도 불구하고 한국 노사관계의 발전을 저해하는 문제를 공유하는 것으로 보였다.

박사학위를 취득한 이후 첫 직장이었던 한국노동연구원에서 여러 전문가, 노동조합 활동가, 정부의 정책 담당자 등으로부터 생생한 현장의 목소리를 듣고 배울 수 있었던 것도 실질적인 함의를 가지는 연구를 하는 데 큰 도움이 되었다. 이화여대로 이직한 이후에는 학부와 대학원 수강생들과의 열띤 토론과 그들의 날카로운 질문을 통해 지적인 긴장감을 놓지 않을 수 있었다. 이 책이 안팎의 여러 환경 변화 속에서 현대 한국 사회의 일과 조직이 나아갈 새로운 패러다임을 제시하는 데 조금이나마 기여한 점이 있다면 모두 이런 여러 도움에 기인한 바임을 겸허한 마음으로 밝힌다. 마지막으로, 이 책이 세상의 빛을 볼 수 있도록 출간을 지원하고 편집에 애써주신 이화여자대학교출판문화원에 깊이 감사드린다. 학생들과의 소통의 결과이기도 한 책을 재직 중인 대학에서 펴내게 되어 무척 의미 있는 경험이었다.

2025년 6월

이주희

차례

2부 변화하는 고용형태와 일의 미래

3부 일과 생활의 새로운 패러다임을 위한 과제

일러두기

인명, 지명 등 외래어 표기 시에는 국립국어원 외래어 표기법을 따랐으며, 관용적으로 널리 쓰이고 있는 경우에는 예외로 두었다.

1부

노동에 대한 이해

1장

'노동'시장이란?

1. 특별한 상품으로서의 노동

노동이란 무엇일까? 돈을 받지 않고 가족에게 베푸는 돌봄은 노동일까 아닐까? 봉사활동이나 정원 가꾸기는? 노동은 유급과 무급을 가리지 않고, 자신의 가치를 실현하고 공동체에 기여하는 모든 종류의 활동을 의미한다. 그러나 시대적 맥락에 따라 통상적으로 사용되는 노동의 정의는 달라질 수 있다. 21세기 자본주의 사회에서 노동은 주로 노동시장에서의 수요와 공급에 따라 거래되는 상품(commodity)으로 간주된다.

노동의 상품화는 자본주의의 맹아 시기, 사유재산의 근간을 만든 인클로저 운동(enclosure movement)으로 시작되었다. 초기 임금 노동자의 창출은 토지를 상업적으로 이용하려는 영주에 의해 농민들이 토지에서 매우 폭력적으로 축출되는 과정에서 이루어졌다. 도시에서 일자리를 얻기 쉽지 않았던 농민들은 상당수가 노동하는 빈민으로 살아가야 했다. 또한 장인생산방식을 통해 노동자가 생산의 도구를 법적으로 소유하고 통제하던 시기는 생산기술의 발전과 함께 마감됨에 따라 노동자는 실질적으로 자본가와 그가 소유하는 생산조직에 종속되기 시작했다. 자본주의 사회가 과거에는 상품이 아니었던 노동을 상품화하는 데 성공하면서 가장 보편적인 노동의 방식이 임금노동자화한 것이다. 따라서 노동시장은 자본주의 사회에서만 존재한다. 최근에는 변화하고 있으나, 가장 보편적인 노동의 방식은 단일한 사용자에게 고용되어 임금을 받는 형식이다. 노동시장은 바로 이런 노동이 사고 팔리며 임금을 포함한 여러 직무 보상과 직업 지위가 노동력과 교환되는 장소이다(Kalleberg and Sørensen, 1979: 351).

주류 경제학은 노동시장을 다른 시장과 같은 논리를 가진 곳으로 상정하고 수요와 공급을 일치시키는 시장청산임금(market-clearing wage)을 설명한다. 즉, 시장임금이 너무 낮게 설정되면 노동 수요가 공급을 초과하게 되는데, 이런 경우 기업은 임금을 올리거나 수요를 줄여 공급 부족을 해소하려 하게 된다. 시장임금이 너무 높게 책정되면 그 반대의 현상이 발생한다. 노동 공급이 수요를 초과하게 되면 노동자는 낮은 임금일지라도 일자리를 만족스럽게 받아들일 것이며 일자리를 찾지 못한 노동자는 다른 일자리를 찾게 되므로 공급이 줄어들 것이다. 이 두 경우 모두 시장의 자기규제를 통해 수요와 공급의 균형을 찾아가게 된다(Ehrenberg and Smith, 2003).

그러나 노동은 일반적인 상품과는 다른 특별한 상품이며, 어쩌면 상품으로 취급되어서는 안 될지도 모른다. 상품으로서의 노동은 그것을 판매하는 인간의 사회적이며 물질적인 삶 자체와 분리될 수 없는 삶 그 자체일 수도 있기 때문이다(Polanyi, 1944[1957]). 이러한 노동의 특성은 노동의 가격, 즉 임금이 하락하는 불황기에 오히려 더 파괴적인 경쟁이 발생하는 노동시장의 불완전성을 유발한다. 경제학의 가정과는 달리, 임금이 너무 낮아졌을 때 최소한도의 생계유지를 위해 노동의 공급이 오히려 증가할 수 있으며, 반대로 임금이 높아질 때는 일보다 여가를 선호하는 현상으로 인해 공급이 하락하게 되는 것이다(Streeck, 2005). 이러한 현상은 노동과 자본이 대등한 교환을 할 수 있는 지위에 있지 않기 때문에 나타난다. 즉, 사용자가 노동자를 고용하지 않을 때의 손실에 비해, 노동자가 고용되지 못했을 때 겪는 고통이 훨씬 더 크다. 고용하지 않고 견딜 수 있는 시간과 고용되지 못한 채 견딜 수 있는 이 '기다릴 수 있는 시간'의 간절함의 차이가 바로 노동시장에서 큰 권력의 차이로 나타나게 되는 것이다(Offe and Wiesenthal, 1980).

이러한 특별한 상품으로서의 노동에 주목하는 사회학은 따라서 일반적인 시장으로서의 노동시장이란 애초에 불가능하며, 규제받지 않는 노동시장은 자유롭지도, 공정하지도 않다고 판단한다. 상품으로만 간주되어서는 안 되는 노동이 상품처럼 교환되는 노동시장에서는 실업이나 빈곤을 유발하는 저임금, 차별과 같은 일반 시장의 실패보다 훨씬 더 심각한 문제들이 발생할 수 있다. 적절한 사회적 제도에 의해 노동과 자본 간 현저한 권력의 격차가 조정되지 못한다면 '자유'로운 노동계약이란 형식적으로만 존재할 뿐, 근본적으로 불평등한 교환이 되고 말 것이다(Streeck, 2005). 노동에 대한 올바른 이해는 노동이 이를 판매하는 사람의 삶이 전개되는 사회구조의 특성에 깊숙이 배태되어 있으며, 그로 인해 노동시장의 작동이 사회 불평등의 구조화와 밀접하게 연결되어 있다는 점을 인식하는 데에서 시작된다.

2. 노동시장의 구조에 대한 이론

1) 경제학적 접근

주류 경제학이 가정하는 완전경쟁 노동시장을 현실에서 발견하기란 극히 어렵다. 현실 노동시장에서는 경제학이 강조하지 않는 불평등이 만연해 있다. 경제학은 이 문제를 해결하기 위해 다음과 같은 두 가지 다른 성격의 설명을 시도한다.

첫 번째 이론은 신고전주의 경제학의 전통에 기반한 베커(Becker, 1971)의 인적자본론(Human Capital Theory)이다. 그는 노동시장에서 나타나는 불평등한 임금격차를 노동의 공급 차원에서 개개인의 인적자본에 대한 투자의 차이로 설명한다. 즉 교육 수준이 높고, 더 능력 있고, 훈련을 많이 받은 사람일수록 높은 임금을 받는 일자리를 얻거나 더 좋은 직업적 기회를 가질 수 있다는 것이다(Becker, 1993). 이 이론에 따르면 노동시장에서의 성별 격차도 여성이 가사책임으로 남성보다 인적자본의 형성에 더 적은 시간과 노력을 쏟았기 때문이다(Becker, 1985). 따라서 여성이 시간제 노동처럼 불안정한 일자리에 더 많이 종사하는 것은 현재의 투자가 자신에게 가장 유리한 보상을 가져오는 방식을 합리적으로 계산한 결과로 여겨진다. 인적자본론은 노동자 내부의 분화를 강조함으로써 기존의 단순한 가정을 세련화하고, 교육이나 가족 등 기존의 경제학이 주목하지 않았던 제도를 분석에 활용했다는 점에서 노동경제학의 발전에 일정 부분 기여한 것으로 인정받았다.

그러나 노동시장에는 인적자본론으로는 설명되지 않는 많은 현상이 존재한다. 가장 치명적인 비판은 개인적 특성을 넘어서는 집단 간, 산업 간, 직종 간 변수의 영향력으로 인해 노동시장에서의 차이가 인적자본의 분포로 충분히 설명되지 못한다는 점이다. 예를 들어 영(Young, 2010)의 연구에 따르면 사용자는 더 많은 인적자본을 가진 직원에게 더 많이 보상할 수 있지만, 이들이 여성을 차별하기 때문에 여성은 같은 보상을 받지 못한다. 이 연구는 미국의 2002년 국가 노동력 조사를 분석해 여성이 단지 인적자본이 부족해 불안정한 일자리에서 일하는 것이 아니라, 고용주들의 차별적 관행의 영향으로 그렇게 될 수 있음을 밝혔다. 여성과 비교해 동일한 인적자본을 소유한 남성은 더 많은 임금을 받고, 시간제로 일할 가능성은 더 적었다.

노동에 대한 보상이 인적자본의 수준과 반드시 일치하지 않는다는 경험적 연구가 축적됨에 따라, 제도학파 경제학은 노동시장의 분절(labor market segmentation)에 주목하게 되었다. 도링거와 피오르(Doeringer and Piore, 1971)는 내부노동시장론(Internal Labor Market Theory)을 통해 이러한 구조가 만들어지는 기제를 파악했다. 이들에 따르면 내부노동시장은 기업 특수적 기술, 현장 교육(on-the-job training), 관행이 존재할 때 활성화될 수 있다. 범용성 없이 특정 기업에서만 쓰이는 기술 훈련에 대한 투자가 자연스러운 현장 교육을 통해 이루어지면 해당 기업 노동자의 이직률을 낮추며, 기업 내부의 업무 배분에 있어 일정한 관행이 축적될 수 있다. 만일 내부노동시장이 어떤 기업에서 형성된다면 일반적인 경쟁노동시장에서 해당 기업의 일자리와 노동자가 사라지는 효과가 나타난다. 그렇다면 다른 기업에서도 이를 모방할 수 있다. 사용자는 안정적인 고용을 통해 생산품 시장과 노동시장에서 경쟁 우위를 유지하기 위해, 노동자는 안정적인 일자리와 승진 기회를 보장받기 위해 내부노동시장에 참여하게 된다. 노동시장의 분절구조에 천착한 피오르(Piore, 1975)에 따르면, 내부노동시장은 고임금, 양호한 노동조건, 승진 기회, 직무규칙의 공정한 적용, 고용안정성이 보장되는 1차 노동시장의 특성을 가지는 반면, 2차 노동시장은 저임금, 열악한 노동조건, 관리자의 자의적 노동 통제, 고용불안정과 높은 이직률 등 그와 정반대되는 특성을 보인다(Piore, 1975: 126). 그러나 제도학파 경제학에서 발전한 이중노동시장론과 내부노동시장론은 주류 경제학으로부터 이론의 근거가 미약하고 미국의 복합적인 상황을 잘 설명하지 못한다는 이유로 비판받았다(Kalleberg and Sørensen, 1979: 358).

2) 정치·사회학적 접근

거시적 권력관계를 함의하는 정치·사회학적 관점에서 발전한 분절노동시장론은 노동시장의 이중구조가 근본적으로 자본주의적인 노동 통제의 필요성에서 만들어졌다고 본다. 노동이 특별한 상품이라면, 이 상품이 사용되는 방식 역시 일반적인 상품과는 다르다. 사용자가 구매하는 것은 노동의 가치가 실현되기 이전인 노동력(labor power)으로, 이 노동력은 기업의 이윤을 증가시킬 수 있는 실질적인 노동(labor)으로 변환되어야만 한다. 마르크스의 고전적인 노동과정론을 발전시킨 브레이버먼(Braverman, 1974)은 자본주의 노동 통제의 핵심을 구상과 실행의 분리를 통한 노동의 쇠퇴와 기술의 파괴로 규정했다. 19세기 장인생산자에게서 일치된 채 존재했던 구상과 실행은 기술 변화로 관리자가 생산에 필요한 기술을 독점하게 됨에 따라 급격히 쇠퇴하고, 노동자는 마치 '훈련된 고릴라'처럼 되어버린다는 것이다. 그러나 이 이론은 노동자 저항을 무시하고 노동과정을 지나치게 일차원적으로 해석한 것으로 비판받았다. 결국 극도의 효율성을 추구하는 테일러주의(Taylorism)도 노동자의 지식을 완전히 없애지 못했고, 이들의 강력한 저항을 불러일으킨 끝에 오히려 작업장에서의 자본의 통제를 약화시켰다.

에드워즈(Edwards, 1979)는 바로 이러한 단순한 통제가 자본주의의 발전 단계에 따라 현대 자본주의를 특징짓는 일련의 기술적, 관료적 변화를 촉발하는 과정과, 그런 변화에 상응하는 노동시장의 구조화에 주목한다. 그는 마르크스의 자본주의 비판에 근거해 미국의 노동 통제 방식이 경쟁자본주의 단계의 인격적 통제인 단순통제(simple control)에서 독점자본주의 단계의 기술적, 관료적 통제로 발전해왔다고 논의했다. 그에 따르면, 동질적인 노동시장은 노동인구가 급속도로 증가했던 경쟁자본주의 시기에만 존재했는데, 이 시기에는 관리자의 자의적 명령에 기반한 '단순 위계(simple hierarchy)' 방식의 통제가 지배적이었다. 그러나 미국 경제가 1890년대부터 1920년대 사이에 급격한 집중화를 경험하면서, 이러한 통제는 한계를 맞이한다. 이러한 통제가 자본주의 생산관계의 억압적 측면을 매우 가시적으로 드러낸 만큼 당시 거대 기업을 중심으로 조직화하던 노동자의 저항을 불러일으키게 된 것이다. 독점자본주의 시기에 이를 대체하기 위해 등장한 것이 기술적, 관료적 통제이며, 이와 동시에 자연스럽게 분절노동시장이 형성된다. 실제로 단순통제는 사라진 것이 아니라, 1차 노동시장이 아닌 2차 노동시장 주변부의 특징으로 잔존했다.

기술적 통제는 포드주의(Fordism)로 대표되는데, 노동과정에서의 관리자의 통제력을 강화할 수는 있었지만, 노동자의 동질화와 저항을 유도할 수 있으므로 관료적 통제로 보완되어야만 했다. 관료적 통제의 가장 중요한 특성은 '위계의 제도화(the institutionalization of hierarchical power)'이다. 작업장에서의 권력관계는 직무의 특성을 규정하는 공식화 과정에서 비가시화되고 구조 자체에 스며들게 된다. 직무는 세분화되어 동질적인 노동자 내에서도 다양한 위계가 설정되고 임금이 차등화된다. 정교한 승진제도는 노동자를 이질화하며 내부노동시장을 발전시킨다. 노동시장이 독점 부문인 1차 노동시장과 경쟁적인 2차 노동시장으로 분절되는 것이다(Edwards, 1975). 이러한 관점에서 발전된 분절노동시장론은 노동시장의 이중구조가 단순히 노동 배치의 효율을 추구하는 과정에서 생겨난 것이 아니라, 자본주의의 발전 과정에서의 모순을 극복하는 과정에서 노동자를 분열시키고자 하는 내적인 동력에 의해 만들어진 과정임을 명백히 하고 있다.

3. 신자유주의와 노동시장의 변화

1) 포드주의의 쇠퇴와 유연생산방식의 등장

지금까지 살펴본 노동시장의 이중구조에 대한 이론은 포드주의의 소품종 대량생산방식이 지배적인 시기에 발전되었다. 포드주의가 등장한 이유는 극히 소수의 상위 계층 고객의 요구에 맞춘 상품을 생산하는 장인생산방식이 너무 높은 비용과 긴 작업 시간을 필요로 했기 때문이다. 대량생산방식은 헨리 포드(Henry Ford)가 1908년 도입한 'T모델(the Model T)'로부터 시작되었다. 이 모델은 포드사 하일랜드파크(Highland Park) 공장의 움직이는 조립라인(assembly line)에서 만들어져서, 1920년대 초반까지 전 세계 자동차의 절반 이상을 포드에서 생산하는 데 크게 기여했다.[1] 대량생산방식의 혁신을 가능케 한 것은 부품의 완전하고 지속적인 상호 호환성으로, 전문가를 활용해 생산품을 디자인한 후, 중-저기술 노동자를 활용해 규격화된 상품을 다량 생산해냈다. 1915년의 한 연구에 따르면, 하일랜드파크 공장의 노동자는 각자 다른 50개 이상의 언어를 말했으며, 그들 대다수가 영어를 하지 못했다고 한다. 이런 노동자를 다른 노동자로 대체하는

1 https://corporate.ford.com/articles/history/the-model-t.html (2023년 8월 10일 접속)

일은 몇 분 내에 가능한 매우 쉬운 일이었다(Womack et al., 1991: 31). 포드의 대량생산방식은 장인생산방식과는 비교할 수 없는 수준의 효율적인 생산으로 급격한 생산성 향상을 이끌어냈다.

대량생산방식을 완성한 또 다른 차원의 혁신은 조직 구조에서 발생했다. 한 상품에 주력한 포드사와는 달리, 복수의 자동차 회사를 소유하며 상품 중복의 문제를 가진, 경영 능력이 없던 제너럴모터스(GM)사의 창시자 윌리엄 듀랜트(William Durant)는 불황으로 어려움을 겪게 되자 알프레드 슬로안(Alfred Sloan)을 불러 해결책을 찾도록 요구했다. 그는 탈중심화된 본부(divisions)를 만들어 본사에서 객관적인 성과에 기반해 관리할 수 있도록 했으며, 저렴하고 대중적인 모델부터 최고급 모델까지 총 다섯 개의 모델을 출시해 중복 생산의 문제를 해결하고 거의 모든 소비자의 욕구를 만족시킬 수 있도록 했다. 그는 또한 은행과의 긴밀한 네트워크를 통해 외부로부터의 안정적인 금융 지원을 확보했고, 마케팅 전문가를 활용해 해마다 조금씩 차의 외양을 바꾸어 소비자의 주목을 끌었다. 비록 수직적인 기업의 통합을 이루었지만 제대로 된 운영을 하지 못했던 포드사에게도 이런 지엠사의 경영 혁신은 큰 영향을 주었다. 노동조합운동의 확산으로 자동차 공장에서 단체교섭이 실시되고 노동자의 임금이 크게 상승함에 따라 대량생산방식의 마지막 구성 요소가 완성되었다. 즉, 포드의 공장제도, 슬로안의 마케팅과 경영기법, 조직노동의 직무통제 노조주의가 대량생산방식의 가장 성숙한 모습을 대표한다(Womack et al., 1991).

그렇다면 대량생산방식은 어떻게 쇠퇴해간 것일까? 미국의 자동차 기업이 일본 차의 약진으로 크게 고전하기 시작한 1980년대 중반, 매사추세츠 공과대학(MIT)의 국제자동차프로그램(International Motor Vehicle Program)의 지원하에 워맥 등(Womack et al., 1991)을 중심으로 일본식 '린 생산방식(lean production)'에 대한 본격적인 탐구가 시작되었다. 그들에 따르면, 대량생산방식은 너무나 많은 초과 부품, 노동자, 공간 등을 차지하는 비효율적인 생산방식이기 때문에 위기에 처하게 되었다. 소비자는 낮은 가격으로 원하는 물건을 살 수는 있지만, 상품의 다양성은 부족하고 이런 일률적인 상품을 과도한 분업하에 만들어야 하는 노동자는 쉽게 지루해진다. 린 생산방식은 1950년 봄, 포드의 루지(Rouge) 공장을 3개월간 방문한 일본의 젊은 엔지니어 도요다 에이지(豊田英二)가 꼼꼼하게 포드의 대량생산방식을 살펴본 이후 시작되었다. 도요다와 함께 포드 공장을 방문했던 생산 엔지니어 오노 다이이치(大野耐一)는 이 생산방식이—비록 그들의 회사 토요타(Toyota)는 1937년 창사 이래 1950년까지 겨우 2,685개의 차를 생산한 데 반해 포드사의 루지 공장은 하루 동안 7,000대를 생산했음에도 불구하고—불필요한 낭비로 가득 차 있다고 생각했다. 그는 대량생산이 아닌 소량생산(small batch)을 통해 수많은 부품을 쌓아놓는 비용을 절약할 수 있고, 그 과정에서 문제가 발생할 경우 즉시 해결할 수 있음을 발견했다(Womack et al., 1991). 가능한 한 많은 업무와 책임을 노동자에게 부여하고, 결함의 근본 원인을 빠르게 발견할 수 있는 체제를 완성한 것이다.

이러한 린 생산방식의 핵심은 팀 작업이다. 팀장은 그 스스로도 일을 하면서 업무 조율을 동시에 담당하며, 또한 결원이 발생할 때에는 그의 일까지 함께 처리한다. 팀에는 도구 정비와 품질 체크 업무 등 다양한 업무가 부과된다. 또한 별도의 시간을 책정해 팀원 모두가 생산과정에서의 문제를 제기하고 이야기할 수 있도록 했는데, 이는 불량률을 낮추고 효율성을 제고하는 데 크게 기여했다. 주목할 만한 특징은 대량생산방식에서는 관리자만이 할 수 있는 조립라인의 중단 권한을 모든 노동자가 가진다는 것이다. 초기에는 라인이 중단되는 사례가 많지만, 문제들이 해결된 이후에는 라인이 거의 서지 않는다. 중요한 기능이 수직적으로 통합되어 하청기업의 기술 혁신에는 전혀 관심이 없는 대량생산방식의 미국 자동차사와는 달리, 일본의 린 생산방식은 자동차 회사와 부품 공급업체 간의 관계에서도 한 팀으로서의 협력이 부각된다. 토요타사는 공급업체를 여러 차원으로 구분해 가장 가깝고 중요한 하청기업과는 기술 협력과 인력 공유도 한다. 적기(Just-In-Time)생산방식을 통해 모든 재고를 제거하고 필요한 만큼의 부품을 공급하게 함으로써 높은 품질의 다품종 생산을 가능케 했다 (Womack et al., 1991).

워맥 등(Womack et al., 1991)이 지적한 바와 같이, 린 생산방식은 미국과 다른 일본의 독특한 배경에 기반해 탄생했다. 큰 도로로 차종의 다양성이 크게 부각되지 않았던 미국과는 달리, 일본의 내수 시장은 관료의 호화로운 차로부터 좁은 골목길을 다닐 수 있는 작은 트럭에 이르기까지 여러 종류의 차를 필요로 했다. 낮은 임금으로 쉽게 대체가 가능한 이민노동력도 없었으며, 일본의 노동자는 해고에 격렬하게 반대했다. 이 모든 특성이 다품종 소량생산방식의 발전에 기여했다. 하지만 이러한 탄생 배경과는 무관하게 린 생산방식의 장점이 빠르게 전파됨에 따라, 이를 기반으로 한 생산방식이 전 세계에서 받아들여졌고 작업장의 운영 방식도 크게 변화했다. 문제는, 적기생산방식의 재고관리 체계가 점차 노동자에게까지 적용되기 시작했다는 것이다.

2) 노동시장 균열의 시작

대량생산방식은 생산된 상품의 원활한 판매를 위해 노동자의 안정적인 구매력을 필요로 한다. 국가가 공공지출을 통해 노동자의 구매력을 높게 유지하는 데 기여한 이유이기도 하다. 그러나 1970년대 이후부터 이런 대량생산방식을 뒷받침했던 정치경제적 상황이 변화하기 시작했다. 1, 2차 석유파동으로 인한 경제성장률의 하락과 함께, 거의 모든 발전된 국가에서 생산성 향상이 1973년부터 둔화되었다. 인플레이션은 1970년대와 1980년대 내내 지속적인 문제로 남아 있었다. 또한 일본과 아시아의 네 국가, 즉 한국, 대만, 홍콩, 싱가포르가 약진하면서 서구의 대부분 발전된 국가는 무역 부진으로 고통받았다. 이와 동시에, 극소전자공학과 커뮤니케이션 기술의 발전으로 기업이 가장 낮은 비용을 찾아 전 세계에서 생산하는 것이 가능해졌는데, 이는 국가의 일관성 있는 경제 및 노동 정책 시행을 크게 제한했다. 특히 미국이 고정환율제를 포기하면서 1970년대 초반 브레턴우즈 체제가 무너진 것은 자본 이동의 자유화를 촉진하면서 세계통화질서를 위협하는 큰 변수가 되었다.

자본의 세계화는 빚에 의존한 발전을 추구하던 개발도상국에 더 나쁜 영향을 미쳤다. 한국도 1990년대 말 외환위기를 계기로 크게 영향받은 바 있다. 윌리엄슨(Williamson, 1993)이 "워싱턴 컨센서스"라고 부른 정책 패키지를 세계은행(World Bank)과 국제통화기금(IMF) 같은 기구들이 채무국에 구제금융의 조건으로 요구했기 때문이다. 이 컨센서스의 세 가지 축은 낮은 인플레이션과 같은 거시경제적 안정성, 경제에 개입하는 국가의 역할 축소, 무역과 자본시장 자유화와 개방을 통한 세계 경제로의 편입 등이다. 이를 위해서는 탈규제, 민영화, 자유무역, 감세와 사회지출 축소 등이 필요한데, 이는 모두 노동에 불리한 신자유주의적 정책들이다(이주희, 1998). 결국 경제 성장의 둔화와 세계화를 거치며 전 세계적으로 격화된 경쟁은 노동자의 교섭력을 심대하게 약화시켰다. 단시간의 성과에 집착하며 노동자에 대한 투자를 저평가하는 기관투자자들이 자본시장을 지배하게 되면서 이런 경향은 더욱 강화되었다.

격화되는 세계적 차원의 기업 간 경쟁과 투자 비용을 회수하기 전에 사라져버릴 수도 있는 예측 불가능한 상품시장에 대응해, 기업들은 점점 더 유연한 형태의 생산조직을 선호하기 시작했다(Sabel, 1989). 규모의 경제를 통한 생산성 향상의 가능성이 축소됨에 따라, 경쟁은 주로 높은 수준의 품질과 맞춤형 주문제작(customization)을 둘러싸고 발생했는데, 이는 대량생산보다는 유연전문화된 포스트 포드주의적 생산방식으로의 변화를 더욱 촉진했다. 미국에서 '고성과 작업장(high-performance work systems)'으로 알려진 이러한 생산 체계는 일본의 린 생산방식의 주요한 특성들, 즉 품질관리서클(quality circles), 적기생산방식, 팀 작업을 반영한다. 여기서 주목할 것은 기업이 단순히 고객의 수요 변화에 적응했기 때문에만 이런 변화가 발생한 것은 아니라는 점이다. 오히려 기업 스스로 새로운 수요를 창출해내고 대량생산보다 더 많은 이윤을 보장하는 새롭게 분화된 상품을 의도적으로, 또 공격적으로 도입했다(Hirst and Zeitlin, 1991: 7). 유연전문화는 디자인 엔지니어링과 생산 엔지니어링 사이의 간극을 줄여 새로운 상품 개발의 속도를 높이고 생산을 재조직화하는 비용을 줄였다.

린 생산방식을 반영한 고성과 작업장이 노동에 해가 되는 여러 특성을 가지게 된 데에는 린 생산방식 자체에 내재한 여러 문제점이 있기 때문이기도 하다. 팀 작업과 다능공의 활용은 노동강도를 높이고 소수의 특권적 노동자만을 보호하며 경영자에게 적극 협력하는 노동조합 활동을 유도할 수 있다. 실제로 노동시장이 일본보다 훨씬 더 유연한 미국에 고성과 작업장이 도입되었을 때 내부노동시장은 쇠퇴하고 임시직이 급격히 증가했다. 이는 임금 불평등의 악화와 노동운동의 쇠퇴로 이어졌다. 린 생산방식이 추구하는 기능적 유연성은 바로 그 기능적 유연성의 확보로 인해 소요된 비용을 만회하기 위해 덜 핵심적인 주변부 인력을 대상으로 한 수량적 유연성의 확보를 동반할 수 있다. 그러나 이러한 구분이 항상 적용되는 것은 아니다. 칼리버그(Kalleberg, 2001)는 기업이 핵심 노동자에게도 초과 노동 등을 통해 수량적 유연성을 적용하기도 하며, 하청 등 외부화된 노동자에게도 기능적 유연성을 요구할 수도 있음을 밝혔다. 1990년대 미국 기업의 고성과 작업장의 특성을 연구한 오스터먼(Osterman, 1999)은 이 시기 변화의 패러독스를 다음과 같이 설명한다. 즉, 업무의 범위를 넓히고 노동자에게 이전보다 더 많은 책임을 부여하는 동시에, 고기술 노동자조차 처분 가능한 물건처럼 여기며 그들과는 성과를 나누지 않는 경향이 더욱 확산되고 있다는 것이다. 고성과 작업장을 추진하는 것과 정리해고 간에 정(+)의 관계가 성립하는 경우도 있었다.

20세기 후반에 진행된 이러한 변화는 21세기에 들어서 더욱 극단적인 형태로 진행되었다. 기업은 더 이상 고용의 책임을 지지 않고, 그 대신 다양한 방식으로 외부업체에 고용의 책임을 떠넘겼다. 첨단 정보통신기술이 더욱 발전함에 따라 조율이 용이해지고, 그 비용이 감소했다는 점도 이런 변화를 이끈 주요한 원인 중 하나였다(Weil, 2014). 대량생산 시기 수직적으로 통합된 기업은 이제 다시 분해되기 시작했다. 단순히 비정규직이나 하청기업을 활용하는 단계를 넘어 이제는 기업의 핵심 업무조차 외주화하고, 정규직 일자리를 위장된 자영업자로 대체하는 일도 보편화되어가고 있다.

3) 신자유주의적 노동유연화: 영국 마거릿 대처(Margaret Thatcher) 정부(1979~1990)의 사례

1970~1980년대 노동의 교섭력 약화가 더욱 가속화된 이유는 이 시기에 신자유주의 이데올로기가 광범위하게 확산되어 있었고, 영국과 미국이라는 과거와 현재의 두 패권국가에서 이를 적극적으로 추진한 정치 세력, 즉 영국의 대처 수상과 미국의 레이건 대통령이 있었기 때문이다. 신자유주의는 엄격한 삼권 분립의 원칙에 따라 의회의 제재를 받을 수밖에 없었던 대통령제의 미국보다 반대파인 노동당의 분열로 행정권력과 입법권력

의 완벽한 융합이 가능했던 영국에서 더 철저하게 추진되었다.

이 시기를 지배했던 공급 중심의 경제학은 총수요 관리정책을 포기하고 인플레이션을 낮게 유지하기 위한 긴축정책을 중시했다. 실제로 1980년부터 1988년까지 영국 정부의 지출은 국내 총생산의 28%에서 23%까지 하락했다. 특히 사회서비스, 교육, 공공부문 투자가 급감했는데, 이는 공공부문 민영화와 조세 감축과 연결되어 있었다(Arestis and Skuse, 1990). 이 시기 공공부문 및 공기업 민영화를 통해 총 공공부문 자산의 절반이 민영화되었다(Healey, 1992). 영국 텔레콤(British Telecom: 1984), 영국 가스(British Gas: 1986), 영국 항공(British Airways: 1987) 등 1980년대에 민영화된 14개 기업은 총 60만 명 정도의 노동자를 고용하고 있었다. 가장 중요한 민영화는 주택과 관련되었는데, 공공주택 약 100만 채를 점유하고 있던 사람들에게 매도해 영국인의 2/3를 중간계급의 관점을 가지게 된 주택 소유자로 만들었다(Hutton, 1987). 영국은 민영화와 당시 발견된 북해 원유(North Sea Oil) 판매대금으로 이러한 정책으로 불가피하게 초래된 예산 적자 감축, 실업대책, 제조업 침체 대응 등에 활용했다. 그러나 이후 민영화는 독점 개선이란 면에서는 거의 효과가 없었다고 평가되었다(Arestis and Skuse, 1990). 또한 대처 정부는 기업 감세와 함께 노동 유인 증가를 위해 25~98%에 이르렀던 광범위한 소득 세율을 기본 25%, 최고소득 40% 단 두 가지로 단순화시켰다.

이런 배경하에 펼쳐진 대처 정부의 노동시장 정책 목표는 19세기 구빈법 개혁 이후 한 번도 부각된 적이 없는 산업화 초기의 자유로운 노동시장을 만들어내는 것이었다(Robertson, 1986). 폴라니(Polany, [1944]1957)가 지적했듯이, 자유방임 경제는 의도적인 국가행동의 결과이며, 그 뒤에 나타난 자유방임에 대한 제한은 매우 자연스럽게 발현된 것이다. 자유로운 노동시장을 다시 만들어내는 것은 그냥 내버려두어서 될 수 있는 일이 아니라, 국가의 적극적 노력으로만 가능한 일이었다. 대처 정부는 자유로운 노동시장을 만들어내기 위해 소극적 노동시장정책보다 적극적 노동시장정책에 중점을 두기 시작했다. 자유방임주의(laissez-fair)가 치료제라면 시장의 자기조절적 특성을 재건하고 유지하기 위해 영국 노동시장이 재구조화되어야 했기 때문이다. 대처의 노력으로 1970년대 소극적인(passive) 일자리 보호와 실업에 대한 소득보장 지출에 주력했던 사회민주주의적 사회보장 국가였던 영국이 신자유주의적, 적극적 노동시장정책을 추진하는 국가로 변모하게 된다. 즉, 1980년대 영국은 고실업에 대응해 신자유주의적 원칙과 강력한 국가 개입을 통한 적극적 노동시장정책을 결합했는데, 이는 같은 시기 적극적인 사회민주주의적 평등 전략을 추구했던 스웨덴, 그리고 불완전한 시장을 그대로 받아들인 채 소극적인 기업 중심 신자유주의 정책을 폈던 미국과도 모두 대비되는 정책 방향이었다(Robertson, 1986).

대처 정부가 추구한 신자유주의적 노동시장 개혁의 핵심은 노동에 대한 보호를 약화하고 보편적 소득보장 정책의 존재와 매력도를 낮추어 노동자가 어떤 상황이라도 기업의 요구에 충실하게 일하는 것이 더 나은 상황이 되도록 만드는 것이었다.[2] 이를 위해 대처 정부는 우선 저임금에 대한 규제를 철폐했다. 영국 정부는 1946년부터 정부와 계약을 맺은 사기업 고용주에게 지역 산업 수준에 맞는 임금과 노동조건을 제공(The Fair Wages Resolution)하라고 규제해왔지만, 1983년 대처 정부는 이 제도를 무시하고 임금격차 확대를 방치했으며, 동시에 정부서비스의 민간기관 위탁

2 대처 수상은 1981년 개각을 통해 더 충실한 대처주의자를 내각에 임명했다. 새 재무장관 로슨(Nigel Lawson)은 1984년, IMF에 영국 실업의 문제는 실질임금의 지속적 상승 때문이라 말하며, 저임금, 약한 노조의 홍콩이 영국의 모델이라 주장했다. 고용장관 조셉(Keith Joseph)은 큰 임금격차가 북부 영국의 실업률을 줄일 수 있는 전제조건이 될 것이라 강변했다. 최저임금이나 평등한 임금수준 모두 일자리 창출과 기업가정신에 방해가 된다는 것이다(Robertson, 1986).

도 증가시켰다. 1975년에 마련된 고용법(Employment Act)은 노동자가 정부에 너무 낮은 임금에 대한 조정을 요구할 수 있도록 했지만, 대처 정부는 1980년 이 조항 역시 삭제했는데, 이 조치로 인해 약 5~6만여 명의 저임금 노동자에게 불이익이 초래되었다. 최저임금 결정기구로 기능했던 임금위원회(Wage Councils)는 1909년 설립되었으며, 1980년대 중반까지 약 275만 명의 저임금 서비스노동자의 최저임금을 결정했다. 1985년, ILO 조약의 효력이 만료되기를 기다린 영국 고용부는 청년이 받고 일할 의사가 생기는 임금수준보다 더 높은 임금을 줌으로써 고용이 줄어드는 경향이 있다는 점을 지적하며, 이 위원회를 무력화시키려 했다. 저임금의 확산을 우려한 영국의 사용자단체(Confederation of British Industry, CBI)의 반대까지 더해져서 임금위원회를 해체하지 못한 대처 정부는 대신 감독관 수를 크게 줄여서 최저임금제도를 무력화시켰고, 이 위원회가 18세부터 21세까지의 임금 결정은 하지 못하도록 막았다. 기존의 저임금에 대한 보호제도의 중단으로 인해 1979년 주당 105파운드 이하로 버는 노동자는 210만 명이었지만, 1983년에는 330만 명으로 증가하며 저임금 노동자의 수와 임금불평등도가 크게 증가했다(Robertson, 1986).

이런 대처 정부의 노동정책은 '신자유주의적 인간형'을 양산하기 위한 소득보장체제의 변화로 이어졌다. 보수당 지도부는, 마치 구빈법 개혁 시기에 등장한 논리처럼 실업보험 및 복지 혜택이 너무 관대해 시민이 일을 하지 않는다는 논리를 내세웠고, 복지 수급 조건을 제약함으로써 저임금 일자리에 대한 노동자의 반감을 줄일 수 있다고 주장하며 1982년까지 실업보험의 소득대체율을 1951년 수준으로 낮추었다. 이와 동시에, 자영업을 확산하고 유연한 노동시장을 만들기 위한 다양한 프로그램들이 시험적으로 실시되었다. 노동자에게 기업가정신을 확산하려는 '기업 수당제도(Enterprise Allowance Scheme)'는 자기 사업을 시작하려는 실업자에게 주당 40파운드씩 지급하는 제도로, 해당 실업자는 사업 초기에 1,000파운드를 투자할 수 있어야 한다. 하나의 일자리를 두 개의 파트타임 일자리로 만든 사용자에게 보조금을 지급하는 제도인 '직무 분할제도(Job Splitting Scheme)'와 고령 노동자의 일자리를 파트타임 일자리로 바꾸는 사용자에게 보조금을 지급하는 '시간제 일자리 확산 제도(Part-time Job Release Scheme)' 모두 전일제 일자리를 여러 개의 시간제 일자리로 만드는 데 기여했다. 이런 시도는 모두 영국의 사용자를 위해 저임금의 유연한 노동력을 제공하는 데 성공했으며, 그 결과 많은 대기업이 노동자를 고용하는 대신 자영업자에게 하청을 주거나 파트타임 노동자를 증가시켜 노동자에게 보장해주어야 하는 연금, 질병수당 등의 노동비용을 절약하기 시작했다(Robertson, 1986).

노동자에 대한 보호 규제가 급격하게 약화됨에 따라, 영국 정부의 실업률은 1979년 OECD 국가 평균 수준인 5%에서 1980년 6.3%, 1981년 9.3%, 1982년 11.3%, 1983년 12.5%, 1986년 초 13.1%로 급격히 증가하기 시작했다. 특히 공공부문 노동자의 처지가 악화되었다. 늘어나는 실업률에 대처 정부는 소극적인 사회보장성 정책보다 적극적 노동시장지출을 급격히 증가시켜, 1980년대 중반 이후부터는 국내 총생산의 1%에 육박하게 되었다. 문제는 이러한 적극적 노동시장정책조차 신자유주의 원칙 추구에 충실했다는 점이다.[3] 대표적인 사례가 '청년훈련제도(Youth Training

3 대처의 보수당 정부는 집권 초기에 고용 및 훈련프로그램 예산을 대폭 삭감하고, 1960년 설립되어 산업별 연수 및 훈련 등을 조정해온 사회적 대화 기구인 노사정훈련위원회(the tripartite Industrial Training Boards, ITB)를 제거하려고 했다. 이 기구의 경우, 원래 고용주들이 비용을 분담했으나, 1970년대부터 정부가 더 큰 재정지원 역할을 담당해왔다. 대처 정부는 이 재정지원을 1982년에 중단시키려 시도해 23개 위원회 중 7개를 종료시키고, 다른 9개 위원회에 대한 재정지원을 철회했다. 가장 큰 7개의 ITB에 대한 지원은 계속했는데, 이는 사용자단체인 CBI가 계속 지원을 요청했기 때문이다. CBI는 정부가 최소한도의 훈련 기준과 임금수준을 강제하지 않는다면 파괴적으로 경쟁적인 소

Scheme)'이다. 1981년 대처 총리가 모든 실업 상태의 학교 중퇴자가 직업훈련을 받을 기회를 갖게 될 것이라 밝힘에 따라, 18세 미만의 모든 영국 청년은 교육을 받거나, 직업을 가지거나, 그도 아니면 훈련을 받게 되었다. 청년훈련제도는 일견 자유방임주의에서 벗어난 정책처럼 보이나, 실제로는 신자유주의적 목표인 저임금 노동자 양산, 노동 유인 강조 등의 원칙에 부합하는 제도였다. 실업 상태의 모든 16~17세 청소년은 직업훈련을 받지 않으면 실업수당을 받지 못했다. 또한 훈련수당도 주당 23.5파운드에서 15파운드로 감소했고, 공공 일자리는 파트타임 일자리 위주로 만들어졌다(Robertson, 1986). 이런 대처 정부의 정책으로 가장 큰 혜택을 받은 인구 집단은 초고도 부자, 전문관리직, 그리고 잉글랜드 남부 거주 성장산업에 종사하는 고기술 노동자뿐이었다(Worcester, 1989). 영국의 신자유주의적 노동시장 정책은 빈곤으로 인한 양극화를 가속화시켰지만, 대처 수상이 시작한 신자유주의적 노동유연화가 전 세계로 확산되는 데에는 그리 오랜 시간이 걸리지 않았다.

4. 노동시장이 구현해야 할 가치: 고용과 임금을 중심으로

1) 완전고용과 실업

"완전히 제어되지 않는 (노동)시장은 정치적으로도, 사회적으로도 받아들여질 수 없다"(Osterman, 1999: 7)는 전제하에, 오스터먼은 노동시장이 추구해야 할 목표를 다음의 다섯 가지로 나누어 설명한다. 노동시장은 노

수의 고용주들이 산업의 기반을 침식할 것을 우려했다(Robertson, 1986).

동자를 각자가 가장 잘 일할 수 있는 곳에 효율적으로 배치하고 그에 적절한 기술 수준을 습득하도록 장려할 수 있어야 한다. 아마도 경제학자 대부분이 이러한 효율성 목표에 대해서는 동의할 것이다. 그러나 그는 이에 더해, 노동시장의 양극화가 너무 심화되지 않도록 제어하는 형평성, 차별받지 않고 경력을 쌓아나갈 수 있는 공평한 기회와 적절한 보상 수준, 필요할 경우 언제든 작업장에서 의견을 말하고 참여할 수 있는 제도의 보장, 그리고 무엇보다 경제가 어떤 어려움을 겪더라도 노동자가 어떤 선 이하로는 떨어지지 않을 수 있는 기본적인 안정성을 노동시장이 제공할 수 있어야 한다고 강조했다(Osterman, 1999: 184-85).

마지막으로 오스터먼이 언급한 안정성 목표는 현재는 실업보험이나 부조와 같은 사후적 제도의 차원에서 다루어지고 있으나, 신자유주의가 보편화되기 이전에는 거의 모든 선진국에서 받아들였던 규범인 완전고용[4]을 통해 선제적으로 달성되고 있었다. 즉, 생계유지가 가능한 임금을 받는 고용이 모든 사람의 기본적인 인권이자 노동권으로 인식되던 시기가 있었던 것이다. 낮은 실업률 혹은 완전고용은 높은 숙련도와 고기술 노동자의 협력 등 국제무역에서 높이 평가되는 비가격적 경쟁력을 가지고, 강력한 노동조합이 미래의 고용을 보장하기 위한 임금 자제에 협조적인 유럽의 조정시장경제(coordinated market economies) 국가에서 더 잘 유지되었다. 국가-노동조합-사용자단체 간 신뢰와 협력이 부족한 영미권의 비조정시장경제(non-coordinated market economies) 혹은 자유시장경제(liberal market economies) 국가에서는 유연전문화가 진행되면서 전반적으로 낮은 노동생

4 물론 완전히 실업이 없는 상태를 의미하는 것이 아니라 비자발적 실업이 없어지는 것을 의미한다. 정보의 흐름이 불완전해 구인하려는 기업과 구직자가 서로를 발견하는 데 불가피하게 시간이 걸리기 때문에 발생하는 보통 3% 안팎의 마찰적 실업은 완전고용 상태로 인정된다.

산성과 약한 노동운동으로 인해 실업률을 낮추기 위한 제도적 기반이 마련되지 못했다(Soskice, 1990).

그러나 신자유주의와 결합한 경제 세계화가 확산되면서 노동과 자본의 힘의 균형이 무너졌고, 그로 인해 조정시장경제 국가에서조차도 완전고용이 가능하지 않다는 것이 일반적인 여론이 되었다. 이제 완전고용은 단지 획득 가능한 가장 낮은 실업률로, 인플레이션을 유발하지 않을 수 있는 수준의 실업률로 여겨지기 시작했다. 긴스버그 등(Ginsburg et al., 1997)은 이런 현실에 반발하며, 그들만의 새로운 완전고용의 정의를 제안한다. 이에 따르면, 완전고용은 다양한 가치와 권력관계를 내포하고 있는 용어이다. 공식 실업률은 비자발적 시간제 노동자와 실망실업자 등 특히 여성이 많이 포함된 소외된 노동자들의 감추어진 실업률을 반영하고 있지 못하다. 따라서 완전고용은 단지 수치로 나타나는 일자리 수를 넘어, 적절한 임금, 민주적인 작업장, 소수자집단에 대한 평등한 기회 제공, 환경의 보전, 보육서비스와 장애인을 위한 교통편의 제공 등 자신의 일에 대해 의미 있는 선택을 할 수 있도록 하는 모든 서비스까지 포함하는 인간주의적인 개념으로 변화해야 한다.

4차 산업혁명이 초래한 일자리 위기가 상시 존재하는 현재, 완전고용이 과연 다시 추구해야 할 노동시장의 핵심 목표가 되어야 하는가에 대해서는 여러 논쟁점이 존재한다. 특히 기본소득과 같이 국가가 모든 시민에게 보편적 안전망을 제공해야 한다는 제도가 실현될 경우, 완전고용에 대한 강조는 상대적으로 그 힘을 잃을 수도 있을 것이다. 그러나 그러한 제도의 도입 여부와 무관하게, 핵심적인 노동시장의 목표에—적어도 일자리를 원하는 모든 사람에게—긴스버그 등(Ginsburg et al., 1997)이 재개념화한 확장된 완전고용의 기회 제공이 포함되어야 한다는 데에 반대할 사람은 드물 것이다.

그렇다면 장기 실업률이 낮은 우리나라는 다른 국가보다 나은 노동시장을 갖고 있다고 평가받아야 할까? 장기 실업률은 1년 이상 실업 상태에 머무른 사람이 전체 실업자에서 차지하는 비중을 의미하는데, 〈그림 1-1〉에 나타난 바와 같이, 2022년 기준 한국의 장기 실업률은 그 어느 국가보다도 낮다. 장기 실업률은 당사자는 물론, 가족에까지 심각한 정신적, 물질적 스트레스를 유발하는 중요한 지표이다. 한국의 장기 실업률이 이처럼 낮은 이유는 다른 국가보다 훨씬 더 노동시장이 효율적으로 작동하기 때문이 아니다. 불행하게도 진실은 그것과는 다른 방향을 가리킨다. 아마도 강력한 일자리 보호정책의 부재, 많은 노동인구를 배제하는 전반적인 실업보험과 공공부조정책의 영향으로, 우리 노동자는 장기적인 실업 상태를 오래 견딜 수 없기 때문일 것이다.

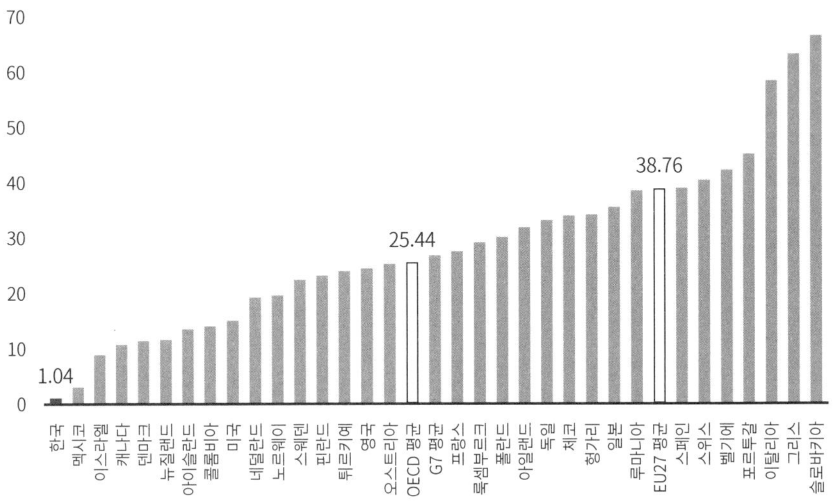

〈그림 1-1〉 장기 실업률(long-term unemployment) 국제비교(2022년)

자료: OECD, 2023, Long-term unemployment rate (indicator) 재구성. doi: 10.1787/76471ad5-en (2023년 8월 27일 접속)

2) 임금체계

임금은 노동력이라는 특별한 상품의 가격이다. 그렇다면 노동의 가격인 임금은 어떤 체계(system)에 의해 어떻게 결정되고 있을까?

먼저, 임금체계를 결정하는 가장 중요한 요인은 무엇을 기준으로 임금이 지급되고 있는가이다. 한국의 경우, 가장 대표적인 임금체계는 노동자의 속성, 즉 학력이나 연령, 근속연수 등이 중요한 기준인 연공급이었다. 특히 근속기간에 따라 임금이 증가하는 연공급은 사무관리직에 한정되었다가 1987년 노동자 대투쟁 이후 생산직까지 확대되면서 더욱 공고해졌었다. 정부는 특히 2010년대 이후 이러한 연공급을 직무급으로 바꾸려는 시도를 지속해왔다. 그러나 직무평가의 기본이 되는 기술, 노력, 책임, 작업 조건의 본질적이고 내재적인 가치 역시 인사담당자나 관리자의 편견이나 차별적 판단으로부터 자유롭지 않다. 예를 들어 여성이나 저학력자가 많이 종사하는 업무의 가치는 우리 사회의 왜곡된 능력주의에 의해 낮게 평가될 가능성이 크다. 또한 유사한 업무라 하더라도 어떤 지원체계 아래에서 하는가에 따라 업무의 난이도가 큰 차이가 날 수 있다. 특히 한국의 경우, 직무평가에 대한 치밀한 연구가 거의 축적되어 있지 않은 한편, 노조 배제적인 관행으로 인해 직무평가 과정에 노동조합의 참여가 거의 없는 형편이다. 이런 상태에서는 직무급의 공정성이 담보되기 어렵다.

직무급과 연공급을 완전히 분리하기도 어렵다. 직무급이 지급되는 선진국에서도 연공에 대한 보상은 너무 당연해 이에 의문을 제기하는 경우는 거의 없다. 이는 기업특수적 인적자원에 대한 투자 및 노동자의 충성도 확보라는 차원에서 발생하는 연공급의 긍정적 효과 때문이다(박희준, 2018). 박희준(2018)이 한국직업능력개발원의 『인적자본기업패널』(2009~2015)을 분석한 결과에 따르면, 일정 시간이 지난 후 직무급의 도입은 임금의 연공성에 유의미한 정(+)의 영향을 미쳤으며, 심지어 임금의 연공성을 일시적으로 강화할 가능성도 보였다. 이는 직무급이 도입된다 하더라도 임금격차를 줄이기 위해 일정 부분 연공에 대한 보상이 이루어져야 함을 시사하는데, 특히 연차에 따른 임금 변동이 거의 없다시피 한 저임금 직무에 있어서 이 부분이 강조될 필요가 있다.[5] 직무급은 비정규직 등 저임금 노동자의 낮은 보상수준을 더욱 고착화할 우려가 있기 때문이다. 또한 고숙련 노동자의 업무 몰입이 점점 더 중요해짐에 따라, 직무 중심 인적자원관리를 해왔던 미국 기업들조차 이에 속인 중심 인적자원관리의 장점을 도입하고 있는 중이다. 이 제도는 세분화된 직무등급을 축소하면서 역량이라는 속인적 특성을 고려한 포괄적인 밴드로 재구성한 것이다(유규창, 2014).

임금체계는 임금이 어떻게 구성되어 있는가에 따라서도 결정된다. 즉, 기본급과 같은 고정급여의 비중과 성과급과 같은 변동급여의 비중에 따라 노동자의 삶의 안정성이 영향받을 수 있는 것이다. 임금이 특히 여러 논란을 불러일으켜 온 이유는 각종 성과급과 여러 수당으로 매우 복잡하게 구성되어 있기 때문이다.[6] 이런 복잡성으로 인해 통상임금의 개념과 범위를 특정하기 어려운 문제가 지속되어왔다. 통상임금은 퇴직금과 산재보험급여 산정에 중요한 평균임금과 더불어, 초과근로수당, 연차수당 등 여러 법정 급여의 지급 기준이 된다. 평균임금의 정의가 「근로기준법」 제2조 제1항 6호를 통해 "이를 산정하여야 할 사유가 발생한 날 이전 3개월 동

---

5 이효주 외(2022)의 2011년부터 직무급을 도입한 국내 한 기업 사례 분석에 따르면, 일반관리직과 현장서비스 간 임금격차는 직무급 도입 이전보다 더 증가한 것으로 드러났다. 일반관리직 내에서는 남녀 임금격차가 감소했으나 현장 서비스직에서는 남성 노동자만 평균이 증가해 남녀 임금격차가 확대된 것이다. 이는 임금 연공성 완화 정도가 집단마다 차등적으로 나타남을 시사한다.

6 고용노동부는 임금을 기본급과 여러 수당들로 구성된 정액급여, 연장·휴일·야간근로수당과 같이 변동적인 수당을 포함하는 초과급여, 상여금, 학자금 지원 등의 특별급여로 구분해 조사하고 있다(고용노동부, 2022a).

안에 그 근로자에게 지급된 임금의 총액을 그 기간의 총일수로 나눈 금액을 말한다"라고 분명하게 적시된 것과는 달리, 통상임금은 시행령[7]에 간략히 언급되었을 뿐이다. 여러 대법원 판결을 통해 그 정의가 조금씩 구체화된 통상임금은 2013년 대법원 전원합의체 판결[8]을 통해 "노동의 대가로 노동자에게 정기적, 일률적, 고정적으로 지급되는 금품"으로, 1개월 등 정해진 지급 주기와 같은 형식적 기준에 의해 결정되는 것은 아니라는 점을 확인했다. 이러한 통상임금의 정의는 2024년 같은 대법원 전원합의체 판결[9]에서 법령상 근거가 없다는 이유로 '고정성'이 폐기되면서 "노동의 대가로서 정기적, 일률적으로 지급하기로 정한 임금"으로 최종 정리되었다. 이에 따라 기존에는 통상임금에 포함되지 않던 재직 조건의 정기상여금 등도 통상임금에 포함되게 되었다.

임금체계에 영향을 주는 마지막 요인은 임금의 수준으로, 국가별로 큰 차이가 있으며, 특히 우리나라에서는 기업 규모별로도 격차가 매우 크다. 임금수준을 결정하는 요인에는 생계비, 생산성, 노조 조직률 등이 있다. 한 사회에 저임금 노동자가 많고 일자리가 제한적이라면, 해당 일자리의 임금은 무한정 하락해 생계를 위협할 수 있다. 생계비를 고려한 최저임금제도와 같은 사회정책이 존재하는 이유이다. 한 사회의 생산성이 높다면 높은 임금에 대한 사용자의 저항이 크지 않을 수 있지만, 실업이 존재하는 한 노동자는 생산성보다도 낮은 임금을 받을 수 있다. 가장 절박한 노동자가 받는 임금이 시장임금이 되는 것이다. 반면, 조직된 노동자는 단체교섭

---

7 1982년 「근로기준법」 시행령 개정을 통해 "근로자에게 정기적·일률적으로 소정근로 또는 총근로에 대하여 지급하기로 정하여진 시간급금액·일급금액·주급금액·월급금액 또는 도급금액"으로 정의되었다.

8 대법원 2013. 12. 18. 선고 2012다89399, 2012다94643.

9 대법원 2024. 12. 19. 선고 2020다247190, 2023다302838.

을 통해 사측의 이윤을 줄여 높은 임금인상률을 얻어냄으로써 임금수준을 높일 수 있다.

3) 최저임금제도

최저임금제도는 임금수준에 영향을 미치는 여러 요인 중 하나로, 일정 수준의 생계비를 보장하는 정책도구로서 기능한다. 세계화와 기술 변화로 인해 좋은 일자리가 감소하고 해외 이전이 불가능한 서비스업에서 과밀과 저임금이 악화되면서 그 중요성은 전 세계적으로 더 커지고 있다. 최저임금제도의 가장 기본적인 목적은 일하는 사람에게 최소한도의 생계 보장을 해주는 것이다. 최저생계비의 확보는 자기충족적 삶을 보장하며, 공동체의 구성원이라면 자신뿐 아니라 다른 사람도 자기충족적 삶을 살 수 있도록 지원해야 할 도덕적 의무를 수행해야 한다는 점에서 최저임금제도의 의의를 찾을 수 있다(Levin-Waldman, 2000). 최저임금은 다른 임금 소득자에게도 기준점으로 작용해, 임금 곡선 자체에 영향을 미친다. 단지 빈곤 노동자를 돕는 것이 아니라, 중간 계층에게도 도움이 될 수 있는 일인 것이다(Levin-Waldman, 2011). 역설적이지만, 최저임금제도가 없는 북유럽 선진국에서는 저임금 노동자가 거의 없다. 노동조합이 중앙집중화된 단체교섭을 통해 저임금 노동 자체를 봉쇄할 수 있었기 때문이다.[10] 그러나 몇몇 국

---

10 최저임금제도가 있는 미국과 비교하면 이런 특성이 더욱 부각된다. 미국 플로리다주 버거킹 교대근무 매니저는 2014년 기준 시간당 9달러를 받으며 35시간을 근무하는데, 이 임금으로는 생계를 꾸리기 어려워 정부가 지급하는 식권에 의존해야 하는 수준이다. 반면, 덴마크 코펜하겐 노동자는 시간당 생계비로 충분한 20달러를 받아 저축까지 가능하다. 덴마크에는 최저임금제도가 없으며, 패스트푸드 산업 3F 노동조합과 사용자단체인 호레스타(Horesa) 협약을 통해 임금이 결정된다(Alderman, Liz, and Steven Greenhouse, 2014. 10. 28. *New York Times*, “Fast Food in Denmark Serves Something Atypcial: Living Wages”).

가는 일자리의 쇠퇴를 막지 못한 채, 최저임금제도를 도입하게 된다. 산별 노조가 단체교섭을 통해 업종별 최저임금 관련 협약을 맺다가 하르츠 개혁 이후 너무 급격히 저임금 일자리가 확대되자, 2015년부터 최저임금제도를 실시하고 있는 독일이 그 대표적인 사례이다.

헌법에도 규정되어 있는 한국의 최저임금은 1986년 「근로기준법」에서 분화되어 「최저임금법」이 제정되고 1988년부터 시행됨에 따라 임의제도에서 의무제도로 자리매김하게 되었다. 「근로기준법」 대다수가 5인 이상 사업장으로 적용이 제한된 데 반해, 최저임금은 1인 이상 사업장에 모두 적용된다. 최저임금은 노·사 위원 각 9명, 공익위원 9명 등 총 27명으로 구성된 사회적 대화 기구인 최저임금위원회에서 노동자의 생계비, 유사노동자의 임금, 노동생산성, 소득분배율 등을 고려해 매년 심의, 의결한다. 우리나라의 경우, 경제활동인구조사 부가조사 기준 2023년 최저임금의 변경으로 인해 임금인상이 필요한 노동자 규모의 추정치가 16.4%에 이르고, 전체 임금노동자 중 시간당 임금이 최저임금 미만인 노동자 비중[11] 도 같은 조사 기준 2022년 12.7%로 높은 편이다. 최저임금 미만 노동자는 영세규모, 비정규직, 여성, 청년 및 고령층, 고졸 이하, 농림어업과 개인서비스업 등에서 높게 분포하고 있는 것으로 나타났다(최저임금위원회, 2023).

우리나라의 최저임금 수준을 파악하기 위한 국제비교는 신중해야 한다. 국가 간 최저임금 산입범위의 차이, 조사 대상, 포괄 대상의 차이 등으로 단순 비교는 무의미하기 때문이다. 특히 우리나라는 5인 미만 기업이 다 포함된 실태조사를 통해 중위임금을 구하는 경향이 있는데, 이것은 최저임금 노동자를 포함해서 그 임금 대비 최저임금의 상대적 수준을 파악

11 최저임금 미만율은 자료의 한계로 인해 적용제외자와 감액적용자를 정확하게 식별할 수 없으므로 위반율로 해석하는 것은 무리가 있다고 최저임금위원회 보고서(2023)는 밝히고 있다.

하고 있는 상황과 다름없다. 극단적으로 양극화된 노동시장에서 최저임금에 수렴하는 중위임금의 의미는 거의 없는 만큼, 평균임금이 산정 기준으로 더 적합하며, 평균임금 산정 시에도 10인 미만의 영세업체의 임금수준은 배제되는 것이 맞다. 또한 각 국가별 사회적 임금(social wage)의 차이를 고려하지 않는 비교 역시 큰 의미가 없다. 지자체가 소유하고 있는 저렴한 임대료의 공공 주거시설을 갖추고, 대학교육비가 무상이며, 의료비 부담이 거의 없는 등 우리나라와 비교할 수 없는 높은 수준의 보편적 복지를 제공하는 국가의 최저임금과 우리나라의 최저임금을 비교해 얻을 수 있는 정보는 의미가 적기 때문이다.

최저임금을 적용받는 노동인구가 많은 만큼, 한국의 사용자단체는 최저임금 인상을 고용 감소와 연결시키며 지속적으로 반대해왔다.[12] 그러나 국내외의 수많은 연구가 일정한 경향성을 보여주지 못한다는 점에서, 최저임금과 고용 감소 간 유의미한 인과관계를 상정하기 어렵다. 최저임금제도는 국가가 고생산성, 고임금 경제를 추구하는 중요한 도구로, 최저임금은 고용보다는 소득 불평등을 감소시킬 수 있는 제도로 인식되어야 한다. 문지선(2018)은 『한국노동패널』 2007~2018년 자료를 분석해 2018년의 급격한 최저임금 인상으로 임금 불평등이 개선되었음을 증명한 바 있다.

---

12 미국의 사업가 필렌(Filene)은 최저임금을 옹호하며 다음과 같이 주장했다. "생계가 유지되는 임금(living wage)을 지불할 수 없는, 그래서 충분한 소비력을 갖춘 노동자를 고용할 수 없는 어떤 기업도 국가에 도움이 안 되며, 그래서 우리 안에 그들이 설 자리란 없다. 노동자에게 적절한 임금을 지불하지 않음으로써 그들은 노동자의 친척과 친구들, 그리고 우리 모두에게 그들의 생계에 대한 책임을 돌린다. 결국 생계비를 받지 못하는 노동자를 지원해야 하는 비용은 더 유능한 기업에게 부과되며, 그렇게 되면 이런 우량기업조차 이런 식의 저임금이 용인되지 않는 다른 국가의 기업도 참여하는 상품시장에서 경쟁력을 잃게 된다. (……) 집세와 의식비를 걱정해야 하는 노동자는 행복하거나 야심적으로 될 수 없으며, 이런 노동자들과 함께 효율적인 조직을 만들어내기란 매우 어렵다. (……) 최저임금은 회사가 만들어낸 물건을 살 수 없을 정도의 노동자를 고용할 위험으로부터 사용자를 지켜준다"(Filene, 1923: 412).

박나리 · 김교성(2022)도 2017~2022년 『고용형태별 근로실태조사』 분석을 통해 문재인 정부 시기 최저임금 인상이 임금 불평등 완화 효과가 있음을 보여주었다. 이윤으로부터의 소비수준이 감소하는 대신 임금소득으로부터의 소비수준이 증가하는 경우, 후자의 소비수준이 더 높기 때문에 전반적으로 사회 전체의 소비를 증가시키며, 총수요의 증진은 총투자 및 전체 고용수준을 높일 수도 있다. 이는 최저임금 인상이 왜 일방적으로 고용을 줄이지 않는가를 설명해준다.

최저임금제도에 반대하는 경우, 최저임금보다는 낮은 임금에 대한 보조금과 같이 기능하는 근로장려세제(EITC)를 더 나은 저임금 노동자에 대한 보호 도구로 인식하는 경향이 있다. 그러나 근로장려세제는 낮은 임금소득을 증명한 이후에야 사후적으로 받을 수 있으므로 불안정성을 완전히 해소할 수 없으며, 이 혜택을 유지하기 위해 노동의욕이 저하될 수도 있다. 반면 최저임금은 노동에 대한 직접적 보상으로서, 노동자의 자존감, 기업에 대한 몰입도, 숙련형성 욕구 등을 향상한다. 따라서 근로장려세제와는 대체 관계가 아니라 보완 관계로 보는 것이 적절하다. 근로장려세제는 정부의 조세 수입 감소를 가져오는, 결국 복지와 유사한 지출이다(Pollin, 2007). 이 두 제도의 재분배적 함의는 매우 다른데, 최저임금제도는 저임금 사업장의 사용자로부터 저임금 노동자로의 재분배를 촉진하고, 근로장려세제는 납세자로부터 저임금 노동자로 재분배가 이루어진다. 이런 맥락에서, 최저임금 인상 요인을 낮추기 위한 정부 정책으로 근로장려세제보다는 사회서비스 확충이 더 바람직한 방법일 수 있다. 동시에, 저임금 사업장의 사용자를 그런 위치로 고착화하는 기업 간 불공정 거래에 대한 엄격한 처벌도 필요하다.

2장

노동조합의 두 얼굴

1. 노동조합의 유형

자본주의 경제체제에서 노동의 조직화는 내적 모순으로 가득 찬 어려운 과정이다. 오페와 비젠탈(Offe and Wiesenthal, 1980)은 노동과 자본의 조직화에 있어 그 투입 요소의 차이를 강조한다. 그들의 표현에 따르면, 여러 개의 "죽은 노동(dead labor)"을 소유한 자본에 대립한 노동은 한 단위의 살아 있는 노동자만을 가졌을 뿐이다. 자본은 죽은 노동과 산 노동의 비율 조절을 통해 지속적으로 효율성을 제고할 수 있지만, 살아 있는 노동은 심지어 한 노동자 안에서도 광범위한, 서로 상충할 수 있는 욕구를 가진다. 직무 만족도를 높이기 위해 얼마나 임금을 희생할 수 있는가? 일자리의 안정성이 높은 보수보다 중요한가? 자본은 소수이고 무엇을 지키고 싶은지 분명하며 동원할 수 있는 자원이 풍부하지만, 노동조합은 서로 다른 욕구를 가진 다양한 노동자를 대상으로 자본주의 사회의 문화적 헤게모니를 중화시킬 수 있는 수많은 대화와 소통을 통해 집합적 정체성을 확립해야만 조직화가 가능해진다. 또한 노동자의 경우 자신의 "객관적 이해"를 파악하는 것이 결코 용이한 작업이 아니다. 노동자는 소비자로서의 정체성과 생산자로서의 정체성, 좋은 노동조건과 안정적인 일자리 간 선택의 딜레마, 개인적인 경쟁력 향상 대 계급 연대 등 끊임없는 선택의 기로에서 더 많은 이해관계의 왜곡이 발생할 수 있다. 노동조합이 하나의 단일한 유형이 아니라 여러 유형으로 분화된 것은 바로 이런 조직화 과정이 어떤 사회경제적 맥락에서 발생했는가를 반영한 것일 수도 있다(〈표 2-1〉 참조).

가장 먼저 등장한 노동조합의 유형은 19세기 중반의 직능노조(craft union)로, 초기 산업화 국가인 영국과 미국에서 이들은 노동 귀족의 지위를 확립하게 된다. 이 시기 공장체제는 매우 천천히 도입되었고 길드 전통

〈표 2-1〉 노동조합의 유형 및 특성

	직능노조	일반노조	산별노조	기업별 노조
기술	고숙련	저숙련	저-중-고숙련	저-중-고숙련
노조구조	직종별로 파편화	포괄적이나 불완전함	포괄적인 계급기반 구조	"기업공동체"
작업조직	직무 통제	관료제: 직무통제와 연공	관료제: 협의된 유연성	관료제: 자율적 직무그룹
노동시장	외부노동시장: 직종별	외부노동시장: 일반	외부노동시장: 직무별	내부노동시장
고용	일자리에서 일자리로	무작위	고용보호	평생직장
노조조직 안정성	진입 이전 클로즈드숍	진입 이후 클로즈드숍	법적, 정치적 제도화	"기업공동체"
정치적 행동	자원주의-자유로운 단체교섭	자원주의적 전통으로 제약적	다양한 정치활동 및 사회적 대화	비정치적

자료: Streeck, 2005, p.269.

은 지속되었다. 숙련 노동자는 독립된 자영업자와 매우 흡사했고, 따라서 이 노조는 마치 카르텔을 형성한 소규모 기업처럼 작동했다. 조직력을 통해 시장에서 경제적 이득을 얻고 국가의 승인을 얻는 데 큰 문제가 없었던 직능노조는 자유주의 정치체제를 지지했으며, 자본주의를 비판하는 사회주의 운동에는 반대했다. 고용관계가 형성되는 공장체계가 도입됨에 따라 이들은 직무 통제와 관련된 엄격한 규칙을 마련해 숙련의 가치가 침범되는 것에 저항했다. 따라서 사용자는 작업조직을 직능노조원의 요구에 맞추게 되었다. 20세기 초반의 노사관계를 지배한 직능노조는 노조 조합원에게만 상당한 혜택을 주는 갈등적이고 파편화된 다원주의적 노사관계를 형성하며 사회적 보호망 제공에 소극적인 자유주의적 복지국가와의 선택적 친화성을 보였다(Streeck, 2005).

산업이나 기술 수준과 상관없이 모든 노동자를 조직하는 일반노조(general union)는 1880년대 후반부터 대부분의 산업 국가에서 조직된 바 있다. 일반노조는 사회주의 혁명과 같은 급진적 사상의 영향하에 모든 노동자를 조직하는 계급 노조다. 또한 직능노조를 조직할 수 없거나 그로부터 배제된 노동자를 비롯해, 어떤 다른 형태의 노동조합에도 소속될 수 없었던 노동자를 지원한 잔여적 형태의 노조로 기능했다(Hobsbawm, 1949: 123). 그 대표적인 사례가 미국의 뉴딜 기간에 직능노조의 반대와 저항에도 불구하고 공장노동자를 포함, 다양한 노동자의 조직화에 성공한 '노동조합연합(Congress of Industrial Organization, CIO)'이다. CIO는 이후 직능노조에 기반한 미국노동총연맹(American Federation of Labor, AFL)과 어렵게 통합하게 된다. 쉽게 대체될 수 있는 미숙련 노동력이었던 만큼, 일반노조의 교섭력은 매우 낮았고, 노동시장에 직능노조와 같은 수준의 영향력을 미칠 수 없었다. 공장화가 진행되면서 일반노조도 공장화 직능노조의 직무 통제 전통을 이어받아 연공에 기반한 내부노동시장을 확립하게 된다(Streeck, 2005).

산별노조(industrial union)는 후발 산업 국가에서 주로 발전한 노조의 유형이다. 초기 산업 국가와는 달리, 후발 산업 국가의 경우 직능노조의 전통이 미약했고, 공장체계가 급속하게 도입됨에 따라 중 저기술 노동자 역시 짧은 시간에 급격히 증가했다. 그런 만큼 노조의 조직화는 산업을 기반으로 모든 직업군을 다 포괄하는 단일한 계급 조직으로 이루어졌다. 산별노조가 이질적인 노동자를 모두 조직한 만큼 이들의 이해를 대변하기 위해서는 단체교섭이나 단체행동뿐 아니라 노동자계급 전체를 대변하는 정치적 활동이 필요해졌고, 이로 인해 산별노조는 정치 정당과 밀접하게 연계된 채 운영되었다. 산별노조는 직능노조의 직무 통제보다 모든 시민에게 혜택이 갈 수 있는 사회정책을 선호했고, 임금과 고용 지위의 평준화를 가능하게 할 수 있는 산별교섭을 통해 개별 노동자의 특정 사용자에 대한 의존을 약화하고자 했다. 산별노조는 직능노조처럼 사용자의 새로운 기술 도입에 저항하기보다는 교육 훈련에 대한 참여 및 공공 노동시장 정책에 영향을 미침으로써 노동자의 숙련을 유지하고 보호하는 데 더 관심을 가졌다. 작업장 내에서 높은 수준의 유연성을 허용해준 이런 산별노조의 활동은 포드주의적 작업조직의 관료적, 위계적 관리 방식과 큰 무리 없이 융화되었다(Streeck, 2005).[1]

서구에서는 보기 힘든 기업별 노조(enterprise union)는, 산업화가 뒤늦

---

1 산별노조는 초기부터 집합행동과 정치활동, 단체교섭과 사회정책, 조합원들을 위한 혜택과 모든 시민을 위한 복지 제공, 독립적인 조직역량 확보와 국가 지원이라는 미묘한 균형을 지속적으로 맞추어야 했다. 그 결과는 북유럽 국가와 유럽 내륙 국가에서 서로 다르게 나타났다. 스웨덴을 포함한 스칸디나비아의 정치적으로 단결된 산별노조는 사회주의 노동운동과의 긴밀한 협력을 통해 높은 사회적 임금을 제공하는 보편적 복지국가를 완성했고, 중앙집중화된 자율적인 교섭구조를 유지했다. 반면, 유럽 내륙 국가의 산별노조는 종교적, 정치적 균열하에 현존하는 계급 구조와 전통적인 가족 체제를 유지하는 보수적인 복지국가를 세우는 데에서 멈춰야 했다(Streeck, 2005).

게 시작되고 정치적 민주주의 역시 오랫동안 지체된 일본과 한국 등 제한된 소수의 국가에서 발견된다. 특히 일본은 대표적인 기업별 노조 국가인데, 농업 부문이 해체되지 못한 채 산업화를 맞이해 노동력이 부족했던 것도 일본이 온정주의적인 기업별 노조를 발전시킨 데 큰 영향을 미친 것으로 보인다. 그러나 일본에서 항상 기업별 노조가 우세했던 것은 아니다. 2차 세계대전 패배 이후 일본 제국주의가 약해졌을 때 산별 노동운동이 활성화되어 과격한 전면 파업이 발생한 바 있다. 이런 급진적 노동운동에 위협을 느낀 정부와 사용자는 산별노조의 힘을 약화시키기 위해 어용노조인 기업별 노조를 설립한 후, 이런 제2노조에 모든 혜택을 집중시켰다. 일본의 기업별 노조와 사용자 측은 노조 조합원인 정규직에게 연공에 따른 임

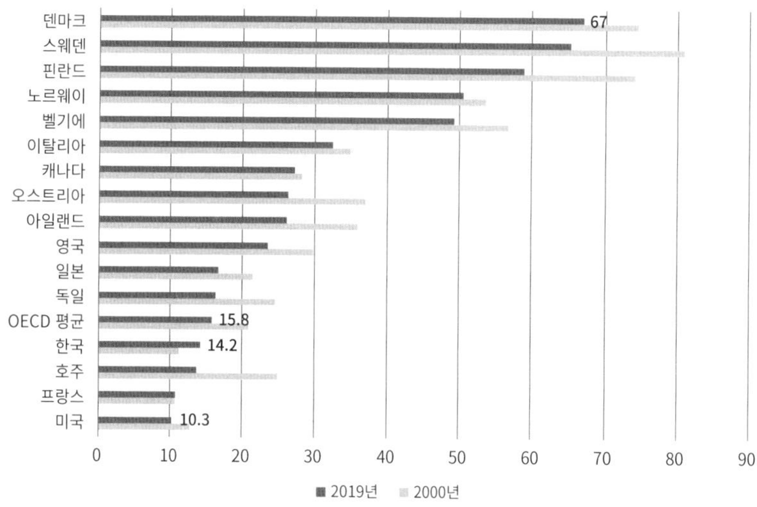

〈그림 2-1〉 노조 조직률 국제비교(약 20년간의 변화: 2000년과 2019년[a] 비교)

a: 프랑스(2016년), 호주(2018년), 캐나다, 아일랜드(2020년), 한국(2021년) 제외하고 모두 2019년 조직률

자료: https://stats.oecd.org/Index.aspx?DataSetCode=TUD (2023년 9월 4일 접속)
고용노동부, 2022b.『2021년 전국노동조합 조직현황』

금 결정과 평생고용을 보장해줌으로써 협력적인 노사관계를 유지했다(이주희, 2012). 일본의 경우, 개별 기업 차원에서의 사적 복지가 국가 복지의 대체제가 됨으로써 복지국가의 발전은 지체되었다.

노동조합 조직률은 기술 발전으로 인한 노동 수요의 변화, 그리고 신자유주의적 개인주의와 노조에 대한 공격으로 인해 1980년대 이후 지속적으로 하락해왔다. 〈그림 2-1〉은 2000년대에 들어와서도 이런 추세가 변함없이 지속 중인 것을 보여준다. 그럼에도 불구하고 국가 간 격차는 아직도 상당히 심한 편이다. 전통적으로 노조 조직률이 높았던 북유럽 국가들이 가장 조직률이 높고, 그다음으로 유럽 내륙 국가들이 높은 편이며, 영미권과 아시아 국가들은 가장 조직률이 낮은 편에 속한다.

2. 노동조합의 기능: '독점' 혹은 '집단적 이해대표'

이미 우리는 앞서 자유로운 노동계약이란 가능하지 않으므로, 이런 노사 간 힘의 불균형이 적절한 사회제도로 시정될 필요가 있음을 살펴보았다. 노동조합은 바로 이런 핵심적인 제도 중의 하나이다. 노동조합은 고용관계를 규제하는 조직으로서 노동시장을 사회적 제도 안에 착근시킨다. 따라서 노동조합에 대해 '자유'시장을 교란하는 조직으로만 보는 것은 적절치 않다. 그럼에도 불구하고 노동조합에 대한 공격을 자주 목격하게 되는 것은 노동조합의 활동이—설사 그것이 바람직한 성과를 낳는다고 하더라도—사용자의 이윤율을 낮출 수 있는 노동시장의 경직성을 유발하기 때문이다.

슈트렉(Streeck, 2005)은 노동조합이 노동시장의 경직성을 낳는 방식을 다음 세 가지로 나누어 설명한다. 우선, 노동조합은 다양한 방식으로 노동의 공급을 통제한다. 최저임금을 설정하거나 노동시간을 줄이는 것이 그 예이다. 이 외에도 노조는 노동자의 숙련 형성과정에 직접 개입하거나, 아니면 국가에 적절한 기술 훈련을 제공하라는 압력을 행사해 저기술 노동자의 증가를 막을 수도 있다. 또한 노동조합은 국가에 높은 고용수준을 유지하도록 요구함으로써 수요 차원에서도 노동시장에 개입할 수 있다. 2차 세계대전 이후 케인즈식 총수요 관리를 통해 고용이 창출된 것도 이런 맥락에서 이해된다. 노조가 작업장 조직에 직접 개입해 내부노동시장을 형성하는 것도 기업의 노동 수요에 영향을 미치는 일이다. 그러나 무엇보다도, 노동조합은 표준화된 고용계약을 사용자에게 요구함으로써 노동자를 노동시장의 불안정성으로부터 보호하고, 노동자 간 불필요한 경쟁을 억제한다. 노동조합의 입장에서 고용계약의 여러 차원에 대한 이런 공동규제(joint regulation)는 경영자의 특권이 존재하는 현실에서 필수적인 제도일 수 있다.

프리먼과 메도프(Freeman and Medoff, 1984)가 쓴 『노동조합은 무엇을 하는가?(*What Do Unions Do?*)』에서는 미국 노조에 대한 다음과 같은 분석을 통해, 노조의 활동이 독점적인 조직으로서의 부정적인 현상만이 아닌, 집단적 이해대표로서의 유용한 기능으로도 해석될 수 있음을 보여준다. 우선, 경제적 효율성과 관련된 노조 활동의 독점적 측면은 주로 신고전파 경제학자들에 의해 강조되었다. 즉, 시장이 완전경쟁 상태에 있다는 현실에서는 보기 드문 가정 아래, 노조가 시장에서 형성되는 가격 이상으로 임금을 인상시켜 조직된 노동자는 곧 해당 기업의 도산으로 일자리를 잃게 될 것이며, 노조가 고용주의 자동화를 통한 인력 감축 욕구를 상승시킨 탓에 사회적으로 바람직한 수준보다 더 적은 수의 노동자만 고용하게 되리라는 것이다. 또한 이들의 논리에 따르면 노조의 경직적인 직무규칙으로 생산성은 낮아지고, 파업으로 국가경제는 해를 입게 된다.

그러나 노조는 노동자 개인으로서는 하기 힘든 집단적 의견제시를 가능하게 함으로써 좀 더 효율적인 생산방식을 택하도록 관리자에게 정보를 제공하고 노동자의 사기와 사측에 대한 협력을 증진할 수 있다. 노사 간 협조적인 관계가 형성되면 노동자가 작업장에서 얻는 지식을 관리 시 활용하는 것이 가능해진다. 노조는 연공을 강조함으로써 승진과 관련된 경영진의 일방적 결정을 방지해 노동자 간 경쟁을 감소시키고, 대신 비공식적인 훈련과 도움 제공을 확산할 수도 있다. 온정주의적이고 권위적인 인적자원 관리를 보다 분명한 규칙에 기반한 것으로 개선하고, 모든 노동자의 필요에 대한 정보에 기초해 더 나은 보상패키지를 마련할 수 있게 된다. 즉 경제적 효율성의 범위를 보다 포괄적으로 해석한다면, 이윤 극대화만을 목표로 하는 기업을 노동자, 주주, 소비자 모두의 이해를 더 잘 조율하고 대변할 수 있도록 만드는 데 노조가 기여할 수 있는 것이다(Freeman and Medoff, 1984).

노조의 독점적 측면을 강조하는 관점은 노조가 조직노동자의 이익만을 위해 투쟁하고, 고기술 노동자의 임금을 상승시켜 소득분배 차원에서도 악영향을 끼친다고 주장한다. 노조가 조직화된 기업이 높은 인건비를 낮추기 위해 노동자를 해고하면 조직되지 못한 기업에 노동의 공급을 증가시키고, 결국 이 부분에서의 노동자 임금은 전반적으로 낮아지게 된다. 즉, 조직된 노동자의 임금만 증가하게 됨에 따라 조직된 노동자와 미조직 노동자 간 수평적 불평등이 확대된다는 것이다. 반면, 집단적 의견제시 기능을 살펴본 프리먼과 메도프(Freeman and Medoff, 1984)는 노동조합의 표준임금정책이 주어진 기업 내, 혹은 산업 내 조직된 노동자 간 불평등을 완화하는 기능이 있음을 밝힌 바 있다. 사무직과 생산직 노동자 간 격차도 축소될 수 있다. 노동조합은 고임금 노동자만을 조직하지 않으며, 조합원 대다수가 낮은 임금을 받고 있었으므로 이런 효과가 발생할 수 있는 것이다. 노동조합 역시 조직 내 노동자들의 연대 형성을 이유로 임금격차를 감소하는 정책을 선호하게 된다.

프리먼과 메도프(Freeman and Medoff, 1984)는 생산성과 관련된 노조의 효과에 대해 다소 유보적이지만 긍정적으로 평가한 바 있다.[2] 노조가 임금수준을 높이면 기업은 노동시간당 자본 투입을 확대하고 노동자의 기술력을 최대한 높이려 해서 생산성이 전반적으로 향상될 수 있다. 물론 이런 효과는 노조가 새로운 기술 도입에 반대할 때 축소될 수 있으며, 중복 고용을 유발하는 경직적인 직무규칙 역시 생산성 향상에는 도움이 안 된다. 이후 프리먼(Freeman, 2004)은 『노동조합은 무엇을 하는가?』의 출간 20주년을 기념하는 심포지엄에서 노조의 생산성 효과는 국가별로 차이 나는 전반적인 노사관계의 맥락에 따라 달라질 수 있음을 인정했다. 그러나 프리먼(Freeman, 2004)은 이 책의 내용에 대해 제기된 여러 비판에도 불구하고, 여전히 그들의 분석 결과는 20년이 흐른 후에도 유효하다고 주장한다. 즉, 노조가 조직노동자의 이익만을 위해 투쟁하는 독점적 조직으로만 협소하게 이해되어서는 안 되며, 노조는 집단적 이해대표 기능을 통해 어려운 처지의 노동자와 경제에 긍정적인 영향을 미칠 수 있는 의미 있는 제도로 평가되어야 한다.

2 프리먼과 메도프(Freeman and Medoff, 1984)는 생산함수를 이용한 분석을 통해 대체로 노조가 조직된 사업장에서 생산성이 더 높았다는 점을 확인했다.

3. 한국의 노동조합운동

1) 약한 노동자계급의 권력자원: 낮은 노조 조직률과 분권화된 교섭구조

발전된 산업 국가와 비교해 개발도상국의 노동운동은 대체로 더 약하고 정치적으로 독립적이지 못하다. 권위주의 정치가 노동운동을 포섭해 통제하에 두거나, 아니면 배제하고 억압하기 때문이다. 또한 산업화가 미흡하거나 단기간에 이루어짐에 따라 동질적인 노동계급 의식과 문화, 정치적 연합을 발전시키기 어렵다는 구조적 제약하에 있기도 하다. 비록 민주화가 이루어지긴 했지만 한국의 노동운동 역시 국가의 탄압에서 자유롭지 못했으며, 산업화도 유례가 없을 정도로 압축적으로 완성되었다.

그럼에도 한국의 노동운동은 순응적이었던 다른 아시아 국가의 노동운동과는 다르게 평가된다. 민주화 전후로 발생한 노동자 대투쟁을 포함, 여러 투쟁의 역사로 인해 동아시아에서 가장 강력한 노동운동으로 인식되기도 한다. 실제로 1987년 민주주의로의 전환과 더불어 그 한 해 동안 평소의 10배가 넘는 3,749건의 노사분규가 발생했고, 그 이후로도 2천 건에 가까운 노사분규가 1988년과 1989년에 연달아 이어졌다(한국노동연구원, 1993).[3] 그러나 외적으로 부각되는 전투성은 구조적인 취약함의 다른 모습일 수 있다. 실제로 민주화 이후 노동운동의 전투성은 약화되었고 기업별 노조라는 조직형태의 특성상 정치적 영향력이 크게 부각되지 못했다.

노동운동의 힘을 측정하는 지표 중 가장 일반적인 지표인 조직률이 이런 취약성을 보여준다. 다음에 제시된 〈그림 2-2〉에 나타나 있듯이 1970

3 임현진과 김병국(1991: 139)에 따르면, 1987년의 노사분규는 1986년 분규의 13배에 이르렀고, 유사한 민주화의 가능성이 노동운동에게 기회를 제공했던 1980년 분규의 4배에 이르렀다.

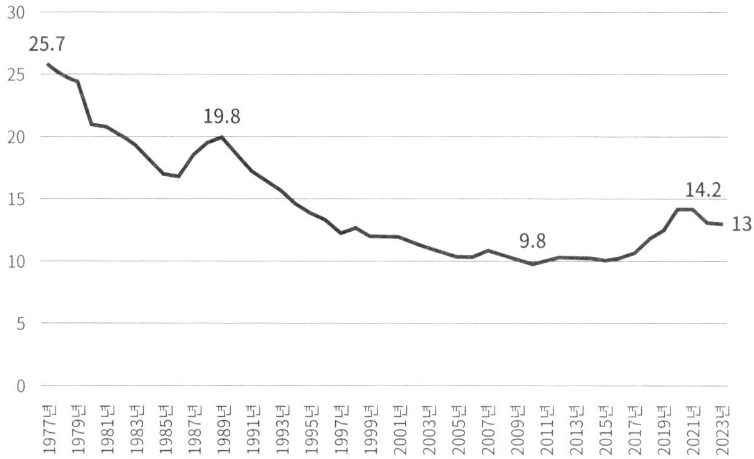

〈그림 2-2〉 노동조합 조직률(1977~2023년)

자료: 고용노동부, 2024.『2023 전국노동조합 조직현황』

년대 후반 20%를 넘었던 노조 조직률은 계속 하락해 노동자 대투쟁 이전에는 17%에도 미치지 못했다. 많은 파업이 이어졌던 1987년부터 1989년의 3년 동안 노조 조합원은 거의 두 배로 증가했고 기업별 노조의 수도 세 배 가까이 증가했지만, 조직률은 최고치인 19.8%에서 멈춰 섰다. 그 이후로는 지속적인 내림세가 이어져 2010년에는 한 자릿수인 9.8%까지 떨어졌다가 정체되었던 조직률이 점진적으로 상승해 특히 2020년에는 14.2%까지 증가했다. 전국교직원노동조합이 2016년 노조 조직현황 통계에서 제외되었다가 2020년 대법원 판결을 통해 다시 통계에 포함된 점, 분자에 해당하는 조합원 수는 전년도 대비 10.4% 증가한 데 반해 분모에 해당하는 조직대상 노동자 수는 2.6% 정도 감소하기 시작한 점 등(고용노동부, 2021)이 이 시기 상대적으로 급격한 증가를 설명해주는 만큼, 이런 상승세는 그 이후 지속되지 못하고 2023년에는 13%까지 하락했다.

그러나 전체적인 조직률 지표로는 극소수의 거대 기업과 수많은 영세

〈표 2-2〉 기업 규모별 노조 조직률(2023년)

(단위: 명, %)

	30명 미만	30~99명	100~299명	300명 이상
임금근로자 수	12,296,000	4,170,000	2,178,000	3,096,000
조합원 수	17,134	56,204	120,436	1,107,528
조직률	0.1	1.3	5.6	36.8

자료: 고용노동부, 2024.『2023 전국노동조합 조직현황』

기업으로 양극화된 경제구조를 가진 한국의 노동운동을 충분히 평가할 수 없다. 낮은 조직률보다 더 큰 문제는 〈표 2-2〉에 나타나 있는 대규모 기업과 영세 기업의 현저한 조직률 격차이다. 실제로 1,000인 이상 고용하는 거대 기업의 경우 대부분 노동자가 조직되어 있으리라 추정된다. 한국 정부는 수출 주도 산업화를 추진하면서 재벌 기업에 대한 특혜를 통해 경제구조를 이중화했다. 특히 1970년대부터 시작된 중화학공업화와 함께 자동차, 조선, 전자 등 핵심 전략산업에 투자가 집중되면서(Kim, 1990) 거대한 산업단지가 울산과 포항 등 지역에 만들어졌다. 1980년대 후반의 민주화 운동은 권위주의 정권의 임금통제 전략으로 인해 저임금으로 묶여 있던 핵심 중화학공업에 고용된 다수 노동자의 조직화를 촉발했으며, 이들 조직노동자는 노동시장에서의 구조적 지위로 인해 상당한 교섭력을 보유하게 되었다.

조직률 지표를 보완하면서 어떤 측면에서는 그보다도 더 핵심적으로 노동조합의 힘을 측정하는 지표가 교섭구조의 중앙집중도이다. 에스핑-안데르센(Esping-Andersen, 1985; 1990)의 사회민주주의 정권에 대한 논의가 보여주는 것처럼, 노동자계급의 권력자원은 집권 역량을 갖춘 좌파 정당에 의해 크게 영향받는데, 바로 이런 정당 정치는 교섭과 사회적 대화의 역량을 갖춘, 노동자 대다수를 포괄하는 노조 총연맹의 존재와 밀접하게 연관되어 있다. 그러나 한국은 이런 노동자 권력자원을 보유하지 못함은 물론, 교섭구조 자체도 기업 수준에서 파편화되어 있어 낮은 조직률로 인해 미조직 상태인 대다수 노동자를 단체교섭을 통해 보호하지도 못하고 있다.

이는 산별노조의 부재를 뜻하지는 않는다. 비록 권위주의 정권의 유산으로 민주화 당시 대부분의 노조가 기업 차원에서 조직된 채 남아 있었지만, 1990년대 말 외환위기를 겪으며 초기업단위 노조로의 조직형태 변경이 가속화되었다. 외환위기로 직접적인 타격을 받은 기업과 그렇지 않은 기업 간의 격차, 그리고 외환위기로 급증한 비정규직과 정규직 간 임금과 노동조건의 격차가 점차 확대되어가는 상황에서, 노동운동은 산별 조직화를 연대의식의 회복과 형평성 제고를 위한 가장 주요한 대안으로 인식하고 추진하게 된 것이다. 실제로 2021년 기준 초기업노조 소속 조합원 수의 비중은 60.4%로, 기업별 노조의 비중은 과반 이하인 39.6%였다(고용노동부, 2022b).

그러나 산별 조직화의 진전이 산별교섭의 안정화나 초기업 교섭의 규제력 강화로 연결되지 못하고 있는 것이 현실이다. 특히 비정규직이나 영세사업장의 노동자를 포괄하지 못하는 낮은 노조 조직률로는 초기업 교섭으로 기대되는 순기능, 특히 임금과 노동조건의 평준화를 크게 기대하기 어려워 초기업 교섭이 목표로 하는 기업 간 격차 축소가 제대로 이루어질 수 없다(이주희, 2009). 다른 한편, 금속 산별노조와 같이 완성차 등 대규모 사업장이 조직 전환을 이룬 후에도 산별교섭에 참여하지 않아 금속산별협약의 적용률이 10%에도 미치지 못하는 한계도 존재한다(김범진, 2023).

2) 노조 관련 법·제도의 변화 및 전망

한국 노동운동의 낮은 조직률과 분권화된 교섭구조에 영향을 미친 가장 큰 요인은 권위주의 정부 시기에 도입되어 민주화 이후에도 완전히 시정되지 못한, 노동자의 집합행동을 저해하도록 구성된 노동조합과 노사관계를 규제하는 법률이다.

해방 이후 사회주의 지향을 가진 조선노동조합전국평의회(전평)가 미군정과 우익세력이 조직한 대한독립촉성노동총연맹(대한노총)에 의해 탄압받은 후, 남한에 세워진 단독 정부에 의해 1953년 「근로기준법」, 「노동조합법」, 「노동쟁의조정법」, 「노동위원회법」 등이 제정되었다(김준, 2012). 그러나 선진국 노동법의 모방 입법이었던 이 시기 노동법은 산업화의 수준이 낮았던 당시 한국 사회의 현실과는 너무 격차가 커서 준수 여부가 문제조차 되지 못했다.

노동조합에 치명적인 법률은 쿠데타로 탄생한 박정희 정권에 의해 본격적으로 도입되기 시작했다. 1961년 박 정권은 집권한 직후, 노골적인 개입을 통해 대한노총을 전신으로 하는 한국노동조합총연맹(한국노총)과 각 산별조직을 설립했다. 노총에 대한 통제력을 확보한 상태에서, 군정은 1963년 집단적 노동관계법을 전면 개정해 노조 설립의 자유를 제약하고 산별체제를 지향했다. 기존 노조의 기득권을 인정하기 위해 복수노조를 금지하고, 노조가 특정 정당을 지지하거나 특정인을 위한 정치적 활동을 할 수 없도록 했다. 유신헌법 도입을 전후로 국가의 노동 통제는 한층 강화되었다. 1970년에는 외국인투자기업에서의 단체행동권을 제한하기 시작했고, 1971년에는 '국가보위에 관한 특별조치법'을 통해 헌법상의 단체교섭권과 단체행동권을 사실상 무력화시켰다(이상희, 2005).

1980년 또 다른 쿠데타를 통해 집권한 전두환 정권은 같은 해 12월 국가보위입법회의에서의 집단적 노동관계법 개악을 통해 노동삼권을 극도로 제약한 가장 최악의 제도를 완성했다. 전두환 정권은 불필요한 행정관청의 개입을 통해 노조의 자율성을 제약하고, 단체행동권에 대한 철저한 통제를 유지하거나 강화했으며, 노동조합의 조직체계를 기업별로 분화하고 단위노조의 설립 요건을 강화했다. 특히 '제3자 개입금지조항'을 노동쟁의법에 신설해 단체교섭의 기능을 크게 약화한 한편, 기업 차원의 노사협의회를 단체교섭의 대체물로 활용해 노조의 활동을 위축시키고자 했다. 이러한 노동삼권의 제약은 1987년 민주화를 계기로 기업별 단위조합 강제규정이 삭제되고 노동조합의 조직 유형과 설립 형태가 자유화됨에 따라 일부 완화되게 된다(이광택, 2013).

1987년 노동법 개정으로도 해소되지 못한 법률상의 문제들은 1996년 발족한 노사관계개혁위원회(노개위)에서 본격적으로 논의되었다. 당시 김영삼 대통령은 경제협력개발기구(OECD) 회원국 가입으로 인해 노동법을 국제규범에 맞도록 개정해야 할 필요성을 느끼고 있었는데, 이는 곧 그가 주창하던 세계화 시대의 경쟁력 확보에 도움이 될 수 있는 협력적인 신노사관계의 구상으로 이어졌다. 이런 구상의 핵심적 내용은 집단적 노사관계법이 자주적 노사관계를 제한하는 과잉규제를 완화하고 개별적 노사관계법의 과보호를 보다 유연하게 바꾸는 것이었다. 이 시기에 한국노총의 협조주의적 노조주의를 거부하고 총체적인 사회개혁을 지지하는 전국민주노동조합총연맹(민주노총)이 1995년 결성되어 양 노총 체제가 시작되었다. 민주노총은 혁명적 사회주의와는 거리가 멀었음에도 공식적으로 인정받기 이전까지 불법 조직으로 낙인찍히고 상당한 탄압의 대상이 되었었다. 김영삼 정부는 노개위에 민주노총을 초대하는 등 전향적인 모습을 보였지만, 그간의 논의 사항을 1996년 말 여당 단독 상정, 변칙 처리함으로써 최대 규모의 총파업과 큰 저항을 불러일으켰다.

1997년 재합의 과정에서 노동조합법과 노동쟁의조정법은 '노동조합 및 노동관계조정법(노조법)'으로 통합되었다. 이 개정으로 노조의 정치활동 금지가 삭제되었으나, 노동조건의 유지·개선을 주된 목적으로 하도록 하고,

사회운동을 목적으로 하는 경우에는 노조로 보지 않도록 명시해 정치활동의 범위는 여전히 제한된 상태에 머물게 되었다. 복수노조를 원칙상 허용해 상급단체의 경우 제2 노동단체를 인정했지만, 사업장 단위에서는 노조전임자 임금지급 금지와 함께 5년간 유예되었다. 진보사회세력과 노동운동 간 맥을 끊어놓는 데 막대한 기여를 했던 제3자 개입금지에 대해서는 노동관계의 지원규정을 신설해 상급단체나 사용자단체 외의 자에 대해서 '신고'의 의무를 지웠던 만큼, 이 역시 완전히 폐기하지 못하는 한계를 보였다. 이러한 불완전한 집단적 노사관계법의 개정에 대한 대가로 개별적 노동관계법에서 탄력적 근로시간제와 선택적 근로시간제, 즉 변형근로시간제와 경영상의 이유로 인한 고용조정제도가 2년간의 유예와 함께 도입되었다.

1990년대 말 외환위기 이후 주목할 만한 변화는 김대중 정부하에서 이루어졌다. 1998년 2월 6일 노사정위원회가 출범하면서 '경제위기 극복을 위한 사회협약' 90개 항이 체결됨에 따라 경영상 이유에 의한 해고 요건이 완화되고 1999년 교원노동조합법이 제정되었다. 이런 추세에 힘입어 2005년에는 공무원노조법이 제정되었다.

1997년 개정 과정에서 유예되었던 사업장 단위의 복수노조와 노조전임자 임금지급 금지는 당시의 유예기간이었던 5년이 훨씬 지난 2010년에 다시 개정되었다. 복수노조는 교섭창구 단일화를 조건으로 허용되었는데, 자율적으로 교섭대표노조를 정하되 그것이 불가능할 경우 과반수를 조직한 노조가, 과반노조가 없는 경우 공동교섭대표단이 교섭대표노조가 되는데, 이 경우 10% 미만을 조직한 소수노조의 단체교섭권은 부정된다. 과반노조가 있는 경우에는 과반수에 미달하는 조합원을 가진 소수노조의 교섭권도 부정될 수 있다. 또한 교섭창구 단일화 대상에 산별노조 등 초기업단위 노조까지 포함됨에 따라 산별노조의 교섭권 역시 크게 제약된다(이광택,

2013). 창구 단일화가 전제된 복수노조의 허용은 소수 혹은 미조직 노동자의 대표성을 높이려는 복수노조 도입의 취지를 훼손하고 그 대신 이미 조직된 노조의 기득권과 교섭의 편의를 더 우선시하도록 했다.

개정 노동법은 또한 근로시간면제(Time-off)제도를 도입해 근로시간면제심의위원회가 결정한 '근로시간 면제 한도' 범위에서 노조전임자가 임금의 손실 없이 사용자와의 교섭 협의, 고충 처리, 산업안전 활동 등 법률이 정하는 업무와 '건전한' 노사관계 발전을 위한 노동조합의 유지·관리 업무를 할 수 있도록 했다. 근로시간면제심의위원회를 통한 타임오프제의 실시는 노사자율주의의 후퇴를 의미한다. 전임자 임금지급은 궁극적으로 노사 간 자율적 합의에 따르는 것이 바람직하다. 또한 법에 사용된 '건전한'이라는 표현은 누구의 관점에서 그러한 것인지 판단하기 어려운 만큼 불필요한 표현이며, 따라서 면제된 시간을 어떻게 사용할지의 여부도 노사 자율에 맡겨야 했다.

2010년의 노동법 개정은 지나친 법제화로 인해 복수노조의 허용이 가져올 순기능을 크게 제약한 것으로 평가된다. 특별한 사유 없이 복수노조의 허용과 항상 함께 논의되어온 노조전임자 임금지급 금지에 관한 해법도 최선이라 보기 어렵다. 무엇보다도 가장 큰 문제는 창구 단일화를 통해 노조가 다양한 교섭구조를 선택할 권리를 침해했다는 점이다. 산별노조의 지부 및 분회는 '노동조합'이 아니고 그 하부조직이므로 창구 단일화의 적용에서 제외되어야 한다. 그러나 실질적으로 산별노조의 지부나 분회이면서도 산별교섭에 참여하지 않고 기업별 교섭을 해온 사례가 많다. 이 경우 창구 단일화의 적용 여부가 문제가 될 수 있으며, 실제로 산별교섭의 발전을 저해하게 될 것이다. 단체교섭은 효율성이나 교섭비용의 최소화를 목적으로 도입된 제도가 아니다. 법률이 이를 걱정해 이렇게 많은 제약을 두는 것은 장기적으로 노사관계의 발전을 저해할 수 있다. 개정 노동법만으로는 기업별 노사협조주의가 정착되지도, 산별 노동운동이 활성화되지도 못할 것이다.

3) 노동법과 국제노동기구(ILO) 핵심협약과의 충돌

2010년 개정된 노동법 중 근로시간면제제도가 2021년 다시 개정된 것은 EU가 한-EU 자유무역협정(FTA) 노동 관련 조항 준수를 요구했기 때문이다. 노동 분야 한-EU FTA에는 ILO의 노동기본권 원칙을 자국의 법과 관행에서 존중하고 실현하며, ILO의 핵심협약 비준을 위해 지속적으로 노력해야 한다고 규정되어 있다. 수출 주도 국가인 한국은 이미 여러 FTA를 맺었고 앞으로도 더 많은 협약을 체결할 가능성이 있다. 세계 각국이 추진하는 FTA의 최근 추세는 노동 기준을 강화하고 이를 경제 제재가 가능한 일반분쟁 해결 절차와 연계하고 있어, 핵심협약 비준 문제를 풀지 않으면 다른 FTA에서도 문제가 될 수 있다. 이런 배경하에 문재인 정부는 2021년 ILO 3개 협약(87, 98, 105)을 비준하게 되는데, 2021년 개정 노조법은 이 비준 추진 과정의 일환으로 추진되었다.

근로시간면제제도와 관련된 2021년 개정 노조법은 이 논의를 위해 정부가 마련한 경제사회노동위원회 산하 노사관계 제도·관행 개선위원회의 공익위원 안을 대부분 반영해 마련되었다. 우선, 노조전임자에 대한 급여 지급과 이를 요구하는 쟁위행위 금지는 삭제되었다. 하지만 사용자의 경비 원조로 노동조합의 자주성이 침해되어서는 안 된다는 명목으로 근로시간 면제 한도를 초과하는 내용의 노사합의는 무효로 했다. 근로시간 면제 한도를 중립적이고 독립적인 기관에서 결정할 수 있도록 근로시간면제심의위원회(근심위)는 경제사회노동위원회로 이전되었다. 근심위가 마련한 근로시간 면제 한도는 고용노동부 장관이 고시해야 하고, 3년마다 재심의가 가능하지만, 2013년 한 번 개정된 이후 10년이 넘도록 아직 추가 고시가 나오지 않고 있다.

ILO는 여러 차원에서 한국의 노조전임자 임금지급 금지와 근로시간면제제도에 대해 지속적으로 문제를 제기해왔다. 주로 결사의 자유에 대한 침해를 조사하고 구제를 제공하는 역할을 하는 ILO의 '결사의 자유 위원회(Committee on Freedom of Association, CFA)'는 근로시간면제제도의 도입 이전이었던 1997년 노조전임자 임금지급을 법률로 금지하는 것은 노조의 기능을 방해할 위험을 내포하고 있음으로 결사의 자유 원칙에 부합하는 방향으로 해결할 것을 한국 정부에 요청했다. 즉, 노조전임자의 급여지급 금지는 노조와 사용자가 자율적으로 협상을 통해 해결할 문제로, 입법적 관여의 대상이 아니라는 것이다(권현진, 2021). 근로시간면제제도가 도입된 이후인 2012년에도 ILO는 노조전임자에 대한 임금지급이 노사당사자 간의 자유롭고 자발적인 협상에 맡겨야 하는 문제임을 다시 상기시켰다. 특히 노조전임자에 대한 전반적 금지를 유지하며 근로시간 면제한도 초과를 조사하는 데 근로감독관을 투입하고 있는 점에 대해 유감을 표명했다. 근로시간 면제 대상 업무를 제한하고 있는 점, 대상 업무를 제한된 면제자에 의해서만 수행할 수 있게 한 점도 지적 대상이었다(ILO 결사의 자유 위원회 제363차 보고서, 2012; 윤애림, 2023 재인용).

근로시간면제제도와 관련된 2021년 노동법 개정 이후에도 ILO의 문제 제기는 계속되었다. ILO의 협약 적용 및 권고에 관한 전문가위원회(Committee of Experts on the Application of Conventions and Recommendations, CEACR)[4]는 2021년 채택된 견해(Observation)[5]에서 해당 법의 최근 개정으

4 이 위원회는 ILO 회원국들이 비준한 국제노동협약과 권고사항의 이행 상황을 감독하고 평가하는 역할을 한다.

5 2021년 채택된 이후, 2022년 110차 국제노동총회(Internatonal Labor Conference, ILC)

로 일부 진전이 있었음은 인정했지만, 양대 노총이 타임오프 한도를 넘는 급여 지급이 부당노동행위로 처벌될 수 있음에 대해 표명한 우려 역시 심각하게 받아들였다. 특히 CEACR은 민주노총이 작업장에서의 산재 방지 및 작업장 내 괴롭힘과 관련된 노조원의 활동 영역이 확대되고 있음을 지적한 부분을 강조하며, 한국 정부에 타임오프제를 노사 당사자와 함께 재검토하고 노동조합이 보다 자유롭게 그들의 활동을 수행할 수 있도록 제도를 개선할 것을 권고했다.

CEACR이 이러한 조치를 요구한 것은 한국 정부가 ILO 결사의 자유 협약을 제대로 지키지 않고 있다는 의미라고 해석될 수 있다. 이에 대해 고용노동부는 ILO의 추가 정보 요청이 통상 해오던 절차일 뿐 법에는 전혀 문제가 없으며, 정부가 핵심협약을 잘 준수하고 있다고 대응했다.[6] 한국 정부가 이런 태도를 보일 수 있는 것은 ILO가 강제력을 결여하고 있기 때문이다. ILO는 회원국을 감시할 수 있을 뿐 위반 사항이 발견되더라도 제재와 처벌을 할 수 없다. 유일한 방법은 도덕성에 기초해 협약의 위반국에 "공개적으로 창피를 주는"(Compa, 1993: 179) 것인데, 이런 도덕성에의 호소가 저임금과 탈규제를 가져오는 세계화의 구조적 유인 요소를 바꾸는 데 효과가 있기를 기대하기는 어려운 일이다.[7]

ILO 협약이 결여하고 있는 강제력은 기본적인 노동권을 침해하면서 만들어진 상품에 무역 제재를 가할 수 있도록 노동기준과 무역협정을 연

에서 발행되었다.

6 Lee, Jaeeun. 2024. 5. 31. "ILO requests details on Trade Union Act," *The Korea Herald*.

7 ILO의 창설 75주년을 기념하는 심포지엄에서 바그와티(Bhagwati)는 ILO의 국제조약이 그렇게 많은 국가에서 쉽게 비준되는 이유는 이들 국가의 정부가 조약의 내용을 따르지 않더라도 외부의 제재를 염려할 이유가 없기 때문이라고 말했다. 즉, 조약을 받아들이고 그 이후에는 무시하는 것이다(Swinnerton and Schoepfle, 1994).

계시키는 방법으로 보완이 가능하다. 무역과 투자협약에 구속력 있는 노동기준과 권리조항을 포함해서 세계화의 추세에 사회적이고 민주적인 차원을 도입시키려는 노력이 처음부터 성공적인 것은 아니었다. 예를 들어, NAFTA[8] 때문에 제조업 노동자의 실업이 증가할 것으로 우려한 미국 노동운동은 적극적으로 이 협정 체결에 반대했지만, 클린턴 행정부는 'NAFTA 노동협약'을 덤으로 붙여 의회에서 통과시켰다. 이 협약의 내용은 단순히 각국이 자국의 노동법을—단 직업상의 건강과 안전, 아동노동, 그리고 최저임금 이 세 분야에 대해서만—지킬 것을 강제했을 뿐 합의한 세 국가에 공통적인 기준을 마련한 것은 아니었다. 미국뿐 아니라 개발도상국도 선진국의 '위장된 보호주의'라며 무역과 노동기준을 연계시키는 데 부정적이었다.

하지만 초국적 노동기준이 지켜지지 않는 상태에서의 자유무역은 노동조합에게 죄수의 딜레마 상황을 발생시키며(Stone, 1995), 궁극적으로는 소비 부진으로 국내 경제에도 악영향을 미친다. 어떤 국가의 노동조합이 노동시장을 규제하는 입법상의 보호조치들을 통과시키는 데 성공하면 할수록 그 국가의 자본은 더 자주 다른 지역으로 이전하게 되고, 그 결과 노동자는 그런 보호를 필요로 했던 일자리 자체를 잃게 되기 때문이다. 노동자에게 일자리가 없어지는 것은 보호 없이 낮은 노동기준하에서라도 일하는 것보다 더 나쁜 상태이다. 즉, 한 집단으로서의 노동은 높은 노동기준을 이끌어내는 규제로부터 가장 많은 혜택을 받지만 그런 규제로 인해 발생하는 자본 이탈로부터 가장 큰 피해를 받는 집단이기 때문에, 노동기준이 개별 국가에서 지켜지기 위해서는 다른 국가에서도 비슷한 규제가 행해져

8 부시 행정부하에서의 NAFTA 협상자들은 이 협정이 '무역'협정임을 주장하면서 노동과 관련된 조항을 포함시키는 것을 거부했다.

야 하는 것이다. 초국적 노동기준의 적용이 중요해진 이유가 바로 여기에 있다.

이러한 이유로 최근 FTA에는 노동조항이 포함되는 추세가 늘어나고 있으며, 앞으로의 세계무역에서 이처럼 노동과 통상이 연계되는 추세는 더욱 강화될 것으로 여겨진다. 한국은 2003년 한-칠레 FTA를 시작으로 현재까지 수십 개 국가와 약 20개 전후의 FTA를 체결했다. 이 중 한-미 FTA, 한-EU FTA 등 주요 국가와의 FTA에는 노동기준 준수 등 비무역적 사안이 조건으로 포함되어 있다.[9] 특히 한-EU FTA의 경우 '제13장 무역과 지속가능한 발전'의 제13.4조에서 노동기본권 원칙을 실현할 의무를 부과했는데, 체결 당시 EU의 28개 회원국 모두 ILO의 8개 핵심협약을 비준한 반면 한국은 4개 협약을 비준하고 있지 못해 크게 대비되었다(김상만, 2014). 이미 앞에서 살펴본 바와 같이, 2021년의 노동법 개정은 EU가 ILO의 핵심협약 비준과 같은 한-EU FTA상 약속이 이행되지 않는다며 전문가 패널 활동 시작 등 분쟁해결 절차를 개시했기 때문에 이루어졌다(고용노동부, 2020). 근로시간면제제도와 관련된 ILO의 문제 제기를 한국 정부가 무시해서는 안 되는 이유는 이러한 상황이 이미 체결된 FTA는 물론 앞으로 체결될 FTA에서도 중요한 통상 리스크로 작용할 수 있기 때문이다.

9 미국과 EU 외에도 노동조항이 포함된 FTA 체결 국가에는 페루, 터키, 콜롬비아, 호주, 캐나다 등이 있다.

3장

노사관계: 비교적 접근

1. 노사관계 이론의 발전

1) 노사관계의 의미와 전후타협(postwar settlement)

상대적으로 신생 학문인 노사관계는 자본주의라는 구체적인 역사적 맥락과 함께 발전했다. 실제로 노사관계는 노예제도가 있는 사회나 봉건사회에서는 생각할 수조차 없는 용어이다. 어떤 면에서 노사관계는 계급갈등의 다른 표현이기도 한데, 학문으로 발전하면서 가치중립적인 실용성을 획득하게 된다. 노사관계의 핵심은 단체교섭이며, 단체교섭의 핵심은 파업권이라 할 수 있다. 보통 다른 상품의 거래에서 허용되지 않는 파업권이 법률로 허용되는 이유는 이미 1장에서 살펴보았듯이, 노동이 매우 특수한 상품이기 때문이다.

그 특수성은 상품으로서의 노동의 공급자가 노동력을 팔 때 항상 자신을 동반해야 한다는 점, 판매를 통해 계약조건이 완결되지 못하고 기술 혁신과 같은 외적인 요인에 의해 계속 조정이 이루어질 수 있다는 점 등에 의해 기인한다. 이런 상태에서 노동의 판매자는 계속 변화하는 계약조건에 그대로 '복종'할 수 없다. 기계는 미래의 사용을 위해 계속 그대로 기다릴 수 있지만, 살아 숨 쉬는 노동자는 그럴 수 없기 때문이다. 그 비대칭적인 힘의 균형을 찾아주는 것이 노동조합과 노동조합이 하는 단체교섭과 파업이다. 노사관계는 따라서 노동조합의 과학이며, 노동자가 단체행동을 통해 노동조건이나 고용계약상의 불평등을 시정할 수 있다는 것을 받아들인 학문이다. 따라서 제도로서의 단체교섭은 계급갈등을 완화하거나 해소할 수 있는 순기능을 가진다.

〈그림 3-1〉은 상품으로서의 노동의 특수성에 기반한 단체교섭이 가지는 이중성, 혹은 복합적인 성격을 보여준다. 단체교섭은 노동과 자본, 혹은 노동조합과 사용자라는 사적인 행위자 간 교섭에 불과할 수 있지만, 법과 위계가 지배하는 정치 질서가 전적으로 이러한 자율적 행위를 받아들이고 인정해준다. 동시에 사적인 행위자 간 자율적인 시장교환만이 중시되는

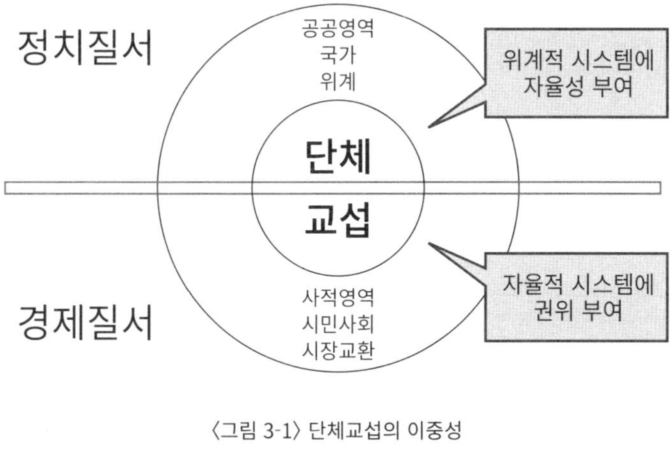

〈그림 3-1〉 단체교섭의 이중성

경제 질서하에서 단체교섭이라는 일정한 권위를 가진 제약을 받아들여 이를 우선시하는 것이다. 단체교섭이 가지는 이런 모순적 성격으로 인해 노사관계에 대한 다양한 입장과 해석이 존재해왔다.

그런 만큼 노사관계라는 학문이 산업화 초기부터 잘 정착되어온 것은 아니다. 노동시장이 등장하고 생산수단이 집중화되던 산업화 초기에는 장인 노동자가 새로운 질서를 받아들이지 못해 반발함에 따라 이들에 대한 탄압이 시작되었다. 특히 후발 산업 국가에서 이들에 대한 탄압이 더 거셌다. 1차 세계대전은 노동력 부족으로 노동자의 교섭력이 증가함에 따라 노동운동이 세력을 키우는 중요한 계기가 되었고, 특히 이 시기 1917년 발생한 러시아 혁명은 세계의 구 지배세력의 위기의식을 더욱 깊게 했다. 양차 세계대전 사이, 특히 1929년부터 1939년 사이의 혼란기에는 전쟁비용을 어떻게 나누어 분배할 것인가를 둘러싼 갈등과 상호 불신, 높아져 가는 무역장벽으로 전 세계가 혼란에 빠지면서 민주주의와 자본주의가 과연 병행될 수 있는가에 대한 회의가 시작되었다. 보호주의와 파시즘이 그 주된 증상들이었다. 이런 혼란이 정리되기 시작한 것은 2차 세계대전이 끝난 1945년 이후 서구 민주주의 체제가 노동자의 요구를 수용하기 시작하면서부터였다. 파시즘에 놀란 세계가 민주주의와 자본주의를 결합하려는 진지한 노력을 시작하게 된 것이다.

그렇다면 전후타협에서 노동과 자본은 서로 무엇을 교환하게 된 것일까? 다음 〈표 3-1〉에 요약된 바와 같이, 노동은 사유재산권과 경영권을 인정해야 하는 부르주아 법, 정치, 선거에 동의했고, 자본은 그 대가로 정치적 민주주의를 통한 완전고용 복지국가의 수립 필요성을 인정했다. 그 타협의 핵심은 자본은 노동자의 단체교섭권을, 노동은 자본 축적을 방해할 수 있을 정도로 교섭권을 남용하지 않고 적정한 수준으로 임금을 자제해 경제 안정에 협조한다는 것이었다. 물론 이 전후타협은 1970년대 브레턴

〈표 3-1〉 전후타협에서의 교환

자본	노동
정치적 민주주의 수용	부르주아 법, 정치, 선거에 동의
노동의 사회권(완전고용 복지국가) 인정	사유재산권과 경영권 인정
산업시민권(단체교섭권) 인정	경제 안정에 협조(완전고용하 임금 자제)

우즈 체제가 무너지고 1980년대 신자유주의가 본격화되면서 심각하게 훼손되었지만, 노사관계라는 학문을 활성화하는 데에는 크게 기여했다.

2) 제도주의 노사관계 이론

『자본론』에서 마르크스(Marx, [1867]1967)는 암묵적으로 노동조합을 지지했다. 노동자에 대한 가혹한 노동조건을 규제한 영국 공장법을 환영했으며, 특히 『공산당 선언』(Marx and Engels, [1848]1948) 후반부에서는 그 당시 활발하게 진행된 개혁주의적 노동운동이 시장에 맞설 수 있는 노동자의 힘을 강하게 할 수 있다는 점을 인정했다. 이와는 대조적으로 레닌(Lenin, [1902]1973)은 이러한 개혁주의적 운동을 노동자의 기회주의로 간주했다. 제국주의에 대한 비판적 관점에서 노동조합이 식민국가에 대한 착취로부터 혜택을 받는 '노동귀족'을 양산할 것을 우려한 것이다. '노동조합 의식'만을 키울 수 있는 노동운동은 노동자계급을 자본가계급에 이데올로기적으로 종속시킬 수 있다는 것이 그의 입장이었다.

그러나 레닌의 우려를 딛고 노동조합운동은 지속적으로 발전해왔다. 제도주의 학파는 노동을 생산의 한 요소로만 보는 신고전파 경제학의 개인주의는 물론, 노동자가 궁극적으로 혁명을 일으킬 것이라는 마르크스주의의 계급투쟁이론도 거부한다. 그들이 주목하는 것은 제도로서의 노동조합의 순기능이다. 제도주의의 초기 창시자인 시드니와 비어트리스 웹(Webb and Webb, 1920)은 계급갈등의 존재는 인정했지만, 영국의 사례에 기초해 노동조합의 근본적 목적을 혁명이 아닌 점진적인 진화로서 임금노동자의 삶의 조건 향상이라고 주장했다. 이를 목적으로 노동조합은 18세기에는 소속 조합원의 일자리를 지키기 위한 수 제한 등 소극적인 활동을 하다가, 19세기 자본주의의 본격적인 도래와 함께 단체교섭을 실시했고, 20세기에 들어서는 생존 임금(living wage)을 확보하기 위해 국가를 대상으로 한 입법 활동에도 관심을 기울이게 되었다. 그런 의미에서, 웹 부부에게 노동조합과 단체교섭은 마르크스가 이야기한 바와 같이 잠시 노동자의 상황을 개선하다가 사회주의의 도래와 더불어 없어질 무언가가 아니라, 민주주의를 확장하는 지속적인 기능을 할 필수적인 제도였다. 웹 부부는 민주주의의 개념이 정치뿐 아니라 경제적 영역까지 확대되어야 한다고 믿었다.

제도주의의 틀 내에서 옥스퍼드학파(Oxford School)를 이끈 플랜더스(Flanders, 1970)는 노동조합원의 이해를 대변하는 기능을 강조했던 웹 부부와는 달리, 다원주의적 관점에서 단체교섭제도가 사회에 미치는 긍정적 효과를 부각한다. 단체교섭의 가장 큰 효용은 노와 사의 공동규제(joint regulation)를 가능하게 한다는 것이다. 분쟁 해결을 위해 노사가 합의할 수 있는 절차를 마련하는 것은 어떤 한 측이 이기면 다른 측은 져야만 한다는 오래된 믿음을 버리고 타협과 협력을 가능하게 하는데, 이런 과정을 통해 양측의 서로 다른 이해가 동시에 충족될 수 있게 된다.

미국의 경험에 기반한 노사관계 이론은 제도경제학자인 커먼스(Commons, 1909)로부터 시작되었는데, 그는 특정한 국가적 상황적 맥락에 맞는 이론을 개발하기를 원했다. 그는 미국의 신발생산자에 관한 연구에서, 노동조합이 만들어진 것은 마르크스가 중시한 생산방식의 변화가 아닌 시장의 변화 때문이라고 주장한다. 주문생산 시장에서는 한 명의 신발생산자가 점주이자 장인 노동자였다. 그러나 시장이 확장되고 자본이 투자되면서 주인과 신발공의 의식이 깨지고 사용자단체와 노동조합으로 분화, 발전하게 된다. 바배시(Barbash, 1967)는 커먼스의 주요 논지를 다음과 같이 두 가지로 요약해서 설명한다. 첫째, 커먼스는 지식인의 추상성과 노동자의 구체성을 대비하며 노동자의 '낮은 이상주의(lower idealism)'가 지식인의 '높은 이상주의(higher idealism)'보다 절대로 열등하지 않다고 주장했다. 그는 시장의 급속한 확장, 토지의 무상 분배, 연방정부와 자유로운 정치체제 등과 같은 미국의 특별한 상황에서 미국 노동자는 마르크스의 혁명이론을 받아들일 필요가 없으며, 노동자의 경제주의(economism)는 장점이라고 주장한다. 혁명 대신, 갈등을 해소할 수 있는 민주적 제도인 노동조합과 노동법이 노동자를 보호하는 기능을 할 수 있다는 것이다. 그는 또한 사유재산에 대한 권리가 있듯이 일할 권리도 있다고 믿었다. 노동과 자본의 갈등은 따라서 당연하고 또 필요한 것이다. 노동조합은 일종의 '산업 정부'와 같은 역할을 하는데, 파업은 협상의 과정 중에 상대방이 교환조건에 응할 때까지 자산을 회수하는 것이다. 파업은 단체교섭을 타협으로 이끌어나갈 수 있다는 면에서 기능적이다.

미국의 노동운동에 대한 이론을 전개한 펄먼(Perlman, 1928)은 레닌이 노동자계급이 경제주의적 성향을 가지고 있다고 판단한 것은 맞지만, 그가 예측한 대로 노동자가 계급으로 의식화되어 사회주의를 위한 투쟁에 참여하지는 않는다고 주장한다. 펄먼의 이론에 따르면, 노동자의 의식은 계급의식이 아닌 '일자리 의식(job consciousness)'이므로, 혁명적 이데올로기는 노동자의 실제 필요에 의해서가 아니라 지식인들의 주입에 의해 만들어진 것이다. 사업가의 의식이 '기회 풍요'의 의식인 데 반해 노동자는 '기회 부족'의 의식을 가지기 때문에 일자리에 대한 통제를 중요하게 여기게 된다. 따라서 실용적인 미국의 노동운동은 유럽인들에게 노동운동의 미래를 보여준다. 미국에서 왜 사회주의 운동이 부재하는가보다는 유럽에서 왜 사회주의 운동이 계속되는가가 오히려 설명되어야 하는 현상이다.

슈투름탈(Sturmthal, 1951)은 펄먼의 이론이 단지 미국의 일자리 중심 노동조합주의를 병리적인 현상으로 여기는 논지에 반박하기 위해 나온 것이라 비판한다. 펄먼의 논지는 미국과 같이 자본가의 권리가 강하고 노동자의 계급의식이 약한 상태에서는 오직 일자리 의식에 충실한 노동조합운동만이 살아남을 수 있다는 것과 다르지 않다. 슈투름탈은 유럽의 노동운동이 펄먼이 생각하는 것처럼 지식인이 유도해 생겨난 것이 아니라고 주장한다. 봉건주의의 영향으로 노동자계급이 충분한 교육 기회를 결여한 만큼 지식인의 역할이 필수적일 수도 있겠지만, 상당수의 지식인은 노동자보다 더 보수적이었다. 유럽의 노동운동에 영향을 미친 것은 유럽의 특수한 정치적 상황이었다. 봉건주의의 전통은 계급갈등을 자연스럽게 받아들이도록 했고, 절대주의적 통치의 경험은 정치권력이 사회변혁의 기본적인 수단임을 인식할 수 있도록 했다.

제도주의 학파의 전통을 이어받은 신제도주의 이론가인 던롭(Dunlop, 1958)은 산업화 과정의 동질적 효과로 계급투쟁의 종언을 예측하던 수렴이론이 득세하던 시기에 '노사관계 시스템(industrial relations system) 이론'을 완성했다. 이 시스템의 세 행위자는 노동자와 노동조합, 사용자와 사용자단체, 그리고 행정기관으로, 이들은 자신과 다른 행위자의 정당한 역할에 대해 암묵적으로 합의함으로써 체제의 안정성을 보장한다. 각 행위자는 노동력의 수와 작업 내용에 영향을 미치는 작업장의 기술적 특성, 생산품 시장의 크기와 재정 상황, 사회의 전반적인 권력의 분배라고 하는 상호 연관된 세 가지 환경적 요인 가운데 행동하게 되는데, 이런 세 행위자의 상호작용이 만들어내는 최종 결과물이 바로 임금 보상, 노동자의 책무와 권리 등과 관련된 노사관계의 규칙망(web of rules)이다. 외부 환경의 변화에 조응하고자 사용자가 조정을 시도할 수 있지만, 이런 사용자의 선택은 다른 핵심 행위자의 가치와 믿음을 크게 벗어나기 어렵다. 제도화된 구조에 배태된 이런 선택은 기존에 내려진 결정과 핵심 행위자의 권력 자원에 의해 제약된다.

그러나 던롭의 노사관계 시스템 이론은 서구 국가들과 상당한 차이를 보이는 일본 노사관계의 특징이 부각되면서 도전받게 되었다. 예를 들어, 도어(Dore, 1973)는 1960년대 말 영국과 일본의 대공장을 비교하면서 늦게 산업화가 진행된 일본의 경우 내부노동시장과 기업별 노조라는 색다른 형태의 노사관계가 존재함을 알렸다. 또한 1970년대 초반, 석유 위기로 서구 선진국의 경제 성장이 정체됨에 따라 노사관계 시스템 이론의 기본 가정은 더욱 큰 도전에 직면하게 되었다. 대량생산방식이 쇠퇴하고 유연전문화가 진행되면서 유연한 노동력의 활용을 저해하는 직무통제 노조주의에 대한 비판이 등장한 것이다. 결국 경제 성장이 지체되면서 등장한 신자유주의하에서 노조는 자본주의 체제의 효율적인 재편성을 저해하는 존재로 평가절하되었다.

경제 세계화로 노동조합이 어려운 도전에 직면한 1980년대 후반 미국 학계에서는 던롭의 모델을 변화하는 현실에 비추어 세련화한 코칸 등(Kochan et al., 1986)의 '전략적 선택(strategic choice) 이론'이 새롭게 등장했다. 이들은 기업의 지불능력이 위협받는 상황에서 던롭의 모델에서처럼 단체교섭이 노사관계가 형성되는 중심축이 되는 것은 적절하지 못하다고 비판한다. 즉 정태적인 던롭의 모델은 급변하는 경제 환경에서는 노사관계의 동태적 측면에 대한 설명이 부족할 수 있다는 것이다. 따라서 코칸 등은 노사관계의 세 행위자가 변화하는 시장 상황에 맞서 어떤 전략적 선택을 하는가를 이들의 행위가 발생하는 세 층위, 즉 전략적 의사결정을 하는 최상층, 단체교섭과 인사 결정이 이루어지는 중간층, 이런 결정이 개별

〈표 3-2〉 노사관계 활동의 세 수준

수준	사용자	노조	정부
장기 전략과 정책결정	경영전략 투자전략 인적자원전략	정치적 전략 대표권 전략 조직전략	거시경제 및 사회정책
단체교섭 및 인사정책	인사정책 협상전략	단체교섭 전략	노동법과 노동행정
작업현장 및 개인·조직관계	관리감독방식 노동자 참여 직무설계 및 작업조직	단체협약관리 노동자 참여 직무설계 및 작업조직	노동기준 노동자 참여 개인의 권리보장

자료: Kochan et al., 1986, p.17.

행위자에게 즉각적인 영향을 미치는 작업 현장의 하위층으로 나누어 살펴보고자 했다. 〈표 3-2〉에 나타난 각각의 층위에서 발생하는 전략적 선택은 해당 층만이 아닌 다른 층에도 영향을 미친다.

최상층의 전략적 선택은 거시적 차원 또는 조직 전체의 운영과 관련되는데, 주로 사용자 주도로 전략적 선택이 이루어진다. 사용자는 노동조합과 노사관계에 대한 인식에 기반해 고용의 증감이나 하청 여부, 공장의 해외 이전 등 주요한 경영 정책의 방향을 설정한다. 그런 만큼, 노동조합도 바로 이런 기업의 장기 전략과 정책 결정에 어떻게 영향을 미칠 수 있는지 고민해야 한다. 중간 수준의 핵심은 단체교섭이지만, 기업이 점차 유연한 인력의 활용을 원하며 노동자와의 직접적인 교류를 확대함에 따라, 전략적 선택이론은 교섭 후에 현장에서 발행하는 사안도 매우 중요한 노사관계의 영역으로 간주하고 있다. 따라서 노동조합도 생산의 현장에서 발생하는 노동자의 이해 대변, 노동자 참여 방식, 노동권 보장 등과 관련해 더 적극적인 활동을 펼칠 필요가 있다. 이에 더해, 전략적 선택 이론은 미국의 노동운동이 급변하는 경제 환경으로부터 노동자 일반을 보호하기 위해 국가를 상대로 하는 정치적 역할을 더 강화할 필요가 있음을 강조한다.

2. 단체교섭구조의 이해

1) 단체교섭구조의 집중화와 분권화

단체교섭은 국가, 산업, 기업 등 다양한 수준에서 실시될 수 있다. 유럽에서는 아직도 복수사용자 교섭이 중요한 역할을 하지만, 경제 세계화 이후 교섭구조가 분권화(decentralization)되어 OECD 국가 대다수에서 기업 수준의 교섭이 일반화되었다. 물론, 산별교섭을 한다고 해서 기업별 수준의 교섭이 불가능하지는 않다. 복수사용자 교섭의 대표적 사례인 산별교섭의 경우, 산업별 최저 기준이 정해지고 난 이후 기업별 후속 교섭에서 더 높은 기준을 둘러싼 교섭이 이어질 수 있다. 수준별로 각각 교섭이 진행될 경우, 각 수준에서 진행되는 교섭은 조정(coordination)되는 것이 바람직하다. 예를 들어, 사회적 대화와 같이 국가 차원에서 진행된 교섭에서 합의된 거시경제적 목적을 잘 추구하기 위해서는 그 이하 수준의 교섭, 즉 산별교섭에서 그 목적에 맞는 교섭이 진행될 수 있어야 하기 때문이다(OECD, 2017).

그렇다면 교섭 수준에 영향을 미치는 요인은 무엇일까? 일반적으로 기업 규모가 작고 노동집약적인 산업에 속한 기업이 복수사용자 교섭을 선호할 수 있다. 산별교섭은 사용자가 타 기업의 교섭 결과에 영향을 받아 경쟁적으로 임금인상을 요구하는 강력한 기업별 노조의 누적적 상향교섭(leapfrogging)에 효과적으로 대처할 수 있도록 해주기 때문이다(OECD, 1994). 실제로 치열한 시장경쟁하에 있는 중소 규모의 기업이 사용자단체를 구성해 노조와의 교섭에 공동 대처할 가능성이 큰 추세가 여러 연구에서 발견된 바 있다(정주연, 2008). 대체로 생산하는 상품이나 서비스의 경쟁이 치열할수록 산업 내 임금과 근로조건의 평준화(taking wages out of competition)를 위해 초기업 교섭을 선택할 가능성이 크다고 예측된다. 초기업 교섭은 무엇보다도 경쟁업체보다 특히 낮은 임금을 지급하는 업체의 이득을 제거해 해당 산업 내 모든 기업에 임금 비용과 관련해 유사한 조건을 만들어줄 수 있기 때문이다.

그러나 미국의 사례에 비추어 자동차나 철강 등 거대 독점 기업군에서 보다 안정적인 산별교섭이 발생할 수 있다는 주장도 존재한다(Craypo, 1986). 영국과 독일의 교섭구조를 비교한 연구에서도 대규모 기업이 산업 평균에 근접한 낮은 임금 요구 등, 집중화(centralization)된 교섭구조가 제공하는 공공재의 혜택을 받을 수 있기 때문에 기업 규모와 교섭구조의 집중화가 정(+)의 관계에 있다고 밝힌 바 있다(Schnabel et al., 2006). 물론 규모가 아주 큰 기업에서는 개별 기업 특수적인 노사관계 문제로 인해 기업별 교섭을 더 선호할 수 있다. 즉, 단체교섭구조는 기업 차원의 유연성을 필요로 하는 강력한 해외시장에서의 경쟁 등 해당 기업이 속한 국가와 산업의 전반적 특성으로부터 영향을 받을 수 있는 만큼, 기업 규모 등 개별 변수의 영향력은 어떤 일관된 방향성을 보이지 않을 가능성이 크다.

조합주의 이론은 분권화된 교섭구조보다 집중화된 교섭구조가 경제 내 모든 구성원에게 미칠 효과를 고려하기 때문에 보다 나은 거시경제적 성과를 거둘 수 있다고 논의한 바 있다(Cameron, 1984). 이에 대한 반론으로, 캄포스와 드리필(Camlfors and Driffill, 1988)은 매우 분권화된 교섭구조와 매우 집중화된 교섭구조 모두 중간 수준으로 집중화된 교섭구조, 즉 산별교섭이 주를 이루는 경우보다 더 나은 거시경제적 성과를 보인다는 점을 강조했다. 〈그림 3-2〉에 나타난 바와 같이, 이들이 상정한 교섭구조의 집

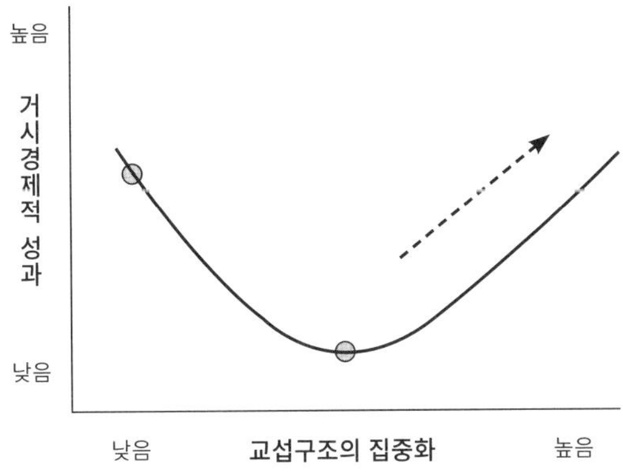

〈그림 3-2〉 단체교섭구조와 거시경제적 성과

중도와 거시경제적 성과 간 관계는 U자형으로 표현된다. 이들의 연구에서 거시경제적 성과는 실업률, 고용률, 실업률과 인플레이션율을 합한 오쿤지표(Okun index), 실업률과 GDP 대비 경상수지 적자를 합한 대안지표로 측정되었다. 국가 수준의 완전히 집중화된 교섭 없이 산별교섭만 실시되는 경우 거시경제적 안정성을 유지하는 데 도움이 되는 임금 자제가 발생할 가능성이 적다는 것이 이를 뒷받침한 논리였다.

1960~1980년대의 상황을 배경으로 실시되었던 위의 연구와는 달리, 1990년대 자료를 포함해 이 이론의 적합성을 검증한 경제협력개발기구(OECD, 1997)의 조사 결과는 교섭구조와 거시경제 성과 간 U자형 관계가 완전히 성립되지 않는다는 것을 보여준다. 실업률의 경우는 확실히 집중화된 교섭구조를 가진 국가가 우수했지만, 인플레이션의 경우에는 집중화된 교섭구조와 중간 수준의 교섭구조를 가진 경우 모두 분권화된 교섭구조를 가진 국가에 비해 성과가 좋았다. 이 연구에서 주목한 것은 교섭단위 간 '조정(coordination)'력이다. 비록 중간 수준의 교섭구조를 가졌다 해도 적절히 조정된 경우, 집중화된 경우와 유사한 효과를 가졌다는 것이다. 가

장 주목할 만한 점은 집중화된 교섭구조와 조정된 중간 수준의 교섭구조를 가진 경우 모두 분권화된 교섭구조를 가진 국가보다 소득 수준의 불평등도가 더 낮았다는 점이다.

〈그림 3-3〉은 앞의 〈그림 2-1〉에서 살펴본 2019년 전후의 노조 조직률과 단체협약 적용률을 비교한 내용을 담고 있다. 노조 조직률과 마찬가지로 단체협약 적용률 역시 하락 추세를 면하지 못했다. 1985년 45%였던 단체협약 적용률은 2015년 33%로 감소했고, 〈그림 3-3〉에서 확인할 수 있듯이 2019년 32.1%로 더 감소했다. 감소 폭은 영국과 중앙 및 동유럽 국가에서 컸다. 유럽 내륙 국가는 통독 이후의 독일을 제외하고는 안정적이었다. 조직률과 협약 적용률은 대체로 협약 적용률이 약간 높은 수준에서 유사한 패턴을 보이지만, 프랑스, 이탈리아, 벨기에 등 조직률이 낮거나

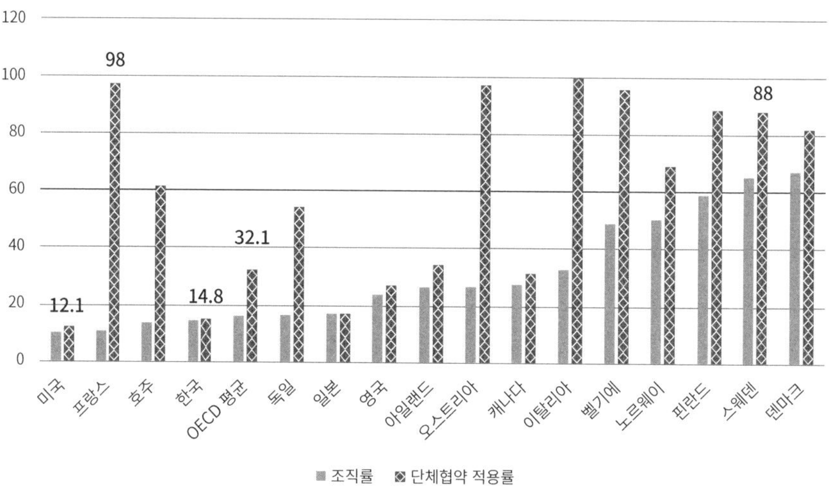

〈그림 3-3〉 노조 조직률과 단체협약 적용률 국제비교(2019년)[a]

a: 미국, 캐나다(2020년), 한국, 독일, 프랑스, 호주, 스웨덴, 덴마크(2018년), 아일랜드, 노르웨이, 핀란드(2017년) 제외하고 모두 2019년 조직률

자료: https://stats.oecd.org/Index.aspx?DataSetCode=CBC (2023년 10월 16일 접속)

중간 수준인 국가에서 협약 적용률이 매우 높은 이례적인 현상도 관찰된다. 단체협약의 내용을 미조직 노동자와 사용자에게도 확대하는 효력 확장제도가 있는 경우 이런 현상이 발생할 수 있다(OECD, 2017).

2) 조정되지 않은 단체교섭 집중화: 한국 사례를 중심으로

신자유주의와 경제 세계화로 인한 국가 간 경쟁 격화 및 유연생산방식의 도입은 이전 시기 교섭구조의 집중화를 가능케 했던 정치경제적 환경을 크게 변화시켰다. 세계시장의 경쟁에 노출이 큰 산업에 속한 기업일수록 상품시장에서의 임금 경쟁에 더 유연하게 적응할 수 있도록 기업에서의 유연성 확보에 큰 의의를 두기 때문이다. 이러한 세계적인 경제환경 변화의 영향은 노동자의 이해 또한 다변화시켰고, 이런 변화들로 인해 1980년대부터 본격적으로 단체교섭체제가 분권화되었다. 특히 국가가 자율적으로 정책을 결정할 수 있는 역량이 약화함에 따라 노동운동이 국가 수준의 교섭을 통해 정치적 교환을 확보할 가능성은 크게 낮아졌다. 이러한 추세는 영미권 자유시장경제(Liberal Market Economies, LME) 국가의 경우 단체교섭의 전반적 쇠퇴 및 고용계약의 개별화로 발현되었으며, 단체교섭의 노동시장 규제력을 더욱 쇠퇴시킨 바 있다(이주희, 2009).

단, 조정시장경제(Coordinated Market Economies, CME) 국가의 경우, 조정된 분권화(organized decentralization)가 진행되었다. 트렉슬러(Traxler, 1995a)는 상위 수준의 교섭을 무력화시키고 기업 차원에서의 교섭이 이를 대체하는 조정되지 않은(disorganized) 분권화와는 달리, 조정된 분권화는 국가 혹은 산별 차원의 교섭을 통해 마련된 최소한도의 일반적인 틀 안에서 기업 수준의 교섭이 진행된다고 논의한다. 북유럽과 네덜란드와 같이 국가 혹은 산별 단체협약이 큰 틀만 확정하고 나머지 상세한 교섭은 기업

수준에서 발생하는 방식이 대표적인 조정된 분권화의 사례이다. 독일에서는 조정된 분권화가 산별 단체협약에 개방(opening), 혹은 예외(opt-out) 조항과 같이 어려움을 겪고 있는 기업에 자율적인 협상권을 부여하는 방식으로 진행되었다. 만일 분권화된 교섭구조하에서라도 서로 다른 교섭단위 간 '조정'이 잘 이루어진다면 집중화된 교섭과 유사한 효과를 얻을 수 있다(OECD, 2017).

한국도 이런 정치경제적 환경에 노출됨에 따라 급격한 단체교섭구조의 변화를 겪었다. 그러나 자유시장경제 국가와 유사한 제도적 특성을 가졌음에도, 한국은 그들과 달리 교섭구조가 집중화되는 경향을 보였다는 점(Lee and Lee, 2004)에서 이례적인 국가였다. 이러한 교섭구조의 집중화에 가장 큰 영향을 미친 배경변수는 이미 산별노조로 전환된 원인으로서도 언급된 바 있는, 1990년대 말 외환위기 이후 가속화된 구조조정과 그에 따른 노동시장의 구조 변화였다. 장기 고용의 관행이 무너진 이후 비정규직은 전체 노동인구의 과반수에 육박하게 되었고, 노동자 간 임금격차는 OECD 국가 중 가장 심한 수준으로 벌어졌으며, 그에 따라 분배구조와 가구소득 역시 점점 더 악화되었다(김유선, 2007). 핵심노동자의 고용 역시 불안정하며 그 규모도 매우 작아졌는데(정이환, 2007), 이는 그동안 기업별 교섭을 통해 획득 가능했던 핵심 대기업 조직 부문의 급격한 임금인상이 미조직 중소 영세기업 부문으로 더는 확산되지 못함을 의미했다.

그러나 외환위기를 계기로 빠르게 진행되었던 산별 조직전환과는 달리, 산별 단체교섭은 순조롭게 진행되지 못했다. 무엇보다도 사용자가 기업별 교섭을 고수하며 산별교섭에 참여하기를 거부했다. 한국 초기 산별교섭의 가장 큰 특징은 교섭구조의 집중화에도 불구하고 지부 교섭의 절대적인 영향력이 대부분 유지되었다는 점인데, 이런 현실은 사용자의 강력한 반대의 결과이자 이를 계속 유도한 원인이 되기도 했다. 가장 대표적인 사례가 2001년 창립된 전국금속노조의 경험이다. 설립 초기 금속산업 중앙교섭의 내용은 매우 제한적이었다. 2003년 주 5일제, 주 40시간제의 도입과 같이 의미 있는 협약 내용도 있었으나, 산별 중앙교섭은 대체로 전체 산업 차원의 중요 이슈를 몇 개 논의하는 수준에 그쳤고, 임금과 노동조건과 관련된 구체적인 내용은 모두 지회 보충교섭에서 다루게 되었다(이주희, 2009).

금속노조는 2006년 자동차업계의 대규모 기업별 노조가 산별 전환을 결정하고, 같은 해 금속산업사용자협의회가 이에 대응하기 위해 설립되면서 본격적인 산별교섭이 가능해졌다. 그러나 대기업의 참여는 중앙 수준의 산별교섭을 더욱 어렵게 만들었다. 금속노조의 규모는 급속하게 성장했으나, 대다수 중소기업의 조합원과 극소수 재벌 대기업의 조합원으로 구분되는 조직 내 이중구조가 형성된 것이다. 대기업 지부의 조합원들은 기업별 교섭의 자율성을 유지하는 것을 선호했고, 그로 인해 중앙집중화된 교섭을 원하는 중소기업 소속 조합원들과의 갈등이 유발되었다. 사용자단체도 유사한 어려움을 겪었다. 기업 규모별, 업종별로 큰 차이를 보이는 사용자 간 공동교섭의 가능성은 미약했으며, 사측 역시 기업별 교섭에 대한 강한 선호를 보임에 따라 산별교섭 불참이 이어졌다(Lee, 2011). 이렇게 노사관계의 주된 행위자인 대기업 지부가 산별교섭에 참여하지 않음에 따라 2022년 기준 40.5%의 사업장이 산별교섭에 포괄되나 조합원 기준으로는 15.5%만이 산별교섭에 참여했고, 그중 중앙교섭이 직접 적용되는 조합원은 전체 조합원의 9.5%에 불과했다(김범진, 2023).

1998년 민주화 이후 최초의 산별노조로 설립된 전국보건의료산업노동조합은 2004년에 이르러서야 처음으로 산별 중앙교섭을 실시하게 된다. 병원 사용자 역시 산별교섭에 반대해 무려 6년 후에야 첫 교섭이 성사된 것이다. 그러나 보건의료노조는 금속노조와는 달리 2009년 산별 중앙교섭의 파행 이전까지 매년 120여 개 사업장이 참여하는 조율되고 집중화된 교섭을 성공적으로 타결해왔다. 보건의료산업사용자협의회도 2007년 설립되었다. 병원은 제조업체와는 달리 세계적인 경쟁으로부터는 보호된 필수 서비스업이라는 점, 또 보건의료노조가 사측의 참여를 유도하기 위해 고임금 사업장의 임금인상 자제와 같은 유연한 전략을 사용했다는 점도 산별교섭을 가능케 한 주요한 요인들이었다.

집중화된 교섭구조를 오래 유지해왔음에도 불구하고, 보건의료노조조차 대규모 병원과 중소 규모 병원 간 적절한 교섭단위를 둘러싼 분쟁에서 자유롭지 못했다. 병원 내 이중구조가 금속산업보다는 적지만, 그래도 특성별로 국립대나 사립대 병원 등 상대적으로 나은 노동조건이 있는 대규모 병원에서 조합원의 불만족도가 높은 경향이 초기 산별교섭에서도 나타난 바 있다(이주희, 2006a). 보건의료노조는 2004년 중앙교섭에서 주 5일제 도입이라는 교섭의 특수성을 반영해 임금과 노동조건과 관련된 일부 조항에 대한 산별협약의 우위를 명시했는데, 이런 본조의 방침에 반대한 서울대병원 사업장이 보건의료노조에서 탈퇴하기도 했다. 이런 내재된 갈등은 보수정권으로의 전환을 계기로 2009년 병원 사용자단체가 해산됨에 따라 가시화되었고, 결국 2010년부터 산별 중앙교섭 참여사업장 수가 40여 개로 감소하는 등 본격적인 침체기에 들어서게 되었다. 산별노조의 주요 활동도 2017년 이후부터는 사회적 대화를 통해 정부의 보건의료정책에 개입하는 방향으로 전환되었다(이주호, 2023).

전국금융산업노동조합은 한국의 은행들이 1997년 외환위기로 인해 만연한 해고와 극심한 구조조정을 겪던 2000년 결성되었다. 금속노조나 보건의료노조와 같이 산별교섭을 시도한 다수의 노조가 민주노총 소속인 반면, 전국금융산업노동조합은 한국노총에 소속되어 있다. 실제로 금융노조는 1961년 박정희 권위주의 정권이 성립된 직후 결성된 산별노조인 ‘전국

금융노동조합'을 전신으로 하며, 이를 고려한다면 한국에서 가장 오래된 산별노조의 역사를 가진다. 지역별 조직 없이 개별 은행 지부로만 구성된 만큼 내적 이질성은 가장 적은 편이다. 또한 금융산업이 국가의 개입과 간섭으로부터 자유롭지 못했던 만큼(Lee and Park, 2007), 국가의 규제로 인해 지부 간 임금과 노동조건이 유사하다는 이점도 가지고 있다. 사용자단체의 구성도 상대적으로 순조로워서, 2003년부터 이미 1984년에 설립된 은행연합회가 사용자단체의 역할을 하고 있다.[1]

금융노조의 경우, 산별 조직전환이 순조로웠던 이유는 지부의 자율성을 대부분 인정해주었기 때문이다. 교섭에서도 기업별 노조의 관성이 그대로 남아 있어 초기부터 산별 중앙협약의 실질적인 내용이 대부분 기업 단위에서 결정되었다. 이로 인해 중앙교섭과 지부교섭이 완전히 중복되어 산별교섭의 의미가 거의 없다는 비판이 일기도 했다(강신준, 2004). 산별노조 차원에서 일반적인 가이드라인을 제공하는 수준의 극도로 분권화된 교섭은 사용자에게 역설적으로 지부 차원의 유연성을 제공해 반대를 누그러뜨리는 역할을 하기도 하지만, 그보다는 이중교섭의 비효율성을 이유로 반감을 더 악화시키기도 한다. 실제로 산별교섭에서 타결된 사안이 지부 교섭에서는 실시되지 않거나 다른 방식으로 실행되는 일이 잦아지면서 산별교섭의 실효성에 대한 문제 제기가 지속되고 있다. 결국 한국에서 실시 중인 다양한 산별교섭의 공통된 특징은 산별교섭이 조율되지 못한 채 중앙 차원의 규제력을 결여하고 있다는 점이다. 이러한 이유로 불평등을 완화하고 임금과 노동조건을 평준화하는 산별교섭의 긍정적 효과가 거의 나타나지 못하고 있다.

1 은행연합회의 전신인 경성은행집회소는 1928년에 설립된 바 있다.

3) 한국의 단체교섭구조 집중화를 위한 과제

노사관계와 관련된, 특히 노조 조직체계와 단체교섭구조와 관련된 한국의 경험은 발전된 서구 선진국과는 크게 다르다. 신자유주의로 인한 노동시장의 이중구조와 양극화도 이들보다 훨씬 더 악화된 상태이다. 한국에 초기업별 교섭체제 구축은 우선 「노동조합 및 노동관계조정법」 제2조 제2호의 개정으로 시작될 수 있다. 사용자의 개념을 노동자의 노동조건에 대해 실질적이고 구체적으로 지배, 결정할 수 있는 지위에 있는 자로 확장하는 것은, 비록 그 자체로 산별교섭과 직접적으로 관련된 사안은 아니라 할지라도, 초기업별 교섭의 불가피성과 효능감을 보여줌으로써 간접적으로 이를 촉진하는 효과를 가져올 수 있다. 산별노조의 입장에서도 원·하청 노동자를 모두 조직해 교섭할 경우 임금체계나 직무에 대한 논의보다도 임금인상률에 집중했던 기존의 한계를 극복하고, 노동시장의 이중구조를 완화할 수 있는 보다 근본적인 문제를 교섭에서 다룰 수 있게 될 것이다.

또한 도입 이후 여러 비판을 받고 있는 교섭창구단일화제도와 관련된 변화가 필요하다. 이미 살펴본 바와 같이, 기업별 노조 체제를 염두에 두고 만든 교섭창구단일화제도는 산별노조도 개별 사업장에서 교섭대표권을 획득해야 한다는 해석을 낳음으로써 초기업별 교섭을 크게 저해한다. 「노동조합 및 노동관계조정법」 제29조의3에서 교섭대표노동조합이 결정되어야 하는 단위를 "하나의 사업 또는 사업장"으로 명시함으로써 초기업 교섭의 가능성 자체를 부인하고 있는데, 이를 방지하기 위해 초기업별 단체교섭에서는 교섭창구단일화제도의 적용을 배제하는 법 개정이 필요하다는 의견(권오성, 2022)이 제기되기도 했다. 그러나 현행 교섭창구단일화제도는 소수노조의 교섭권 자체를 사실상 박탈하기도 하는 등 다른 문제점도 가지고 있으므로 장기적으로는 폐기되는 것이 더 나은 선택일 수 있다. 이 제도는 노사관계의 과도한 사법화를 가장 명징하게 드러내주는 상징과도 같다.

이와 더불어, 우리나라처럼 유럽식의 다사용자 교섭의 지원 전통이 없는 국가에서 산별 협약의 미약한 영향력을 보완하기 위해서는 단체협약에 대한 효력 확장이 필요하다. 다음 〈표 3-3〉에 제시된 바와 같이, 교섭구조가 집중화된 여러 유럽 국가에서는 산별 단체교섭의 확장조항을 통해 동일 산업에서의 노동조건의 동질화를 꾀하고, 미조직 사용자의 사용자단체 가입을 유인하는 정책을 오랜 기간 실시해왔다.

단체교섭의 효력확장이 바람직한 이유는 그것이 노동비용을 주요 경쟁력의 요인에서 제거할 수 있기 때문만이 아니라, 해당 산업의 특성에 맞는 수준에서 결정된 것인 만큼 일률적인 노동기준의 적용보다 더 효율적일 수 있기 때문이다. 만일 특정 산별 협약에서 비정규직을 일정 비율 이하로 유지하기로 결정했지만, 미조직 사업장에서는 그것이 해당되지 않는다면 미조직사업장의 사용자는 조직사업장의 사용자에 비해 '부당한' 이득을 얻게 되고, 비록 미조직사업장이 기술력 등 다른 모든 면에서 경쟁력이 부족하더라도 시장에서의 생존이 더 용이해지는 결과를 가져올 수 있다. 그런 점에서 비정규직 등 고용조건의 규제와 더불어 효력 확장의 대상이 될 수 있는 대표적인 조항의 사례가 산별 최저임금제도이다.

현행 우리 「노동조합 및 노동관계조정법」에는 이미 단체협약의 효력을 다른 사용자에게까지 확대하는 지역단위 효력확장제도(제36조)가 포함되어 있다. 그러나 이 제도는 한 지역, 동종의 노동자 2/3 이상이 하나의 단체협약을 적용받아야 한다는 조건을 달고 있어 다소 현실성이 떨어진다. 이를 개선하기 위해 김홍영(2024)은 하나의 지역이라는 조건을 대체해 전국적으로 가능할 수 있다는 점을 명시하고, 2/3 조건을 1/2 조건으로 완화할 것을 제안한 바 있다.

〈표 3-3〉 유럽 국가별 단체교섭 효력확장 여부 개관

국가	노조 조직률	단체교섭 적용범위 (확장 여부)	교섭단위 추세	교섭의 조정 국가의 역할
오스트리아	45	95+ 확장 가능 (연방조정국)	산별교섭(때때로 다산업 국가수준의 교섭 실시), 임금 이외의 이슈는 노동자평의회에서 교섭 가능	물가와 임금에 대한 삼자협약 실시
벨기에	55	90 확장 가능 (전국노동위원회, 노사합동위원회)	산별교섭, 그러나 기업차원의 교섭 점차 확대. 국가차원의 교섭에서 기본 산별 교섭 틀 마련	삼자 및 이자 협약에서 임금 정책 논의
덴마크	80~85	90 확장 없음	기존의 국가차원 교섭을 산별 교섭이 대체, 제조업은 단 하나의 협약만 존재, 그러나 추가적인 기업/작업장협약이 산별 협약 보충(특히 임금)	때때로 삼자협약 체결, 이자 협약 제도화
프랑스	10	85 확장 가능 (노사공동위원회)	산별협약이 기본틀 제공(일부 다산별 별협약도 존재), 작업장교섭권이 존재하나 실행은 저조	부문별 조율기제 존재, 국가의 고용에 대한 규제 강
독일	37	85~90 확장 가능	지역별 산별교섭, 노동자평의회에 의한 작업장 협약이 산별교섭 보완. 기업교섭은 총 6%의 노동자에게 적용됨. 노동시간에 대한 교섭 분권화	부문별 조율 매우 강. 공식적 삼자 협약은 드뭄
그리스	30	100 확장 가능 (51% 이상 조직)	국가적 차원의 다산별 협약이 최저임금을 정하고, 산별, 기업별, 직업별 교섭의 기본틀 제공	국가 간섭이 심했으나 점차 완화
아일랜드	47	확장 가능 (노동법원에 등록한 경우)	기업별 교섭, 1987년 이래 국가적 차원의 임금 타협 실시	법제화되지는 않았으나 임금 관련 협약 준수율 높음
이탈리아	38	90+ 확장 없음	산별교섭, 기업 차원에서는 성과에 따른 추가적 보상만 실시	삼자협약에 대해 정부가 적극 실시

국가	노조 조직률	단체교섭 적용범위 (확장 여부)	교섭단위 추세	교섭의 조정 국가의 역할
네딜란드	25	70 확장 가능 (55% 이상 조직)	산별교섭이 주류, 기업별 교섭은 총 8%의 노동자에게 적용됨. 그러나 작업장 수준의 교섭, 1980년대 이후 증가	정부가 임금교섭에 관여할 수 있음. 삼자협약 실시
포르투갈	25~30	80 확장 가능 (노사공동위원회)	산별교섭, 그러나 최소 기준만 설정. 기업별 교섭의 형식화 정도 매우 낮음	물가와 임금에 대한 삼자협약 (1984~1992)
스페인	10~15	70 확장 가능 (법적요건)	권역별 산별교섭이 기업별 교섭을 위한 기본틀 제공, 엔지니어링 부문 기업별 교섭	임금 이외의 부문에 대한 삼자 협약
스웨덴	80	80 확장 없음	기업별 재량권이 큰 산별교섭	삼자협약 쇠퇴
스위스	27	53 확장 가능	기업별 재량권이 큰 산별교섭, 임금은 전적으로 기업수준에서 결정됨 (엔지니어링 부문)	삼자협약 없으나 고용주 조직이 부문별 조율 실시
영국	32	45~50 확장 없음	기업별 교섭. 1980년대 이후 산별교섭 후퇴	기업별 교섭 조율 기제 없음. 삼자협약 없음

자료: Burgess(1996)에서 재인용.

그러나 국가 전체가 하루 생활권이며, 노동조합 조직률이 10% 초반대인 한국적 특성을 고려한다면, 지역단위 효력확장제도보다는 산업/업종 및 지역에 따른 효력확장제도로 수정하고 2/3이든 1/2이든 단체교섭 확장 요건도 삭제하는 것이 바람직하다. 프랑스는 한국보다도 노조 조직률이 낮지만, 거의 대부분의 노동자(80~90%)가 단체협약의 보호하에 있다. 프랑스에서는 단체교섭 효력을 확장하기 위해 해당 협약이 특정 산업이나 지역의 일정 비율 이상의 노동자에게 적용되고 있어야 한다는 조건이 필요하지 않다. 이는 프랑스의 효력확장제도가 다른 유럽 국가의 유사 제도와 차별되는 중요한 특징이다. 프랑스 정부, 즉 노동부는 해당 단체협약이 노동자의 권익을 보호하고 산업 전체의 발전에 기여할 것인가와 관련된 공익성만을 고려해 효력 확장을 승인하며, 이런 절차를 거쳐 체결된 산별 단체협약은 해당 산업이나 지역 내 모든 기업에 적용 가능하다. 이런 변화가 너무 급격하다면, 우리 정부에게 산별협약의 내용 중 공익성과 파급 효과가 큰 몇몇 조항을 선별해 확장하도록 하는 유연성을 부여할 수 있을 것이다. 부분적 효력 확장인 만큼, 이런 경우 노동조건과 비용의 동질화에 이해가 걸린 사용자 측의 합의를 상대적으로 쉽게 얻을 수 있을 것으로 예상된다.

4) 사회적 대화: 민주적 조합주의의 과거와 현재

사회적 대화 혹은 삼자주의(tripartism)는 약한 형태의 자유주의적 특성을 가진 민주적 조합주의를 의미한다. 민주적 조합주의는 다원주의와의 대비를 통해 더 명확하게 정의할 수 있다. 다원주의와 조합주의적 이해대표 체제 모두 다양한 이해의 존재를 인정하지만, 이에 적합한 제도적 형태에 대해서는 의견을 달리한다. 다원주의 체제에서는 국가의 인정이나 개입 없이 자발적으로 조직되고 서로 경쟁하는 관계에 있는 다수의 집단이 존재한다. 반면 조합주의 체제의 집단은 단일하고 비경쟁적이며, 위계적·기능적으로 분화되어 있다. 이 체제하의 집단은 국가에 의해 인정되고 승인되어 해당 구성원을 독점적으로 대표한다(Schmitter, 1974).[2]

1970년대의 조합주의는 주로 사회민주주의 정부가 있는 북유럽과 서

---

2 조합주의에는 두 가지 하위 유형이 있다. '국가 조합주의(state corporatism)'는 국가가 카테고리를 만들어 통제하는 방식이고, '사회적 조합주의(societal corporatism)'에서는 발전된 복지국가에서의 사례들처럼 카테고리가 자생적으로 발전하며 국가의 통제하에 있지 않다. 사회적 조합주의는 신조합주의 혹은 민주적 조합주의로도 지칭된다.

유럽의 조정시장경제 국가에서 실시되었다. 조합주의가 제대로 작동하기 위해서는 중앙집중화된 강력한 노동조합, 유사하게 잘 조직된 사용자단체, 그리고 교섭의 결과가 실제로 이행될 것을 보장해주는 정치체제가 필요하다. 이 시기 조합주의에서 주목할 점은 강력한 조직노동이 최대치로 이해대변을 시도하지는 않았다는 점이다.[3] 이는 노조가 사회민주당이나 노동당을 통해 충분히 강력한 권력자원을 가지고 사측이 임금 자제를 통해 얻게 된 현재의 이윤을 미래의 임금인상을 위해 투자할 것이라는 확신을 가질 수 있었기 때문에 가능했다. 노조의 임금 자제는 인플레이션과 실업 간 상충 관계를 제어하고, 현재와 미래의 고용수준을 보장한다. 대신 직, 간접적인 국가 정책형성 과정에의 참여를 통해 노조는 완전고용과 높은 수준의 사회적 임금, 즉 관대한 복지국가의 혜택을 확보할 수 있다. 그 결과 민주적 조합주의에 기반한 이해대표는 높은 수준의 거시경제적 성과를 보장할 수 있었다. 소스키스(Soskis, 1983)는 조합주의적 합의에 기초한 정책이 실업을 유발하는 긴축 등과 같은 일방적인 정책보다 훨씬 더 나은 실질임금 인상과 인플레이션 억제 효과가 있다고 논의한 바 있다.

민주적 조합주의는 1980년대부터 공급중심 경제정책을 주도한 신자유주의의 등장으로 쇠퇴하기 시작했다. 금융은 물론 생산시설과 마케팅, 소비 행위까지 세계화됨에 따라 국가는 일관성 있는 경제, 재정, 노동정책을 추구할 수 있는 자율성을 상실했다. 이로 인해 서구 선진국의 여러 정부는 완전고용을 포기하고 실업률 상승을 방치했으며, 복지국가를 유지하는 비용은 점점 더 높아져 갔다. 자본은 세계화될 수 있지만 노동은 그렇지 못한 만큼 노동조합의 국가에 대한 교섭력은 쇠퇴했고, 세계시장에서의 경

3 조직되지 못한 노동자, 예를 들어 실업자 등의 희생하에 이득을 볼 수도 있는 것이므로 과다한 인플레이션은 피하는 수준에서 임금인상 자제를 했다는 것이다.

쟁이 격화됨에 따라 유연한 노동시장을 선호하는 사측으로 인해 임금인상 자제도 더 이상 조율해낼 수 없었다.

그러나 조합주의적 타협이 완전히 사라진 것은 아니다. 오히려 경쟁이 격화되고 인구고령화와 같은 새로운 사회적 위험의 등장으로 연금개혁과 같은 복지국가 개편이 필요해짐에 따라 사회적 파트너 간 협력의 중요성은 강화되어갔다. 이러한 배경하에 1990년대에 사회협약과 같은 삼자주의 실험으로 새로운 조합주의(new corporatism)가 다시 등장했다. 이 시기의 정치경제적 상황이 1970년대와는 매우 달랐던 만큼 노사정의 전략도 변화했고, 타협의 조건으로 노사의 조직력이나 권력자원보다는 정책안건의 상정과 개발, 그리고 정책결정 참여 과정에서의 기능적 역할이 부각되었다. 1990년대 사회적 대화는 수요 차원 조합주의의 정치적 교환보다는 공급 차원 조합주의가 중시하는 국가 경쟁력 강화를 목적으로, 긴급한 규제 관련 문제를 사회통합적으로 해결하기 위해 활용되었다(Traxler, 1995b). 경제 상황이 급속히 악화됨에 따라 노조는 정치적 보상 없이도, 심지어 복지가 축소되는 상황에서도 임금 자제에 동의하기도 했다. 바로 이러한 맥락의 변화에 따라 사회적 대화가 스웨덴, 네덜란드 등 조합주의 전통이 강한 국가뿐 아니라 이전에는 조합주의 국가로 분류되지 않았던 이탈리아나 아일랜드에서도 등장했다는 것이 특징적이다(Schmitter and Grote, 1997).[4]

정리하자면, 사회적 대화는 정부, 경영계, 그리고 노동운동 등 주요한

4 예를 들어 이탈리아는 수많은 사회협약을 통해 1990년대 연금을 개혁하고 교섭구조를 개선해 인플레이션을 억제하고 고용을 창출할 수 있었다. 아일랜드는 1980년대의 높은 실업과 재정적자, 성장 부진을 여러 사회협약을 통해 극복했고, 1990년대 후반부터는 여성단체, 실업자단체, 종교단체 등 시민사회단체까지 포함해 사회적 배제와 평등, 교통, 연금 문제 등 광범위한 차원에서의 사회통합능력을 제고했다.

사회적 행위자가 거시적 차원에서의 경제, 노동정책에 대해 논의해 일반적인 가이드라인에 합의하는 것을 의미한다. 민주적 조합주의에 비해 각각의 사회적 파트너들에게 합의된 내용을 이행해야 한다는 의무가 상대적으로 약한 편이며, 특히 중간 수준이나 미시적 수준에서의 이행은 담보하기 어려울 수 있다. 물론 미국과 같이 노동운동이 아주 약한 경우 정부가 이런 시도를 할 필요를 느끼지 못한다. 하지만 노조가 매우 약하지 않는 한, 정부는 복지국가 재구조화와 관련된 여러 정책형성 과정에서 사회협약을 맺는 것을 선호하며 노조의 협력을 구할 것이다. 노동운동의 경우, 사회적 대화를 통해 양보해야 하는 내용도 있기 때문에 노동운동이 제도적으로 매우 강할 경우 협력을 거부할 수도 있다. 그러나 그런 경우는 매우 드물며, 사회적 대화에의 참여는 노동운동에게도 좋은 기회가 될 수 있다. 정치적으로 강력한 노조는 제도 개혁을 정부나 사측이 주도하지 않도록 하기 위해, 정치적으로 약한 노조는 그들의 조직적 지위나 역량을 높일 기회로 여겨 참여할 것이다. 반면 경영계는 사업장이나 기업을 넘어 국가 차원에서의 사회적 대화에 관심을 가질 유인을 크게 찾기 어렵다.

우리나라의 경우 사회적 대화의 시도는 상당히 많았지만, 그 평가가 긍정적이지만은 않다. 1989년 당시 경제기획원이 국민임금조정위원회를 만들려 시도했지만 한국노총이 위장된 임금 가이드라인이라며 비판해 무산된 바 있고, 다음 해인 1990년 한국노총이 순수 민간 심의기구로서의 국민경제사회협의회 설치를 제안했지만 이 역시 지속되지 못했다. 1993년과 1994년 한국노총과 한국경영자총협회(경총)이 임금인상률에 합의한 적은 있지만, 노동계의 지지를 받지 못하고 이후 중단되었다. 1996년 노사관계개혁위원회는 의미 있는 사회적 대화의 시도였지만, 같은 해 12월 정부의 일방적 노동법 개정과정에서 해체되었다. 1990년대 말 외환위기를 계기로 구성된 한국의 노사정위원회는 위기 상황에 대한 공동 대응과 고통

분담을 목적으로 1998년 2월 6일 '경제위기 극복을 위한 사회협약'을 체결했다. 고용안정과 사회안전망 확충이라는 정치적 교환이 이루어졌지만, 합의 내용에 대한 정부의 이행역량 부족으로 노사정위원회의 기능에 대한 신뢰가 저하된 바 있다. 경영계를 대표하는 전국경제인연합회(전경련, 현 한국경제인협회)와 한국경영자총협회(경총)가 마지못한 방관자로 참여한 것도 사회적 대화의 위상을 확립하는 데 부정적으로 작용했다. 그럼에도 사회적 대화는 2004년 2월 10일의 일자리 만들기 사회협약, 2009년 2월 23일의 경제위기 극복을 위한 노사민정 대타협, 2013년 5월 30일의 고용률 70% 달성을 위한 노사정 일자리 협약 등으로 명확한 성과 없이 이어져왔다.

문재인 정권이 들어서면서 노사정위원회는 2018년 '경제사회노동위원회'(경사노위)로 개편되었다. 노와 사는 물론, 청년과 여성, 중소기업과 소상공인 등 참여 주체를 확대하고 의제별, 산업별, 지역별 대화체계를 강화하겠다고는 했으나 경사노위 역시 이전 노사정위원회의 한계를 뛰어넘지는 못한 것으로 평가된다. 아직 경제 주체로서 의제를 스스로 생성할 역량이 부족한 노동계, 집합적 자본으로서의 합리성을 결여한 재계, 아직도 노동을 경제에 부차적인 것으로 취급하는 정부, 모두 사회적 대화를 지지부진하게 만드는 데 일정한 책임이 있다. 사회적 대화와 같은 제도 이식에 있어서 주의할 점은, 단지 규칙이나 절차와 같은 공식적 특성만을 이식하는 경우 바람직한 결과를 얻기 힘들다는 것이다. 한 사회의 문화적 가치, 규범, 그리고 그런 규칙에 대한 순응을 이끌어낼 수 있는 타협의 경험 없이는 제대로 기능하지 못할 수 있다.

그러나 다른 한편, 사회적 대화는 해당 국가가 처한 상황에 따라 여러 차원에서, 여러 형태로 이루어질 수 있으며, 다양한 기능을 포괄한다. 즉 사회적으로 중요한 문제에 대한 엄청나게 어려운 합의만이 사회적 대화가 추구하는 목적은 아니라는 것이다. 사회적 파트너가 가진 정보와 지식을 통해 이미 선택된 정책의 분배적 함의에 대한 경고 및 대안을 제시할 수도 있고, 정책 집행을 방해하는 이해 충돌이나 차이를 사전에 해소해 빠른 정책 집행을 가능하게 할 수도 있다. 전 사회적 차원에서 노사정 파트너십의 가장 큰 의의는 노와 사 모두 개별적인 이익 추구에 근거한 각자의 전략 내용을 보다 더 공공의 이익에 부합하는 방향으로 다시 한번 재고할 수 있게 해주는 것이다. 따라서 부분적인 타협과 양보, 얻을 것과 잃을 것이 발생할 수도 있다. 당장은 양보한 것처럼 보인다 할지라도, 노동 전체의 연대감을 제고함으로써 장기적으로 노동운동의 발전을 유도할 수 있으며, 또한 사측 역시 현재의 손실이 궁극적으로는 더 숙련도 높은 노동의 참여와 협조를 이끌어낼 수도 있다.

그렇다면 과연 어떠한 접근을 통해 구조적으로 취약한 한국 사회에서 보다 성공적인 사회적 대화의 성과를 담보할 수 있을까? 중위 수준 조합주의(meso-level corporatism)에서 그 답을 찾을 수도 있을 것이다. 사회적 대화를 가능케 하는 규범적 합의가 부족한 상황에서 가장 우선적으로 필요한 것은 성공적인 경험의 축적이다. 지난 수십 년 동안 신자유주의적 노동시장정책은 일터의 균열을 통해 노동의 이해를 파편화시켰다. 따라서 전 국가적 차원에서 노와 사가 합의할 수 있는 의제와 어젠다는 극히 제한되어 있고, 또 그에 대한 전면적 합의를 기대하기 어려운 현실이다. 대신 산업이나 업종으로 이해의 폭을 줄여나가게 되면 앞서 언급한 바와 같이 사회적 파트너십에 기반한 주요 산업 및 노동정책의 형성과 조정, 집행, 그리고 일자리 창출이 좀 더 용이해질 수 있다. 그와 유사한 맥락에서 전국 단위를 포기하고 시와 도, 혹은 그 이하의 행정 단위까지 내려가게 되면 해당 지역의 공공부문부터 시급한 문제를 노사 타협을 통해 해결하는 방안에 지방정부가 더 깊숙이 조정력을 발휘할 수도 있을 것이다.

3. 국제비교 노사관계: 영국과 스웨덴의 사례

1) 비교노사관계 개관

두 국가 이상의 노사관계, 혹은 노사관계 체제 내의 특정 제도나 양상에 대한 체계적이고 심층적인 탐구를 의미하는 비교노사관계는 실용적인 융합 학문으로서의 노사관계의 특성을 잘 드러내는 분야이다. 노사관계에 대한 국가 비교는 보다 나은, 혹은 보다 유용하거나 진보적인 특성을 찾아내려는 목적으로 실시된다. 그러나 노사관계의 국제비교는 실제로 연구하기 매우 어려운 주제이다. 각 국가마다 비교를 가능하게 하는 정치경제적, 사회적 맥락이 달라 보편적인 평가 기준을 마련하기가 거의 불가능하다. 또한 유사한 제도라 하더라도 그 역할이 서로 달라 무엇을 비교해야 하는지도 불분명할 때가 많다. 제도 자체보다도 노사관계에서의 기능을 비교하라는 제안이 필요한 이유이기도 하다(Schregle, 1981).

슈레글(Schregle, 1981)은 여러 사례를 통해 이러한 어려움을 설명하고 있다. 예를 들어 같은 단체교섭이라 하더라도 스웨덴과 독일 등 유럽 내륙 국가의 단체교섭은 법적인 권리와 책임을 발생시키는 계약으로 여겨진다. 사용자는 임금을 인상하고 노동조건을 개선하고, 그 대가로 노동조합은 해당 단체협약이 지속되는 한 산업 평화를 보장하는 것이다. 그러나 단체교섭을 계급투쟁의 일환으로 여기는 영국이나 프랑스 등의 국가에서는 이런 합의가 존재하지 않는다. 단체협약의 본질에 대한 미묘한 차이를 인지하지 못한 채 국가 간 제도를 비교하는 일은 부정확한 결론으로 이어질 수도 있다고 슈레글은 경고한다.

이런 차이는 유럽 내륙 국가와 미국을 비교할 때 더욱 분명해진다. 유럽의 노동운동은 노동자의 참정권을 위한 투쟁을 계기로 정치적 민주주의의 확산과 법, 제도적 개선을 중시하는 데 반해, 이미 보편적 백인 남성의 참정권이 확보된 수십 년 이후에야 노동운동이 활성화된 미국에서는 기업 내에서의 직무와 노동조건에 대한 영향력 확보가 주된 활동이 되었다. 특히 미국의 경우 노동조합의 조직력을 숙련 노동자를 넘어 확대하고자 했던 노력이 국가와 사용자의 적대적이고 지속적인 반대에 부딪혀야 했던 만큼 국가의 간섭을 기피하는데, 이는 정당에 대한 지원과 협력을 통해 정치에 적극적으로 개입하는 유럽 노동운동의 전통과 다르다(Kassalow, 1982).

노동자의 경영 참여는 이러한 국가 간 차이가 가장 잘 드러나는 제도이다. 미국의 노동운동은 자칫 섣부른 노사협력으로 이어질 수도 있다는 우려하에 경영 참여보다는 기업 차원에서의 단체교섭을 통해 영향력을 행사하기를 원했다. 따라서 미국에서는 기업 차원의 단체교섭이 산업 민주주의와 거의 같은 의미로 사용된다. 반면 유럽에서는 노동운동의 초기부터 산별교섭이 일반화되었는데, 이는 유럽의 사용자단체가 기업 차원에서 노조와의 갈등을 피하고자 하는 의도와도 맞닿아 있었다. 독일의 노동평의회와 같은 제도는 기업 차원에서의 협력을 담보해줄 수 있는 기능을 할 수 있다(Kassalow, 1982). 이런 맥락에서 슈레글(Schregle, 1981)은 독일의 노동평의회와 법제화된 공동결정제도보다 미국의 기업별 단체교섭에서 노동자의 영향력이 더 클 수 있다고 논의한다. 물론 이 주장은 이 논문이 다루고 있는 시기에 한정해서 해석되어야 하겠지만, 그의 논의의 핵심은 만일 우리가 비교해야 하는 것이 제도가 아니라 '기능'이라면 독일의 노동평의회의 기능은 미국의 지부 노조의 역할과 비교되어야 한다는 것이다.

비교노사관계 연구가 이끌어낸 이러한 통찰은 신자유주의 이후의 노사관계 연구에도 잘 적용된다. 노사관계 제도의 맥락을 고려한 로크와 씰렌(Locke and Thelen, 1995)은 세계화로 인해 유사한 유연화 혹은 분권화 압

〈표 3-4〉 신자유주의 이후 노사관계제도의 변화

국가	적용 범위	핵심 부문	조정	자유화
프랑스	안정적	쇠퇴 중	정부 주도	탈규제
독일	감소 중	안정적	패턴 교섭	이중화
그리스	감소 중	쇠퇴 중	정부 주도	탈규제
이탈리아	안정적	쇠퇴 중	조직 내 조정	이중화
폴란드	감소 중	쇠퇴 중	조정 없음	탈규제
스페인	감소 중	쇠퇴 중	조직 내 조정	탈규제
스웨덴	감소 중	쇠퇴 중	패턴 교섭	이중화
영국	감소 중	안정적	조정 없음	탈규제

자료: Camara and Cardenas, 2022, p.35.

력을 받는다고 해도 국가별로 가장 치명적이었던 걸림돌은 모두 다르며, 그런 만큼 국가마다 다른 대응이 나타났다는 점을 강조한 바 있다. 신자유주의가 수십 년 이상 지속된 이후의 노사관계 역시 〈표 3-4〉에 나타난 바와 같이 국가마다 다른 제도적 차이로 인해 서로 차이 나는 경로의존적 변형을 겪었음을 살펴볼 수 있다. 노조 조직률 하락은 통일이 된 독일과 노조가 실업급여를 관리하던 겐트(Ghent) 체제가 약화된 스웨덴에서 가장 두드러졌다. 하지만 그럼에도 스웨덴의 단체교섭 적용률은 유럽에서 가장 높은 편에 속한다. 그리스의 협약 적용률은 거의 반으로 감소했고, 폴란드와 독일도 크게 감소했다. 대처의 신자유주의 정책으로 교섭구조가 분권화된 영국과 폴란드를 제외한 대부분의 국가에서 산별교섭의 전통이 유지되긴 했지만, 최근으로 올수록 이들 국가에서도 분권화와 조정력 감퇴가 관찰되었다(Camara and Cardenas, 2022).

신자유주의 이후 노사관계제도의 조정 기제는 국가마다 다양하게 변화해왔다. 프랑스의 경우 단체교섭의 효력 확장이 가능한 만큼 상대적으로 큰 변화를 겪지는 않았으나, 2016~2017년 전후로 유연화에 중점을 둔 제도 변화로 사용자의 재량권이 강화되고 탈규제화가 가속화되었다. 독일에서는 가장 크고 영향력 있는 금속노조(IG Metall)의 단체교섭이 타 산업의 교섭에 기준을 제공하는 역할을 해왔다. 개방 조항 등으로 규제력이 감소하긴 했으나 대체로 산별교섭과 노동평의회의 이중구조가 잘 유지되어왔다. 그러나 노동시장의 유연화와 노동복지 감축을 촉진한 2003년 하르츠 개혁 이후, 단체협약에 의해 보호받지 못하는 노동인구가 증가하면서[5] 전통적인 독일 모델의 약화와 노동시장의 양극화가 심화되었다(Camara and Cardenas, 2022). 이어지는 절에서 대처주의를 통해 이러한 변화의 단초를 제공한 자유시장경제체제를 대표하는 영국과 조정시장경제체제의 모델로 여겨지는 스웨덴의 노사관계를 보다 집중적으로 살펴본다.

2) 영국의 노사관계: 대처 정부의 신자유주의 개혁을 중심으로

산업화를 가장 먼저 시작한 영국은 노사관계를 형성한 최초의 국가로서의 의미가 크다. 영국은 계급갈등이 큰 국가임에도 노사관계가 노사 양측의 자발적인 합의, 즉 자원주의(voluntarism) 전통을 중시해 매우 불안정했다. 가장 초기의 노동조합 형태인 직능노조는 사용자단체와도 여러 유사점을 공유했다. 장인이 가진 기술력을 통해 노동시장을 지배하고자 했고, 그로 인해 미숙련 노동자와의 격차를 확대시켰다. 직능노조의 전통이 강했던 영국의 노조는 노동시장이나 직무에 대한 통제력 확보를 중시했고, 직무 분화가 가속화됨에 따라 노조의 수가 급증해 2차 세계대전 직후에는 수백여 개의 노조가 만들어졌다(이주희, 2012). 이는 포드주의가 늦게

---

5 이런 추세에 대항하는 규제의 일환으로 2015년 최저임금제도가 도입되었다.

도입되고, 파편화된 가족 소유 기업이 많았던 영국 사용자의 특성과도 연결된 현상이다. 매우 분화된 상품시장을 위해 생산하던 영국의 사용자는 생산과정에서 숙련 노동자에게 의존적이었으며, 사용자단체를 통한 단체행동보다는 독자성을 유지하길 선호했다. 이로 인해 영국의 사용자단체는 북유럽과 독일의 사용자단체와는 다르게 조직력이 취약했다(Zeitlin, 1987). 산업보다는 직능, 혹은 직업을 중심으로 조직된 영국의 고기술, 혹은 화이트칼라 노동조합은 노동자 전체, 특히 저기술 저임금 노동자에게 혜택을 줄 수 있는 보편적인 사회보장제도의 도입에 소극적이거나 반대했다. 이로 인해 영국의 복지국가 발전은 유럽 대륙국가에 비해 상대적으로 부진해지며 노동시장의 이중구조가 복지 혜택까지 이어지는 문제점을 가지게 되었다(Nijhuis, 2016).

자원주의 전통으로 인해 노사관계에 대한 정부의 개입이 거의 없었던 영국의 상황은 1980년대 이후 대처 정부의 신자유주의적 개입으로 큰 변화를 맞이하게 된다. 이 시기 대처 정부의 반노조주의는 영국뿐 아니라 전세계적으로 큰 파급력을 가졌다. 그러나 이러한 변화의 조짐은 자본과 상품시장의 세계화가 본격화된 1970년대부터 보이기 시작했다. 포드주의를 대체하기 시작한 유연전문화로 고기술 노동자와 비핵심 노동자 간 격차가 확대되었고, 세계화와 더불어 자국 노동자의 구매력이 그 중요성을 상실하게 됨에 따라 반노조주의가 태동할 수 있는 기반이 마련되었다. 프랑스에서의 68혁명을 포함, 유럽 전반을 휩쓴 1970년대의 강력한 계급투쟁의 후유증도 대처리즘 등장을 촉진한 중요한 정치적 배경이다. 스웨덴에서도 공동결정법과 임금소득자 기금 등 보수주의에 위협이 되는 급진적인 요구가 분출했다. 이로 인해 신자유주의 이데올로기는 대처 집권 전에도 이미 상당한 수준으로 확산된 상태였으며, 실제로 대처의 신자유주의적인 노사관계 정책은 1971년 보수당 총리 에드워드 히스(Edward Heath) 시절부터 시작되었다. 그는 클로즈드숍을 포함, 여러 노조 활동을 불법으로 간주하고 노조에 대한 정부의 개입을 증가시킨 대처가 실시한 노동개혁과 거의 동일한 노사관계법을 통과시켰으나 노동운동은 이에 대항해 전면적인 파업에 돌입했고, 결국 1974년 노동당 정부가 들어서면서 해당 법은 폐기되었다.

그러나 이 법을 폐기하는 데 기여한 1974년 전국광부노조(National Union of Mineworkers)의 파업으로 정치적 우파의 경각심은 상승했고, 1974년부터 1979년까지 집권했던 노동당 정부의 정책 실패를 이유로 보수주의자에게 노조는 '내부의 적(enemy within)'으로 각인되었다. 특히 1978~1979년 '불만의 겨울(winter of discontent)'로 표현되는 공공부문 노동자에 의한 대규모 파업으로 공공서비스가 중단됨에 따라, 대다수 국민에게 탈규제와 민영화와 같은 정책 수용성이 높아지고 유권자가 보수 정당에 지지를 표명하는 계기가 되었다(Nash, 2004). 이는 사실상 전후타협의 붕괴를 의미한다(Worcester, 1989). 프리드먼(Frideman, 2009)은 이 시기를 노동운동이 실패한 시기로 규정하는데, 더욱더 강력한 산업민주주의를 실시하고 일반 대중의 역량과 권한을 제고하는 대신 협소한 물질적 이해 대변을 하는 데 그쳤기 때문이다. 1970년대 영국에서 발생한 파업의 상당수가 노조의 공식적인 결정 없이 실시되었다. 이는 노조가 조합원에 대한 통제력 상실했음을 의미하며, 이와 더불어 사회적 조합주의에 기반한 사회협약의 전통도 사라졌다.

대처 정부는 신자유주의를 배태했던 1970년대의 혼란을 기회로 반대파가 분열된 영국 정치로 인해 세 차례나 총선에서 승리할 수 있었다(〈표 3-5〉 참조). 1981년 중도적 노동당 지지자는 자유당과 사회민주당으로 분열했는데, 이들은 반대처주의자이자 반노동당이었다. 반대파의 분열로 행정권력과 입법권력의 완벽한 융합이 가능한 영국 내각제의 입법부와 행정부의 통합 구조는 대처 총리에게 엄청난 권력을 제공했다. 이 시기 대처

〈표 3-5〉 대처가 승리한 세 번의 총선 결과 (%, 득표율)

	1979년 5월	1983년 6월	1987년 6월
보수당	45	44	43
노동당	38	28	32
자유당/사회민주당	14	26	23

자료: British Public Opinion, June 1987. (Worcester, 1989 재인용)

정부는 권위주의적인 정책 개입을 시작해 언론인을 모욕하고 괴롭히며 언론의 자유를 억제했고, 피의자 권리 제한, 경찰 보안국 불법행위 은폐 등 상당수의 불법행위도 자행했다. 영국에서 가장 영향력 있는 일간지 『타임스(The Times)』를 소유했던 머독(Rupert Murdoch) 등 친보수 신문사의 우호적 기사와 함께 대처 총리는 새로운 헤게모니 없이 전후타협의 질서를 무너뜨리는 데 성공했다.

신자유주의 이후 영국 노사관계의 분기점이 된 사건은 1984년부터 1985년까지 이어진 전국광부노조의 파업이었다. 이미 1970년대의 파업을 통해 보수 토리당 히스 정권을 몰락시킨 경험이 있던 전국광부노조의 스카길(Arthur Scargill) 위원장은 정부가 석탄산업 보조금을 단계적으로 폐지 결정한 것을 계기로 파업을 결정했다. 그러나 스카길 위원장은 석탄을 긴급하게 필요로 하지 않았던 1984년 봄에 파업을 시작했다는 것, 그리고 18만 명 광산노동자들의 의사를 확인하는 찬반 투표 없이 파업을 개시해 결국 노조원들이 파업 중간에 분열되었다. 이 두 가지 실수로 인해 파업에 실패하고 패배한 이후 노조지도부는 투표 절차를 거치지 않는 파업을 꺼리게 되었고, 경영진은 노조를 무시한 채 작업장 관행 변경[6]을 쉽게

6 예를 들어 『타임스』를 소유한 머독은 인쇄공의 작업장 내 헤게모니를 깨고 새 비용 절

하기 시작했다(Hutton, 1987). 치안 유지, 석탄, 석유 수입 등으로 약 15조 원에 달하는 120억 달러의 손실이 났음에도 대처 정권은 국가석탄위원회(National Coal Board)가 광부노조와 싸우도록 독려하며 356일간 채굴장을 폐쇄했다. 이 일로 약 11만 명이 체포되었으며 700명을 파업을 이유로 해고했다. 이후 북해 유전을 믿고 대처 총리는 적자가 나는 탄광을 모두 폐쇄하고 석유에 의존한 에너지 정책을 추진했다. 또한 이 파업을 전후로 영국 정부는 작업장 건강과 안전을 위한 기금을 삭감했고, 노동재판소의 독립성을 침해했으며, 노조 대표를 공공기관으로부터 퇴출하고 유일한 노동조합 총연맹(Trade Union Congress, TUC)을 무시하고 모욕하는 등 본격적인 반노동정책을 추진했다(Worcester, 1989).

대처 총리의 반노조 정책은 영국 노동조합의 세력 약화를 유도한 5개 법안 통과를 계기로 확고하게 제도화되었다. 1980년의 「고용법(the Employment Act)」은 파업, 간부 선거, 조직 절차 등과 관련해 비밀투표를 활용할 것을 권고했다. 정부가 노조의 비민주주의적 절차로 인해 대표성 없는 과도한 전투적 지도부의 의사가 노조의 활동에 과도하게 반영되는 문제가 발생했다고 간주했기 때문이다. 초기 온건했던 이 '권고'는 이후 법 개정에서 점점 더 강력한 의무 조항으로 변경되어갔다. 또한 이 법으로 클로즈드숍 규정이 완화되었고, 합법적인 피켓 시위는 자신의 작업장이나 노조간부가 대표하는 노동조합원이 있는 곳에서만 가능하게 되었다. 이 조항을 지키지 않으면 금전적 손해배상을 할 수도 있다. 1982년의 고용법은 변화된 조항의 범위는 더 좁았지만, 노조에 1980년 법보다 훨씬 더 큰 영향력을 행사했다. 클로즈드숍 규정이 더 완화되었고, 정치파업을 금지하고 노사분쟁과 고용조건과 관련된 이슈로만 적법한 파업의 범위를 근본적

감 기술을 도입할 수 있었다(Hutton, 1987).

으로 축소함으로써 파업권이 더 약화되었다. 또한 이전에는 개인인 조합원이나 간부 등이 고소당할 수 있고 노조 자체는 불법행위로부터 면제되었지만, 노사분규나 노조의 행위로 인해 발생한 손해에 노조가 법적 책임을 질 수 있도록 했다(Nash, 2004).

노조 민주주의 촉진이라는 명분으로 도입된 1980년 「고용법」의 노조투표에 대한 규제는 1984년의 「노동조합법(the Trade Union Act)」을 통해 본격화되었다. 이 법은 선거권자가 누가 되어야 하는지, 만일 노조가 민주적 절차를 따르지 않을 경우 개별 조합원이 어떤 법적 조치를 할 수 있는지 등 노조간부의 선거 요건을 명시하고 선거 절차에 대한 지침을 제시했다. 특히 파업과 관련해서는 모든 파업이 과반의 노조원에 의해 승인되어야 함을 명시했다. 투표가 없는 파업은 불법이며, 법원의 경고와 손해배상 청구의 위험에 노출될 수 있다. 문제는 모든 절차가 너무나 철저하게 규제되어 사소한 일로도 투표가 불법이 될 가능성이 매우 높아졌다는 것이다. 예를 들어, 파업으로 인해 고용계약을 위반하게 될 수도 있고 그로 인해 해고될 수도 있다는 사실을 미리 노동자에게 고지하고 비밀투표를 실시해야 한다. 또한 파업에 참여하지 않은 노동자가 투표하거나 파업에 참여한 노동자가 투표하지 않거나 하는 행위 모두가 그 투표를 무효로 만들 수 있다. 주로 노동당 지원기금으로 사용되는 노조의 정치기금 역시 투표로 결정한 이후에 사용할 수 있도록 했다. 1988년과 1990년의 고용법은 이러한 내용을 더 보완하는 방향에서 개정되었다(Nash, 2004).

대처 정권의 이러한 노사관계제도 개혁은 노사 자율의 원칙에 충실했던 영국 노사관계를 혁명적으로 재구조화했다. 무엇보다도 클로즈드숍을 유지할 수 없어졌으며, 파업권이 정부에 의해 제한되고 노조 자산의 압류가 가능하게 되었다(Nash, 2004). 이런 변화로 인해 영국의 노조 조직률과 단체교섭 적용률이 동시 하락했다. 노조 조직률은 1970년대 말 58%

에 달했으나 1990년에는 45%로 하락했다. 1980년대 말의 파업손실일수는 1970년대 평균의 25%에 불과했다(Healey, 1992: 9-10). 1984년의 단체교섭 적용률은 71%에서 1990년 54%로 감소했다(Nash, 2004: 180). 프리먼과 펠러티어(Freeman and Pelletier, 1990: 156)의 분석에 따르면 "1980년대 영국 노조 조직률 변화의 대부분은 노사관계를 둘러싼 법적 환경의 변화에 기인한다."

3) 스웨덴의 노사관계: 스웨덴 모델의 형성과 변화

스웨덴은 앞서 살펴본 영국 등 자유시장국가와 크게 대비되는 조정시장국가의 노사관계를 대표한다. 자본주의의 사회민주주의적 전환을 선진적인 노사관계를 통해 가장 성공적으로 이룬 국가로 알려져 있다. 노동의 헤게모니가 가능했던 조합주의 체제는 스웨덴이 세계시장의 경쟁에 노출된 수출 의존적 소국이었다는 점에 기인한다. 거시경제적 타협 없이는 세계시장에서의 경쟁력 유지가 어려웠던 만큼, 노사 모두 협력과 대화를 통해 조합주의의 이점을 극대화할 수 있었다.

스웨덴은 영국과 달리 후발 산업 국가였기 때문에 직능노조가 활동한 시기는 매우 짧았고, 스웨덴의 사용자도 이를 원치 않았다. 그 대신 산별노조의 발전을 통해 강력한 생산직 노동조합 총연맹인 LO가 중앙집중화된 단체교섭을 이끌었다. 전 세계적인 대공황 시기에 극렬한 노사분규를 경험한 스웨덴은 1932년 노동조합의 지지를 받는 사회민주당(사민당) 정부가 들어서면서 1938년 역사적인 샬트셰바덴(Saltsjöbarden) 협약의 기반을 마련했다. 사민당 정부는 공공지출을 통해 실업을 제어했고, 복지제도를 확장했다. 정부의 지원을 받는 스웨덴 노조는 이에 대한 대가로 경제성장에 대한 책임을 받아들였고 경영권을 인정했다.

이런 거시경제적 타협을 더욱 강하게 뒷받침하며 스웨덴 노사관계의 상징으로 등장한 것이 바로 LO의 경제학자들이 마련한 렌-마이드너(Rehn-Meidner) 모델이다. 이 모델은 인플레이션을 유발하지 않고 완전고용을 유지하기 위해 노동조합이 정부의 경제정책을 고려해 적절한 수준으로 임금인상률을 자제할 것을 요구했다. 그런데 이 시기 LO가 기업의 지불능력이나 이윤을 고려하지 않고 동일노동에 대한 동일임금 지급을 원칙으로 했던 만큼, 임금인상 자제가 기업에 미친 영향은 균일하지 않았다. 생산성이 낮은 영세한 기업은 높은 임금을 감당할 수 없어 도산한 반면, 지불능력이 충분한 대기업은 지급할 수 있는 수준보다 낮은 임금을 지급하면서 초과 이윤을 축적했다. 스웨덴 정부는 이런 초과 이윤을 조세해 도산한 회사로부터 방출된 실업자를 훈련시켜 이윤율이 높은 대기업에 재배치하는 적극적 노동시장정책에 투입했다. 완전고용, 연대임금과 결합된 적극적 노동시장정책은 사용자의 교섭력과 통제력을 약화시켰고, 경쟁력이 낮은 영세기업의 도산으로 스웨덴 경제의 구조조정과 합리화를 촉진했다. 이와 더불어 전 산업을 통해 기술 수준이나 젠더에 따른 임금격차가 크게 감소해 노동시장에서의 평등이 진작되었다(Flanagan, 1987).

이런 과정을 거쳐 완성된 스웨덴 노사관계 체제의 기본 원칙은 다음과 같다. 첫째, 노동조합은 임금협상 시 회사의 이윤 및 여타 비용과 재투자분을 제외한 나머지 부분에 대해서만 임금인상을 요구한다. 결국 무리한 임금인상을 위한 파업은 하지 않는다는 것인데, 이런 원칙에 따라 스웨덴 노동조합은 기술 발전을 통한 생산성 향상 기제 도입에 긍정적인 입장을 취해왔다. 둘째, 사용자는 단체협약을 존중하고 노조의 합리적인 임금인상 요구 및 노동자 간 격차 축소를 목적으로 하는 연대임금제도의 원칙을 받아들인다. 실제로 LO와 긴밀히 협력하는 사민당의 장기 집권으로 인해 스웨덴의 사용자는 다른 국가와는 달리 단체교섭을 노사관계 발전의 초기부터 수용했다. 마지막으로, 스웨덴 정부는 이처럼 산업화의 초기부터 강력한 노사단체와 노사관계가 형성됨에 따라 철저히 비개입 원칙을 고수했고, 복지국가를 통해 노동조합의 임금인상 자제를 보완하는 높은 수준의 사회적 임금을 제공하는 데 집중했다. 프랑스나 스페인처럼 노사관계를 규율하는 법제에 대한 의존도가 높은 국가와는 달리 스웨덴 정부는 노사가 합의한 사항에 대해서만 법제화를 추진할 뿐, 노사관계에 대한 간섭을 최소화한 것이다. 따라서 스웨덴에서는 최저임금에 대한 규제가 없으며, 특히 사부문의 경우 거의 모든 노동조건이 단체협약을 통해 규제된다.

그러나 스웨덴 역시 1980년대 이후 신자유주의가 확산되면서 교섭구조의 분권화로 축약되는 변화를 겪게 된다. 이러한 변화는 금속노조(Metall)[7]와 엔지니어링 사용자단체(VF)가 1980년대 중반 중앙교섭을 거부하고 산별교섭을 추진하면서 본격화되었다. 가장 핵심적인 수출 주도 산업인 금속산업에서의 분권화는 스웬슨(Swenson, 1991)이 코피(Korpi, 1983)의 권력자원이론을 비판하면서 주장한 계급 간 연합이론을 통해 더 잘 이해할 수 있다. 이 이론은 중앙집중화된 스웨덴 노사관계의 안정성이 노동계급의 강력한 조직력 때문이라기보다는 수출 주도 산업의 노사가 타협해 함께 주도했기에 가능했다는 점을 강조한다. 즉 사용자들도 사회민주당의 통치로 안정화된 계급 타협의 정치로부터 수출 경쟁력 향상을 위해 필수적인 전체 노동자계급의 임금인상 자제와 같은 이득을 얻을 수 있었기 때문에 큰 반대 없이 참여했다는 것이다. 이 시기 스웨덴은 이러한 계급 타협의 이점을 상쇄시키는 여러 정치경제적 변화에 맞닥뜨렸기 때문에 기존

7 이 스웨덴 금속노조 'Metall'은 2006년 산업노조와의 병합을 통해 'IF Metall'로 이름이 변경되었다.

스웨덴 모델의 위기를 겪게 되었다.

1980년대 스웨덴은 높은 인플레이션과 실질임금의 하락으로 LO의 연대임금정책의 실효성에 대한 의구심이 커지고 있었다. 이런 상황에서 사민당 정부는 케인즈식 복지국가 확대와 대처의 신자유주의를 절충한 제3의 길을 모색했는데, 실업을 막기 위한 사회서비스의 확장으로 여성 고용률이 급격하게 증가했고 이로 인해 조세율과 국가부채는 불가피하게 상승했다(Hanus, 2014). LO는 임금부상(wage drift)[8]이 발생할 때 연대임금의 원칙에 따라 다른 부문에도 이를 보상해줌으로써 임금격차 확대를 제어해왔다. 공공부문의 확대와 더불어 진행된 임금부상은 임금인상 자제의 효과를 무력화시킴으로써 수출 주도 산업에 종사하는 노동과 자본의 우려를 불러일으켰다. 또한 연대임금제도는 이윤율이 높은 고부가가치 산업을 이끄는 대기업으로 소유권을 집중시켜 장기적으로 노동운동 내부의 연대 형성을 저하시켰다(Matin, 1979). 이 문제를 해결하기 위한 일환으로 LO는 1976년 「공동결정법(MBL)」을 통해 작업장에서의 노동조합의 영향력을 높이고, 임금소득자기금(wage-earners fund)을 통해 노동조합이 장기적으로 스웨덴 기업의 대주주가 되고자 시도했다. 임금소득자기금이 사용자와 보수정당의 전면적 반대 투쟁을 통해 그 급진성이 현저히 완화된 「종업원투자기금법」으로 정리되긴 했으나, 이런 LO의 노력은 스웨덴 사용자의 불안과 위기의식을 고조시켰다(Meidner, 1980).

금속산업의 분권화된 교섭은 이러한 변화를 배경으로 진행되었다. 공공부문과 사부문의 임금수준을 유사하게 유지해야 하는 연대임금정책하에서 유연생산방식이 필요로 하는 충분한 고기술 노동력을 유치할 수 없다고 여긴 VF의 의견과 Metall의 의견이 일치한 것이다(Hanus, 2014). VF는

---

8 교섭에서 합의된 임금과 실제로 지급된 임금 간 차이를 의미한다.

고기술 노동자를 인플레이션의 악화 없이 구하고자 임금구조에 대한 결정권, 즉 임금격차의 확대를 원하고 있었다. Metall도 스웨덴 다국적 기업의 해외 이전을 막고 수출 경쟁력을 유지하기 위해 이에 협력할 의사가 있었다. 금속노동자의 기술과 숙련도 향상이 스웨덴 경제의 경쟁력 제고에 필수적이라 인식해 사측의 임금 개별화 및 유연화 요구에 동의한 것이다. 이러한 금속노사의 중앙교섭으로부터의 이탈은 이후 LO와 상대적으로 임금수준이 낮은 공공부문 노동자를 포괄한 산별노조와의 갈등을 유발했다. 이런 노동운동 내부의 갈등에도 불구하고, 금속산업 노사의 분권화 결정을 변화하는 환경에 대응하면서 스웨덴 노사관계 모델의 핵심을 유지하고자 하는 불가피한 합리적 선택으로 보는 관점도 존재한다(이주희, 2006b).

스웨덴 단체교섭구조의 분권화는 LO의 직접적인 임금교섭 참여를 중단시켰다. 스웨덴은 거의 모든 노동자가 조직된 국가이다. 금속산업 노사가 촉발한 임금교섭의 분권화와 임금격차의 확대는 신자유주의화가 확산되면서 사무직 노동조합 총연맹인 TCO와 전문직 노동조합 총연맹인 SACO의 교섭으로까지 이어지게 되는데, LO 소속 노동자보다 상대적으로 고학력 노동자가 많은 이 두 총연맹에서 높은 인적자본투자에 걸맞은 높은 임금을 요구했기 때문이다. 이는 스웨덴 경제의 지식기반 경제로의 이전을 촉진한 한 요인으로도 평가된다. 스웨덴 기업은 정부의 적극적 노동시장정책에 대한 강력한 지원과 함께 사업을 다변화하며 지식기반 제조업과 서비스업으로의 확장을 추진했다. 이런 과정을 통해 고기술 고학력 노동자는 그들을 조직한 노조가 조직력을 확대하면서 더 큰 임금격차를 유발하게 된다. 그러나 스웨덴은 저기술 노동자도 높은 조직력을 갖춘 만큼 지나친 임금 하락을 억제하면서 독일처럼 노동시장의 이중구조를 구축하는 것만은 막을 수 있었다(Thelen, 2019).

2부

변화하는 고용형태와 일의 미래

4장

비정규직과 노동시장의 이중구조

1. 비정규직의 정의와 규모

경제 세계화로 노동시장의 유연화가 진행됨에 따라, 노동인구 내의 불평등이 전 세계적으로 확산했다. 통상 임시 일용직을 의미하는 비정규직이 한국에서 오랜 기간 존재한 것은 사실이지만, 특히 1997년 외환위기 이후 신자유주의 확산과 급속한 기술 변화로 인해 유연한 형태의 노동에 대한 선호가 늘어남에 따라 장기 고용의 보호를 받는 표준고용관계(Standard Employment Relationship)하의 정규직은 감소하고 노동시장에서 다양한 차별과 배제에 노출된 노동인구의 비중이 증가했다. 전통적인 의미의 표준고용관계는 '안정적이며, 사회적으로 보호받는 전일제 노동으로, 기본적인 임금과 근로조건이 노동법과 사회보장법, 그리고 단체협약에 의해 규제되는 일자리'[Bosch, 1986: 165; Bosch(2004)에서 재인용]를 의미한다. 이런 고용관계하에서 정규직은 기간의 제한이 없는 노동계약을 맺고, 전일제로 일하며, 단일한 사용자에게 고용된다. 비정규직의 간단한 정의는 이런 조건의 정규직 노동자가 아닌 모든 노동자이다.

한국에서 비정규직의 증가가 불평등 악화로 이어진 이유는 우리가 일본, 대만, 그리고 영미권 자유시장경제 국가와 유사하게 노동자 간 연대를 강조하는 중앙집중화된 단체교섭이나 강력한 최저임금 규제를 결여하고 있는 국가이기 때문이다. 이들 국가의 기업은 비용 절감을 위해 적은 수의 정규직만을 고용하고 비정규직에게는 적절한 보호를 제공하고 있지 않다(Kalleberg, 2012). 한국에서는 비정규직에 대한 차별금지와 고용보호를 위해 2006년 12월 21일 「기간제 및 단시간근로자 보호 등에 관한 법률」[1]과 「파견근로자 보호 등에 관한 법률」이 제정 및 개정되었으나, 보호와 차별 시정의 효과보다는 오히려 시일이 지날수록 이들을 대상으로 한 계약 해지나 외주화, 혹은 직군제 신설 등의 상당한 부작용이 현실로 나타났다. 기업이 초단기 계약의 활용, 외주화, 해고를 통해 「비정규직 보호법」의 정규직 전환 효과를 무력화하고 오히려 더 나쁜 고용조건을 가진 노동자를 확대시켰기 때문이다. 실제로 2006년 「비정규직 보호법」이 통과된 이후 노동시장

---

1 「비정규직 보호법」은 「기간제 및 단시간근로자 보호 등에 관한 법률」, 「파견근로자 보호 등에 관한 법률」, 그리고 「노동위원회법」으로 구성되어 있다. 「기간제 및 단시간근로자 보호 등에 관한 법률」은 기간제 근로를 일정기간 이상 사용하지 못하게 금지하기 위해 근로계약의 기간 설정 자체에 대해서는 계약 자유에 맡기면서도 사용자의 기간제 근로자 사용 기간을 2년으로 제한하고(제4조 제1항), 이를 초과해 사용하는 경우에는 그 기간제 근로자를 기간의 정함이 없는 근로계약을 체결한 근로자로 본다고 규정(제4조 제2항)하고 있다. 또한 기간제법은 기간제 혹은 단시간근로자임을 이유로 당해 사업장에서 동종 또는 유사한 업종에 종사하는 기간의 정함이 없는 근로계약을 체결한 근로자 또는 통상근로자에 비해 차별적 처우를 할 수 없도록 규정하고, 근로자의 기술, 능력 등이 아닌 고용형태상의 차이를 이유로 한 차별 처우를 불합리한 차별로 인정하고 있다. 이 경우 비교대상이 되는 정규직 또는 무기계약직 근로자는 당해 사업장 내의 근로자로 한정되어, 같은 산업이나 지역 차원의 동종 유사업무 종사자는 대상에서 제외된다. 실제로 기간제의 사용 기간만을 제한함으로써 상시 업무에 대한 근로자의 남용을 방지할 수 있는지 여부에 대해서는 입법 과정에서도 많은 논란이 있었다(조임영, 2007).

에서 비정규 고용형태가 더 다변화된 것으로 드러났다. 비정규직의 확산이 제어되는 대신 비정규직 중 더 임금이 낮고 보호받지 못하는 파견, 용역 등 불안정 고용의 확산이라는 새로운 문제가 생겨난 것이다(김성훈, 2011).

비정규직이 급증한 1990년대 후반 가장 중요한 과제는 비정규직의 규모를 제대로 파악하는 것이었다. 2000년 이전까지 한국의 비정규직 수는 경제활동인구조사의 종사상 지위에서 상용직을 제외한 임시직과 일용직을 단순 합산해 산출되었다. 이런 방법으로는 파견이나 용역, 가내 근로 등 다양한 형태의 비정규직을 종합적으로 고려할 수 없었을 뿐 아니라(김유선, 2001), 통계청이 경제활동인구조사에서 사용하는 정의와 고용노동부에서 사업체 조사를 할 때 사용하는 정의가 서로 달라 비정규직의 정확한 규모를 파악하는 데 어려움이 있었다. 통계청과 고용노동부의 가장 중요한 차이는 통계청이 상용근로자를 기한이 없는 고용계약을 맺은 자로 간주했던 반면, 노동부는 1개월 이상의 기간을 정해 고용된 자도 이에 포함했다는 점이다. 통계청 자료에 따르면 1999년 후반기부터 임시 및 일용직으로 측정된 비정규직 비중이 50%를 넘어서게 된다(이주희 · 장지연, 1999).

이러한 문제를 해결하기 위해 통계청은 2000년 8월부터 종사상 지위 외에 다양한 비정규직 규모를 파악할 수 있는 '경제활동인구조사 부가조사'를 실시했다. 매년 실시 중인 이 부가조사는 비정규직을 분류하기 위해 고용계약 기간과 노동시간, 단일사용자 여부, 그리고 근로계약 형태 등 다양한 차원을 고려한 설문 내용을 포함했다. 그러나 이 부가조사는 비정규직의 규모를 둘러싼 또 다른 논란을 불러일으켰는데, 같은 2000년 8월 자료를 분석했음에도 노동부의 연구용역을 진행한 한국노동경제학회는 비정규직을 전체 임금노동자의 26.4%로, 그리고 노동계의 의견을 반영한 한국노동연구소의 김유선(2001)은 58.4%로 발표했기 때문이다. 김유선(2001)은 이러한 차이가 한국노동경제학회가 종사상 지위로는 임시 일용직에 해당하지만 현 직장에서 1년 이상 근로가 가능한 장기임시노동자 약 367만 명을 비정규직이 아닌 정규직으로 분류했기 때문에 발생했다고 밝혔다. 정부 및 다수 경제학자의 입장은 임시 및 일용노동자를 모두 포괄하는 것이 비정규직 규모를 지나치게 확대 추정하게 될 수 있다는 것이었고, 노동계의 입장은 실질적으로 근로의 내용이 비정규직인 다양한 취약 근로층을 모두 포괄해 비정규직 규모를 추정해야 한다는 것이었다(이창순, 2007). 이런 이유로 정부와 노동계가 발표하는 비정규직 규모는 큰 차이를 보이게 되었다. 단, 2019년 8월 조사부터 통계청이 국제 종사상지위분류 개정안 적용을 위해 기존에 없던 고용예상기간 등 기간 기준을 강화하면서 과거에는 비정규직으로 포착되지 않았던 기간제 노동자 약 35~50만 명을 추가로 포착하게 되었다.

〈그림 4-1〉은 최근 약 20여 년간의 비정규직 규모 추이를 보여준다. 한국 사회의 비정규직은 크게 세 하위 범주로 나누어 살펴볼 수 있다. 가장 비율이 높은 비정규직은 기간의 정함이 있는 노동계약을 맺거나 계약을 반복갱신 해야 하는 등, 노동계약의 지속성을 기대할 수 없는 한시적 노동자이다. 「비정규직 보호법」 등 비정규직 확산에 대한 규제가 시작된 2000년대 후반부터 한시적 노동자의 비율이 감소한 채 유지되는 추세를 보여주었지만, 2019년 통계 추계 방식의 변동 이후 다시 높아져 2023년 기준 전체 노동자 중 24%를 차지했다. 2018년과 2019년의 조사 결과를 연속해서 해석할 수는 없으나, 기존 조사에서 누락된 비정규직 일부를 포함한 2019년의 조사 결과가 좀 더 정확한 비정규직 규모를 반영한 것이라 간주할 수 있다. 비정형 노동자는 파견노동자,[2] 용역노동자,[3] 특수형태 근로 종

2 파견사업주가 고용한 노동자가 사용사업주의 사업장에서 사용사업주의 지휘하에 근무하는 고용형태이다.

3 용역업체에 고용되어 이 업체의 지휘하에 이 업체와 용역 계약을 맺은 다른 업체에서

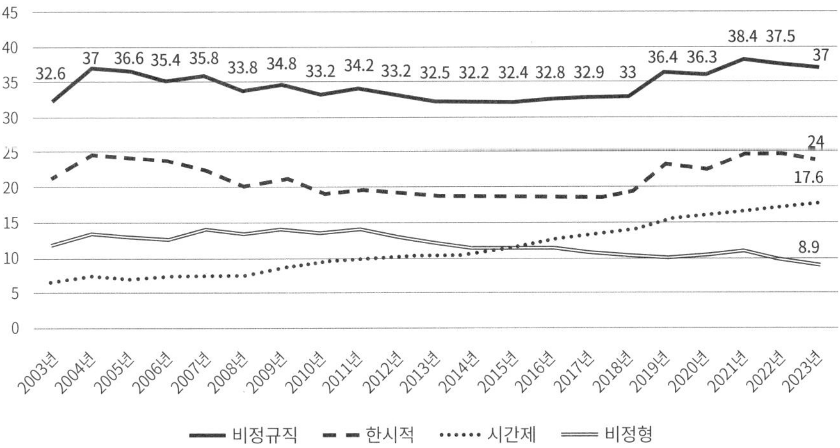

〈그림 4-1〉 비정규직 규모[a] 및 추이(2003~2023년)

a: 한시적, 시간제, 비정형 노동자 등 비정규직의 각 하위 유형은 중복 집계되므로 이들의 총합이 비정규직 전체 비중과 일치하지 않음. 비정규직 전체 비중은 이런 중복을 제거하고 집계된 것임.
자료: 통계청,『경제활동인구조사 근로형태별 부가조사』각 연도 8월,「2023 KLI 비정규직 노동통계」p.7 〈표 II-1〉 재구성.

사자,[4] 가정 내 노동자,[5] 일일노동자[6]를 포함하는 개념이다. 파견과 용역은 대표적인 간접고용직이며, 특수고용직은 노동자성을 모두 인정받지 못해 자영업과 노동자의 중간 형태로 이해된다. 이러한 노동자의 규모는「비정규직 보호법」의 도입으로 미약하나마 증가 추세를 보이다 2012년부터 천천히 하락해 2023년 기준 8.9%를 차지하고 있다. 시간제 노동자는 일자리에서 근무하도록 정해진 소정의 노동시간이 동일한 유형의 업무를 수행

근무하는 고용형태로, 청소나 경비가 대표적인 사례이다.

4 개인적으로 모집, 판매, 배달, 운송 등의 업무를 통해 고객을 찾거나 맞이해 상품이나 서비스를 제공하고 소득을 얻을 경우 특수고용직 노동자가 된다.

5 재택근무, 가내 하청과 같이 가정 내에서 근무가 이루어지는 고용형태이다.

6 노동계약 없이 일거리가 생겼을 경우 며칠 또는 몇 주씩 일하는 형태의 노동자를 의미한다.

하는 노동자의 소정 노동시간보다 1시간이라도 짧은 노동자로, 1주에 36시간 미만으로 일하는 경우 해당된다. 시간제 노동자는 2009년 이후부터 급격히 상승 추세를 이어가 2023년에는 17.6%에 이르렀다. 이는 전반적인 노동시장 유연화 경향과 함께 주로 이명박, 박근혜 두 정부에서 특히 여성을 대상으로 한 시간제 일자리를 의도적으로 확대한 데 기인한다.

개인을 대상으로 수집되는 통계청의 경제활동인구 부가조사 자료와는 달리, 고용형태 공시제에 의한 자료는 300인 이상 노동자를 고용한 사업주가 자기 사업 또는 사업장에서 사용하는 노동자의 고용형태를 의무적으로 공시하면서 수집된다. 〈표 4-1〉에서 2023년에 공시된 비정규직 현황을 살펴볼 수 있다. 이 표에 나타난 정규직은 전일제로 일하는 정규직과 무기계약직을, 기간제는 전체 노동자 중에서 이들 전일제 정규직과 무기계약직을 뺀 나머지 노동자를 의미한다. 시간제 노동자는 정규직과 기간제

〈표 4-1〉 사업체 규모별 고용형태별 노동자 수와 비중(2023년)

(단위: 천 명, %)

	전체 노동자	정규직	기간제	시간제	간접고용
전체(수)	5,577	3,316	938	312	1,011
300인~500인 미만	703	467	114	36	86
500인~999인	998	597	221	62	118
1,000인~4,999인	1,886	1.069	394	112	311
5,000인 이상	1,990	1,183	210	102	496
전체(비중)	**100**	**59.5**	**16.8**	**5.6**	**18.1**
300인~500인 미만	100	66.4	16.2	5.1	12.2
500인~999인	100	59.8	22.1	6.2	11.8
1,000인~4,999인	100	56.7	20.9	5.9	16.5
5,000인 이상	100	59.4	10.6	5.1	24.9

자료: 고용노동부(2023),「2023년 고용형태 공시결과 보도자료」저자 계산 및 재구성.

를 모두 포함해 소정 노동시간보다 적게 일하는 노동자이며, 간접고용은 사업주의 사업장 내에서 종사하는 용역, 파견, 하도급 노동자를 모두 합한 수이다. 〈표 4-1〉이 알려주는 가장 중요한 실태는 300인 이상의 중견 및 거대 기업에 한정한 조사에서 오히려 비정규직 비율이 40%가 넘는 한편, 비정규직 중에서도 좀 더 노동환경 개선에 어려움을 겪을 수 있는 간접고용직이 그중 절반 가까이나 된다는 점이다. 5,000인 이상을 고용하는 초거대 기업에서의 상황은 더욱 나쁘다. 초거대 기업에서는 전체 비정규직의 절반을 넘는 25%의 노동자가 간접고용 형태로 근무하고 있다.

2. 노동시장의 이중화

비정규직의 규모가 증가했다 해도, 이들의 임금과 사회보장 수준이 정규직과 큰 차이를 보이지 않는다면 사회의 양극화를 불러오는 주요 요인으로 주목받지 않을 것이다. 그러나 비정규직이 정규직과 구분되는 나쁜 일자리에 속한다는 연구가 국내외에서 축적되고 있다. 낮은 임금과 사회보험에서의 배제는 대표적인 나쁜 일자리 속성이다(Kalleberg et al., 2000). 맥거번 외(McGovern et al., 2004)는 이런 속성에 추가해 비정규직이 승진 가능성도 부족한 일자리를 가지고 있음을 보여주었다. 영미권에서의 연구와 유사한 문제의식을 가졌던 이시균(2006)은 한국의 비정규직 역시 여타 요인을 통제한 이후에도 나쁜 일자리 속성을 정규직보다 훨씬 더 많이 가지고 있음을 밝히며, 고용불안, 노조 유무, 그리고 직업 숙련 수준이 비정규직이 나쁜 일자리 속성을 가지는 데 크게 기여한 영향요인이라 지적했다.

보스코(Vosko, 2010)는 노동시장의 불안정성을 측정하는 지표를 보다 구체적으로 네 가지로 나누어 살펴보고 있는데, 고용계약의 지속성, 노동

규제의 효과성, 근로조건, 임금, 노동강도 등에 대한 통제력, 근로소득뿐 아니라 정부이전소득, 사용자가 제공하는 복지 혜택 등을 포함한 소득수준의 적절성 등이 그것이다. 이러한 연구는 나쁜 일자리의 문제가 단순한 임금과 근로조건을 넘어 일에서 마주치는 위험과 불확실성에 대한 보호까지 포괄해야 할 필요가 있음을 시사한다. 비정규 형태의 고용이 빈곤에의 위험을 높인다는 점 역시 국내외에서 모두 확인된 바이다(Lancker, 2012; 이병희, 2008). 또한 비정규직은 부정적 자존감을 가지고 사회적으로 배제될 가능성이 높으며(Bujol and Fournier, 2008), 이러한 직무 경험이 낙인으로 작용해 이후의 경력 개발에 악영향을 미칠 수 있다. 일본의 2005년 사회계층과 이동 자료를 분석한 유(Yu, 2012)는 비정규 노동을 하는 것이 오히려 실업 상태에 있는 것보다도 더 개인의 경력에 나쁜 영향을 끼칠 수 있음을 발견했다.

〈표 4-2〉 고용형태별 임금비 및 사회복지, 노조 조직률 격차(2023년)

	정규직	비정규직	전체(평균)
월평균 임금비(정규직=100)	100	54	해당 없음
시간당 임금비(정규직=100)	100	69.5	해당 없음
국민연금 가입률	88	38.4	69.6
고용보험 가입률	81.8	53.5	71.3
건강보험 가입률	94.3	52.6	78.9
퇴직금 수혜율	94.5	45.3	76.3
상여금 수혜율	88.1	39.4	70.1
유급휴가 수혜율	85.6	37.2	67.7
직업훈련 경험자 비율	53.3	33.9	46.2
노동조합 가입률	17.7	3.0	12.3

자료: 통계청, 『경제활동인구조사 근로형태별 부가조사』 각 연도 8월, 「2023 KLI 비정규직 노동통계」 pp.33~81 표 일부 발췌.

〈표 4-2〉에서 2023년 기준 한국 사회의 정규직과 비정규직의 격차를 살펴볼 수 있다. 2000년대 초반, 정규직의 약 60% 안팎의 월평균 임금을 받았던 비정규직의 임금은 2008~2009년 전 세계적인 경제위기를 거치며 50% 초반 수준으로 떨어진 채, 2023년에도 54% 수준에 머물러 있다. 비정규직의 사회보험 가입률은 지속적으로 상승해왔지만, 그럼에도 불구하고 정규직보다 크게 뒤떨어지는 50% 안팎에 머물러 있다. 특히 노후 생활 보장을 위해 필요한 국민연금 가입률은 38%에 불과하다. 퇴직금과 상여금, 유급휴가와 직업훈련 경험자 비율도 정규직과 비교해 매우 큰 격차를 보이고 있다. 한국 사회의 노동조합 가입률은 정규직조차 18%에 못 미치는 수준이지만, 비정규직의 조직률은 3%로 미미하다. 이런 추세는 노동시장의 이중구조가 고착화되고 있으며, 이로 인해 노동자의 소득과 사회적 보호 수준 역시 양극화되어버린 현실을 보여준다.

그러나 기존 연구는 양극화된 현실에 주목했을 뿐, 이러한 노동시장의 이중구조가 과연 어떤 기제를 통해 발생하는가에 대한 설명은 드물었다. 에메네거 등(Emmenegger et al., 2012)이 도입한 '이중화(dualization)'의 개념은 비정규직 연구의 이러한 공백을 잘 메워주었다(〈그림 4-2〉 참조). 이 연

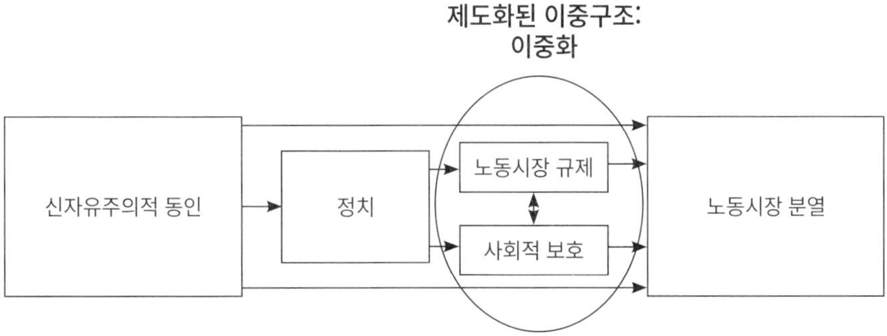

〈그림 4-2〉 이중화의 개념틀

자료: Emmenegger et al., 2012, p.11 Figure 1-5 재구성.

구는 제조업의 쇠퇴와 서비스업의 부상, 세계화 등의 구조적 변화가 노동시장의 이중구조를 낳은 현상에 주목하며, 노동시장의 내부자와 외부자를 가르는 제도적 이원화의 심화 및 확대 과정에서 작동하는 정치적 변화를 이중화로 명명한다. 이런 맥락에서, 이중화는 노동시장의 규제정책과 사회적 보호 정책이 정규직과 비정규직에게 점점 더 차별화된 권리, 자격, 사회서비스를 부과하는 과정으로 해석할 수 있다. 경제적으로뿐 아니라 정치적으로도 우위에 있는 집단, 즉 표준고용관계하의 정규직인 내부자는 신자유주의가 발생시키는 구조적 압력의 부정적 효과로부터 그들을 보호할 수 있는 한편, 정부는 종종 의도적으로 비정규직이 다수를 차지하는 외부자에게 유리하거나 불리한 결정을 함으로써 이중화의 과정에 중대한 영향을 미친다.

에메네거 등(Emmenegger et al., 2012)은 다양한 국가에 대한 깊이 있는 국제비교를 통해 현재 진행 중인 이중화가 이전과는 다른 특성을 보인다고 논의한다. 무엇보다도, 노동시장의 외부자를 발생시키는 비정규직과 실업이 1970년대 초반에 비해 너무나 만연해, 실업은 5~15%까지, 비정규 형태의 고용도 경제협력개발기구(OECD) 국가 전체 노동력 기준으로 25~35%까지 확대되었다. 국가별 차이는 있으나 장기 고용계약으로부터의 이탈, 시간제 노동의 증가, 저숙련 노동자의 임금 하락 등이 노동시장의 외부자를 발생시키는 주요한 원인에 속한다. 외부자는 여성과 청년에 집중되어 있는데, 복지국가의 유형별로 어떤 인구집단이 외부자의 다수를 차지하는가는 서로 다르다. 북유럽과 유럽 내륙 국가에서는 여성이, 남유럽에서는 청년이, 자유시장경제 국가에서는 저숙련층이 외부자의 다수를 이룬다. 이민자는 모든 유형에서 외부자 집단에 속한다. 구조적인 저성장은 정부가 이런 불평등을 상쇄하기 위해 개입하는 것을 어렵게 만드는데, 정부는 더 나아가 각종 조건부 급여체제의 강화를 통해 일자리를 더 유연하고 불안정하게 만들고 있다. 내부자와 외부자 간 격차가 정부의 노동시장에 대한 탈규제 정책으로 인해 더 심화, 확대된다.

그러나 복지국가의 유형에 따라 내부자와 외부자 간 노동시장에서의 분절이 어느 정도나 사회적 분절로까지 이어지는가는 다를 수 있다. 에메네거 등(Emmenegger et al., 2012)의 국제비교 연구는 실제로 복지국가가 이 격차를 줄이기도 하고 오히려 더 확대하기도 했다는 점을 보여준다. 보편적 복지국가를 추구하는 북유럽의 발전된 복지국가의 경우, 조세와 이전소득 이후의 소득 격차는 상당히 축소되었다. 이처럼 외부자에게 관대한 복지국가의 혜택이 주어진다면 이중화가 꼭 불평등의 악화와 연결되지는 않을 수 있다. 스웨덴 등의 보편적 복지국가와는 달리 노동시장에서의 지위에 따라 복지국가의 혜택이 연동되는 경향이 있는 프랑스, 독일, 스페인 등 보수주의적인 복지국가의 경우, 국가의 개입 이후에 내부자와 외부자의 격차가 더욱 확대되는 경향을 보이기도 한다. 그러나 이런 국가에서 외부자가 절대적으로 어려워진다고 볼 수는 없다. 예를 들어 독일은 관대한 사회적 임금으로 인해 영국보다 빈곤율이 낮다. 실제로 복지의 이중구조는 사기업에의 복지 의존도가 높은 자유경제체제 국가에서 더 두드러진다. 이 연구의 저자들은 외부자가 사회구조적으로 이질적 집단이며, 정치적 영향력이 적기 때문에 내부자와 외부자 간 사회적, 정치적 자원보유 격차가 더욱 확대될 것을 우려한다. 이런 이들의 고민은 이 문제를 해결하기 위해서는 내부자와 외부자 모두에게 혜택을 줄 수 있을 뿐 아니라 사회적으로 유지 가능한 경제 성장에도 필수적인 육아, 인적자원 개발, 교육 등에 대한 투자가 필요하다는 제언으로 이어지고 있다.

3. 비정규직 확산과 한국 노동정치의 한계: 금융·유통·보건 산업의 비교

앞에서 살펴본 이중화의 과정에 중요한 영향을 미칠 수 있는 집단이 노동조합이다. 비정규직에 대한 노사관계적 접근의 가능성은 노동정치(union politics)로부터 시작된다. 즉, 노동운동 내부에 비정규직 문제에 적극적으로 대처하고자 하는 합의의 생성이 가능하다면 이중화의 과정을 제어할 수 있게 된다. 그러나 대기업 정규직을 중심으로 한 핵심 부문과 영세 중소기업 및 비정규직 주변 부문으로 구성된 분절화된 한국의 노동시장에서 주로 핵심 부문의 노동자를 위주로 조직된 노동조합이 비정규직 문제에 접근하는 방식은 표준고용관계의 안정성을 뒤흔들고 있는 사회구조적 변환이 주는 충격에 비해 상당히 소극적이었으며 때로는 정규직과 비정규직 간의 이해 차이로 인한 노노갈등도 악화되었다. 이런 맥락에서, 정규직 노동조합운동이 비정규직 문제에 좀 더 적극적으로 개입하지 못하는 원인에 주목할 필요가 있다. 적극적인 개입은 드물었음에도, 한국의 정규직 노동조합이 비정규직 문제에 대응해온 방식은 조직화보다는 정규직화를 통한 비정규직 문제 해결에서부터 비정규직에 대한 의도적인 배제에 이르기까지 상당히 다양했다. 이 절에서는 그렇다면 유사한 법 제도적, 그리고 조직적 제약 조건하에서도 어떤 노조가 다른 노조보다 비정규직의 이해 실현에 더 유리한 성과를 획득하는 현상은 어떤 변수를 통해 설명될 수 있는가? 이 절에서는 비정규직과 관련된 노동정치가 가장 활발했던 2000년대 후반, 서비스업의 주요한 세 부문, 즉 금융업, 유통업, 그리고 보건의료업 내 비정규직 문제 및 그와 관련된 노동정치의 차이를 경험적으로 분석해 그러한 대응방식의 유사성과 차이를 가져오는 경험적 변수들을 구체적으로 파악해보고자 한다.

1) 노동조합운동의 삼중 딜레마

1980년대 이후 경제 세계화와 함께 진행된 노동운동 조직률의 하락과 단체교섭의 분권화 경향은 노동운동 자체에 내재한 조직적 딜레마를 더욱 악화시켰다. 오페와 비젠탈(Offe and Wiesenthal, 1980)은 이미 기업에 의해 일차적으로 조직되어 있을 뿐 아니라, 노동시장에 의존해 생계를 유지하는 한편 마땅한 합의를 이끌어내기 어려운 다양한 욕구를 가진 노동자의 조직화가 자본가의 조직화에 비해 현저히 어렵다는 점을 강조한 바 있다. 노동운동은 소비자와 생산자로서의 정체성을 모두 소유하고 있는 노동자를 조직해야 하고, 경제적 이익 대 정치적 이익 간 상충 관계를 감내해야 하며, 고임금, 좋은 노동환경, 그리고 안정된 고용 간에 끊임없는 어려운 선택에 노출된다. 스웬슨(Swenson, 1989)은 노동계급 내 임금형평성과 같은 비물질적 가치의 중요성을 뜻하는 규범경제의 개념을 통해 이러한 노동조합의 다차원적인 딜레마를 설득력 있게 설명한다. 임금형평성을 통해 노동조합이 규범경제의 원칙에 맞게 행동하는 것은 그가 임금정책의 '삼중 딜레마(trilemma)'라고 명명한 현상으로 인해 큰 어려움에 부딪친다. 규범경제 내의 중요한 행위자로서의 노동조합은 다음과 같은 시장의 제약하에 놓이게 되는데, 그것은 바로 어떤 노동운동도 내부적인 임금형평성 확보, 지속적인 임금인상을 통한 전체 노동소득의 증가, 그리고 고용 창출이 세 가지 목표를 동시에 달성하기 어렵다는 사실이다. 이 셋 중 어떤 두 가지 목표도 다른 마지막 한 가지 목표를 희생하지 않고는 정치경제학적으로 달성하기 어렵다.

〈그림 4-3〉의 왼쪽 삼각형에 나타난 전략 1의 경우 완전고용과 임금형평성을 동시에 확보하기 위해서는 불가피하게 신조합주의적 임금결정기제를 통한 임금인상 자제를 노동조합에 요구하게 된다. 만일 전략 2와 같

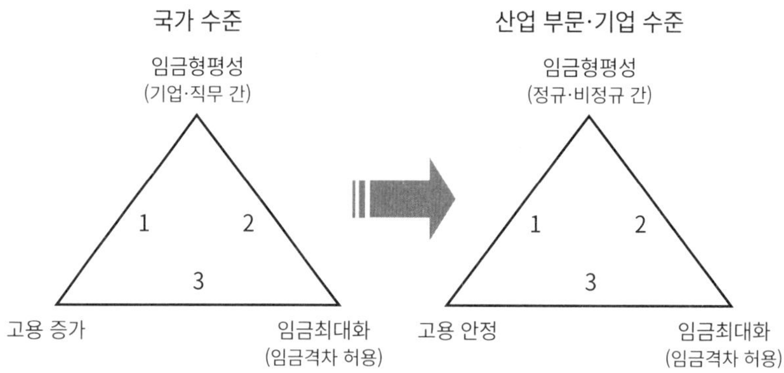

〈그림 4-3〉 노동조합운동의 삼중 딜레마: 국가 수준 및 산업 부문·기업 수준의 비교

자료: Swenson, 1989, p.116 Figure 2의 재구성

이 노동운동의 임금자제 없이 임금형평성과 임금소득 최대화를 동시에 추구하게 되면 불가피하게 실업이 발생할 수 있다. 전략 3은 고용 증가와 임금소득 최대화를 추구하되, 기업에 지나친 이윤 압박의 부담을 덜어주기 위해 유연한 임금구조와 임금격차를 허용하게 되는 상황을 보여준다. 〈그림 4-3〉에서 오른쪽 삼각형은 한 국가 차원에서의 노동운동의 삼중 딜레마를 보여주는 스웬슨의 이론이 경제 세계화로 노동의 교섭력이 저하된 상태에서 산업 부문이나 기업 차원에서 어떻게 변용되어 사용될 수 있는가를 반영한다. 가장 중요한 변화는 고용 창출보다는 고용 안정으로의 수세적 목표 수정이다. 산업 부문이나 기업 차원에서는 전 국가수준에서 추구할 수 있는 고용 창출보다는 기존 노동력의 고용 안정에 주력할 수밖에 없게 된다. 임금형평성의 대상 집단도 기업 규모나 직무 간 격차보다는 한 부문 혹은 기업 내의 정규직과 비정규직 간 형평성으로 내용을 수정해야 할 것이다. 그럼에도 불구하고, 노동조합의 삼중 딜레마는 그대로 존치된다. 정규직과 비정규직의 임금형평성을 임금소득 최대화 전략과 함께 구사하는 것은 변화된 경제 상황 속에서 노동조합이 가장 포기하기 어려운

목표인 고용 안정을 위협할 수 있다. 이러한 상태에서 노동운동이 취할 수 있는 전략은 1 혹은 3으로 축소된다.

여기서 한 가지 분명한 사실은 이러한 삼중 딜레마하의 노동운동이 적극적으로 비정규직의 조직화를 목표로 하기는 어렵다는 점이다. 노동조합은 그 구성원들의 "행동하고자 하는 의지"에 크게 의존적인 조직이다(Offe and Wiesenthal, 1980: 80). 그렇다면 무조건적인 조직원 확대는 바람직하지 못한 전략이 된다. 크고 관료화된 노동운동 조직은 이해의 다양성으로 인해 조직원의 집합행동능력을 크게 저하하게 되며, 따라서 노동운동 조직은 조합원 수의 극대화(maximization)보다는 최적화(optimization)에 더 관심을 가지게 될 수 있다. 이는 노동조합의 크기 대 집합적 아이덴티티, 그리고 관료화 대 내부 민주주의 간의 딜레마이다. 이는 비정규직의 노동정치에 영향을 미치는 가장 큰 제약 요인이다.[7] 이러한 노동운동의 딜레마는 신자유주의와 경제 세계화로 인해 노동자의 분화가 가속화되어 핵심과 주변부 인력으로 구분되며, 서비스업의 확대로 좀 더 다양한 인구학적 특성을 지닌 노동인구가 노동시장에 진입하면서 더욱 악화됐다.

노동운동의 삼중 딜레마로 인해 비정규직의 조직화와 즉각적 정규직화 같은 가장 비정규직 친화적 정책은 현실에서 발생할 가능성이 희박하다. 그런 점에서 정규직의 임금소득 최대화를 유보한 채, 임금격차 축소 혹은 단계적 정규직화를 통해 임금형평성을 추구하는 방식이 가장 진전된 비정규직 관련 정규직 노동조합의 정책으로 분류된다. 하위직급 신설 역시 좀 더 낮은 수준에서 점진적으로 내부적인 임금형평성을 선호하는 방안으로

---

7 따라서 노동자계급 형성기에 적극적인 연대 확보와 집합행동의 능력을 보여준 노동운동은 점차 목적과 수단이 전치되고 단기적 물질적 이해의 추구가 장기적 이해의 추구를 압도하게 되는 쪽으로 경도된 활동을 하게 되며, 이러한 노동운동의 기회주의적 경향은 근본적인 불안정을 해소하는 대신 오히려 악화시키게 된다(Offe and Wiesenthal, 1980).

평가될 수 있다. 그 반면, 특정 직군이나 무기계약직으로의 불완전한 정규직 전환을 통해 임금인상의 가능성을 어느 정도 봉쇄하는 방안은 형평성 대신 정규직 노동조합 구성원의 임금소득 극대화를 우선시하는 전략이다. 물론 단체협약을 통해 비정규직 비율을 제한하거나 노조의 활동을 비정규직에 대한 개별화된 서비스 제공에 제한하는 것 역시 정규직 고용안정과 정규직과 비정규직 간 임금격차를 허용하는 노조의 선택으로 간주될 수 있다. 물론 복수의 방안도 선택할 수 있으며, 이 경우 어떤 방안들의 조합이 가장 많이 나타나는가도 경험적으로 분석되어야 할 것이다.

이러한 노동조합의 선택에 영향을 미치는 규범경제는 다음과 같은 다양한 요인들에 의해 규정될 수 있다. 무엇보다도, 노동조합은 조합원 내부의 통합에만 의존하는 조직이 아니라, 사용자나 정부 등 다른 조직이나 결사체와의 교섭과 교환의 논리에 제약을 받는 조직[8]으로서, 이들의 정책, 그리고 교섭 전략이나 지불능력에 의해서도 비정규직 관련 대응방식이 크게 영향받는다. 예를 들어 공공부문의 노동조합은 정부의 직접적·정책적 영향력하에 놓이게 되므로 비정규직 관련 대응방식이 사부문의 기업에 속한 노동조합과 차이 날 수 있다. 기업이나 산업의 지불능력은 구조적으로 결정되는 면이 크지만, 사측의 교섭 전략은 노동조합의 전투성 혹은 동원능력과의 상관관계하에서만 평가될 수 있다.

그런 점에서, 정규직 노동운동의 해당 산업 조직률이 높을수록, 또 기업보다는 산별 차원에서 조직되어 있을수록 조직 노동자의 임금소득 극대

---

8 슈미터와 슈트렉(Schmitter and Streeck, 1999; Pernicka, 2005에서 재인용)은 사용자조직에 대한 그들의 연구를 통해 사용자단체와 같은 결사체 조직은 자기 조직의 구성원과의 교환, 그리고 국가 및 노동조합과 같은 다른 정치적 기구의 교환, 이 두 가지 교환의 논리를 충족시켜야 한다고 했다. 이는 노동조합 조직에도 유사하게 적용되는 논리로, 노동조합 역시 이 두 가지 교환의 논리를 충족시킬 필요가 있다.

화보다는 임금형평성을 증진시키려는 노력에 좀 더 주목하는 '연대'의 규범경제가 형성될 가능성이 크다. 사측에 대항할 수 있는 노동조합의 조직력과 교섭력도 노조의 규범경제를 실시할 수 있는 실행력을 제고할 수 있다. 하지만 이는 노조의 내부민주주의와 의사결정 방식이 어떻게 구성되어 있는지에 의해 크게 좌우된다. 조효래(2007)는 노동조합의 의사결정은 단순히 조합원들의 평균적인 선호를 집합하는 과정 이상의 것임을 강조하며, 조직노동자만을 중심으로 한 단순 다수결 투표는 비록 선거에서는 소수이나 계급 대표성은 높은 미조직노동자들의 체계적인 배제를 가져올 수 있음을 강조한다. 따라서 비록 조직률이 높고 산별 조직체계를 갖추고 있다 할지라도 일반 조합원의 의사가 지도부의 선택에 여과 없이 반영되는 구조에서는 비정규직에 대한 진지한 대안 논의와 연대의 확보가 어려워질 수 있다.

또한 김호원과 이종구(2006)가 밝혔던 바와 같이 학력과 연령, 성별 등의 제 차원에서 정규직과 비정규직 간 이질성이 크다면 노동조합은 이들을 정규직 노동조합에 통합시키는 것을 기피할 수 있다. 이 경우 비정규직이 정규직과는 다르게 특정 성으로만 구성되어 있고, 노동조합 내 가부장적 문화와 성별 직무격리 혹은 연공주의 등 연대와는 다른 이데올로기에 대한 수용 수준이 높다면 비정규직 문제에 대한 이해와 관심이 현저히 저하될 가능성이 크다. 덧붙여 비정규직의 활용이 하청 등 간접고용 방식으로 주로 이루어지거나 정규직과의 직무격리의 정도가 높다면 더더욱 정규직 노조의 비정규직 관련 활동의 범위는 축소될 것이다. 이러한 모든 변수들이 다양한 상호작용을 통해 노동조합의 비정규직 관련 대응방식에 영향을 미치게 된다.

2) 연구방법 및 자료

이 연구의 분석 및 비교 단위는 서비스산업 내의 금융·유통·보건의료 부문의 노동정치이다. 〈표 4-3〉에 나타난 바와 같이, 금융·유통·보건의료 부문은 같은 서비스산업 내에서도 다양한 고용관계적 특성을 반영하고 있다. 비정규비율은 상대적으로 단순직무가 많은 유통업에서 가장 광범위하게 사용되고 있는 반면, 전문 기술직이 상당수 있는 보건의료업에서 가장 낮은 편이다. 금융업과 보건의료업에서는 유통업과는 달리 단순직무뿐 아니라 일정한 기술과 연공이 필요한 기존 정규직 업무도 비정규직으로 구성되어 있다. 노동조합 조직률은 비정규직이 가장 많은 유통업에서 가장 낮으며, 그 반면 은행업에 한정된 금융노조는 조직률이 높은 편이다. 금융 및 보건의료는 산별 조직체계를 최근 갖추었으나 유통업체는 아직 기업별 노조로 남아 있다. 유통업체 노조의 상급단체는 민주노총과 한국노총을

〈표 4-3〉 비정규직 및 노동조합 관련 금융·유통·보건의료 부문의 주요 특성과 현황 (2004~2007년)

	금융	유통	보건의료
비정규 비율(%)	29.2[a]	80.8[b]	17.3[c]
주요 비정규 직무구성	기존 정규직 및 단순 업무	단순 및 계산직	간호/간호보조 외 다양
노동조합 조직률(%)	28.8[d]	3.6[e]	8.6[f]
노동조합 조직형태	산업별 노조	기업별 노조	산업별 노조
노동조합 상급단체	한국노총	민주노총/한국노총	민주노총

a: 금융감독원 은행경영통계 2004년 원자료 분석.
b: 통계청 2007년 8월 경제활동인구 부가조사, 김유선(2007: 49) 국가인권위 용역보고서.
c: 보건의료노조 2007년 제2차 임시대의원대회 자료집, p.256.
d: 은행업 총 종사자 수 대 조합원 비율, 이주희(2005a).
e: 국가인권위 용역보고서, 김종진(2007: 45).
f: 보건복지업 총 종사자 중 보건의료노조 소속 조합원 비율, 이주희(2005).

모두 포괄하며, 금융노조는 한국노총, 그리고 보건의료노조는 민주노총에 소속되어 있다.

금융·유통·보건의료 세 노동조합의 노동정치가 비정규직 관련 대응방식에 미친 영향을 파악하고 비교하기 위해 이 연구는 양적 분석과 질적 심층면접을 병행해 실시했다. 우선 서비스산업 내 세 부문의 정규직과 비정규직의 인적 속성과 노동조건 비교를 위해 2008년 3월 통계청의 경제활동인구 부가조사 자료에서 전체 임금근로자 총 66,823명 중 유통(2,970명), 금융(1,213명), 보건(사회복지업포함, 1,234명)업에 종사하는 총 5,417명을 선택해 분석했다.[9]

경제활동인구조사 분석을 통해 나타난 고용형태별 인적특성 및 노동조건상의 격차가 〈표 4-4〉에 정리되어 있다. 학력 간 격차가 가장 크게 나타난 산업 부문은 금융업으로, 비정규직의 고졸 비중이 정규직의 약 두 배에 이르렀다. 반면 정규직과 비정규직의 학력 격차가 가장 작은 부문은 보건의료업이었으며, 유통업은 이 둘의 중간 수준이었다. 금융업의 경우 정규직은 남성이 압도적인 반면, 보건 분야에서는 남성과 여성의 정규직 비중이 거의 같았다. 유통업의 경우 정규직 비중이 남성의 경우 높은 추세는 금융업과 유사했으나 여성의 비정규직화가 금융업보다는 심하지 않았다. 노조 가입률에 있어서는 부문별로 분명한 차이를 보였는데, 이 역시 금융업에서 격차가 가장 커서 38%의 정규직이 노조에 가입한 반면, 비정규직 중 가입한 비율은 4%에도 미치지 못했다. 보건의료업의 경우는 정규직이 15%, 비정규직이 7%로 조직률 격차가 금융업에 비해 상당히

---

9 이 자료의 분석 결과 나타난 주요 추세의 확인을 위해 한국노동연구원의 『한국노동패널』 제8차년도(2005년) 조사대상자 11,580명 가운데 유통(438명), 금융(148명), 그리고 보건(135명)업 종사자 총 736명에 대한 분석도 실시해 이 두 자료에 큰 차이가 없음을 확인했다.

〈표 4-4〉 부문별 고용형태별 인적특성 및 노동조건

(단위: %)

인적속성과 노동조건		산업별					
		금융		유통		보건의료	
		정규	비정규	정규	비정규	정규	비정규
만 나이(단위: 세)		37.1	40.3	36.4	40.3	35.4	39.1
성별	남자	68.3	31.7	76.2	23.8	73.2	26.8
	여자	35.4	64.6	52.5	47.5	74.5	25.5
학력	초등 이하	0.2	2.2	3.3	11.5	3.2	11.6
	중등	0.0	4.5	5.0	8.8	2.6	8.8
	고등	25.9	50.2	50.7	57.4	27.4	29.2
	2년제대학	17.6	14.7	17.9	10.5	36.1	24.8
	4년제대학	52.2	27.7	22.2	11.5	25.1	22.3
	대학원 이상	4.1	0.8	0.9	0.3	5.6	3.1
종사자규모	1~4인	3.3	4.3	38.4	42.1	15.1	12.9
	5~9인	10.8	7.5	23.3	16.2	22.5	16.7
	10~29인	41.6	39.8	22.0	20.7	16.5	25.5
	30~99인	26.3	37.8	8.7	12.0	18.4	19.8
	100~299인	7.5	4.7	4.7	6.5	10.2	13.5
	300인 이상	10.6	5.8	2.9	2.5	17.4	11.6
노조여부	노조 없음	38.5	77.8	88.5	89.5	75.4	78.6
	대상 아님	13.7	16.5	3.3	7.1	4.4	10.4
	가입 안 함	9.8	2.2	2.3	1.7	5.5	4.4
	가입	38.0	3.5	5.8	1.8	14.7	6.6
월평균임금 (단위: 만 원)		314.6	209.2	165.6	100.5	187.7	132.9
전체 총 5,417명 (%)		613 (50.5)	600 (49.5)	1,885 (63.5)	1,085 (36.5)	916 (74.2)	318 (25.8)

자료: 2008년 3월 통계청의 경제활동인구 부가조사 저자 분석.

완화된 상태로 나타난다. 유통업의 경우 역시 정규직 6%, 비정규직 2%로 격차가 큰 편이었으나, 전반적인 조직률이 다른 두 산업 부문에 비해 현저히 낮다는 점을 감안하면, 그 격차가 미치는 영향력은 상당히 적다고 해석될 수 있다.

이와 함께 해당 노동조합의 간부 및 정규직 조합원, 비정규직 노동자와 일부 관리자를 포함해 총 35명(금융 15명, 유통 10명, 보건의료 10명)을 대상으로 한 심층면접을 2008년 8월부터 2009년 2월에 걸쳐 실시했다(〈표 4-5〉 참조). 심층면접의 내용은 모두 녹취해 필요한 경우 인용했는데, 익명성을 보장하기 위해 실명 대신 사례 번호를 사용했으며, 소속 및 지위 관련 정보는 최소화했다.

〈표 4-5〉 금융·유통·보건의료업 면접대상자 정보

사례 번호	성별	지위	소속
금융업			
1	남	노조간부	금융노조 KB은행지부
2	남	노조간부	금융노조 S은행지부
3	남	인사담당 관리자	B은행
4	여	노조간부	W투자증권 노조
5	남	산별본조 노조간부	금융노조 본조
6	여	영업부 정규직 직원	B은행
7	남	노조간부	S보험노조
8	남	노조간부(본조 및 지부)	금융노조 본조/KB은행지부
9	남	재무담당 관리자	KE은행
10	여	창구팀 관리자	W은행
11	여	산별본조 노조간부	금융노조 본조
12	여	무기계약전환자	KB은행
13	남	인사담당관리자	B은행
14	남	노조간부	금융노조 K은행지부
15	여	노조간부	금융노조 KE은행지부

유통업			
16	남	노조간부	N유통사 노조
17	여	무기계약직 전환 예정자	N유통사
18	여	정규직 전환자	C백화점
19	남	노조간부	C백화점 노조
20	여	정규직 전환자	D산업
21	남	노조간부	D산업 노조
22	여	노조간부	E그룹 산하기업 노조
23	남	노조간부	E그룹 산하기업 노조
24[a]	여	해고노동자/전 노조간부	E그룹 산하기업 및 노조
25	남	전 연맹 노조간부	서비스연맹
보건의료업			
26	남	노조간부	공공서비스노조 S대병원지부
27	남	산별본조 노조간부	보건의료노조 본조
28	남	노조간부	보건의료노조 K의료원지부
29	여	산별본조 노조간부	보건의료노조 본조
30	여	지부 노조간부	보건의료노조 K대학병원지부
31	남	비정규노동자	K대학병원
32	남	지부 노조간부	보건의료노조 S아동병원지부
33	여	간호사	S아동병원
34	남	지부 노조간부	보건의료노조 R병원 서울지부
35	남	지부 노조간부	보건의료노조 KH대학병원지부
총 35사례			

a: 유통업 면접사례 24의 경우 이름 밝히기를 거부했음.

3) 금융산업 심층면접 결과 분석

한국의 은행들이 1990년대 말 외환위기 이후 겪은 구조조정의 큰 방향은 외국 자본의 대대적인 유입하에 은행 간 합병을 통해 국내 금융시장을 소수의 대형 은행으로 재편하는 것이었다. 노동조합은 이러한 외국 자본이 시세차익을 노리는 투기성 자본이라는 점에서 단기적 수익성 위주의 경영으로 인해 고용조건이 악화되고 노동유연성이 확대될 수 있다는 우려의 목소리를 높여왔다(금융산업노조, 2003). 실제로 외환위기 이후 은행산업의 구조조정으로 전체적인 은행인력은 30% 이상 감축되었고, 자동화와 모바일뱅킹 등 IT 기술의 도입으로 비정규직이 급증했다(Lee and Park, 2007).

한국노총에 속한 전국금융노조는 산별노조이지만, 인력 및 재정상의 중앙집중도가 매우 낮으며(박현미, 2008a; 2008b), 그로 인해 지부 위원장의 권한이 매우 큰 편이었다.[10] 금융노조 및 지부의 비정규직 관련 대책은 주로 단체협약을 통한 임금인상과 비율억제를 통해 이루어졌다. 금융노조는 2004년부터 비정규직에 대한 임금인상과 근로조건 개선을 단체교섭에서 논의하기 시작했는데, 대체로 비정규직의 임금인상률을 정규직의 2배 수준으로 올리고, 각 은행별로 비정규직 비율을 일정 수준 유지하는 것이다. 2007년의 경우 각 지부 단체협약에서 묶어놓은 비정규직 비율은 약 15~25% 수준이었다. 물론 비정규직의 정규직화를 목표로 하지 않은 것은 아니나, 별도 비정규직 합의서에서 이와 관련된 문항은 항상 “적극 노력할” 의무를 요구할 뿐, 강제나 의무 조항으로 들어오지는 못한 한계가 있

10 예를 들어, 2005년의 경우 지부 상근간부 수가 264명인 데 반해, 본조 상근간부 수는 지부에서 파견된 인원 17명, 그리고 채용된 인원 7명을 합해 겨우 34명에 불과했다(금융산업노조, 2006).

다. 어떤 경우에는 비정규직 문제가 보다 나은 정규직 고용조건을 위한 카드로 사용된 사례도 있다. 이와 관련해 한 산별본조의 노조간부(면접사례 5)는 "비정규직 조직화에 대해 형식적인 동의를 하면서도 K은행이라든지 C은행 같은 경우 파업을 할 때 사용자 압박용으로 비정규직을 조합원으로 받아들이겠다고 공언을 하고 조합원서도 받았지만 파업 후 그냥 없었던 일"로 하는 경우도 있었다고 전한다.

이처럼 금융업에서의 비정규직에 대한 노동조합의 대응은 정규직 고용안정과 그들의 임금소득 극대화에 초점을 둔 수세적, 소극적인 것이었다. 즉, 전형적으로 정규직 노조가 정규직의 고용안정과 임금소득 극대화를 선택한 케이스로 분류된다. 2007년 말 「비정규직 보호법」이 도입되면서 많은 은행에서 정규직 전환보다는 무기계약직이나 별도 직군제로의 불완전 정규직화가 이루어졌다. 따라서 가장 진전된 대응방식이라 할 수 있는 비정규직의 정규직화나 조직화는 거의 나타나지 않았다. 비정규직 지부를 일단 만든 후 정규직 지부로 전환시키겠다는 금융노조의 의도는 정규직 조합원들의 무관심 속에 실현되지 못했다(면접사례 8, 본조 및 지부 노조간부). 정규직 노조 및 조합원의 이런 태도에 대해 면접대상자들은 "비정규직에 대한 차별은 수용하고 싶지 않으면서도 자기의 것은 놓치고 싶지 않은 그런 이중적 구조"(면접사례 14, 지부 노조간부), "아는 척 하면 내 일이 될까 봐 아는 척 안 하는 그런 분위기"(면접사례 12, 무기계약 전환자)라 설명했다.

이렇듯 정규직 노조가 고용안정과 정규직 임금소득 극대화에 집착하는 것은 무엇보다도 변화된 고용 환경의 영향이 크다. "정규직 자체도 고용안정에 대해 확신을 못 하"(면접사례 8, 본조 및 지부 노조간부)는 형편에서 "비정규직 전환되면 인건비가 정해져 있는 상황에서 정규직이 받을 수 있는 파이가 작아지는 것은 정규직이 받아들이기 힘든 일"(면접사례 14, 지부 노조간부)이기 때문이다. 금융노조가 비정규직에 대해 갖게 된 이러한 규범경제, 통상적으로 '정규직 노조의 이기주의'로 일컬어지는 이러한 현상은 비정규직법의 차별금지조항을 피해가기 위해 정규직과 비정규직의 업무를 구분하는 사측의 인사전략 속에서 점차 더 악화되어가고 있다.

> 그러니까 같은 일을 하는데 왜 차별하냐 이 얘기를 막으려고 은행별로 업무 차별을 두기 시작했어요. 왜냐하면 아무리 좋은 학교 나오고 해서 왔다고 그래도 신입은행원이 여기서 실제 창구에서 3~4년 일한 비정규직보다 일을 잘할 리가 없잖아요. 1~2년 돼야 어느 정도 나름 숙련도 이런 게 필요하기 때문에. 그러니까 그 차별을 하려고 업무를 조금씩 구분하니 정규직은 정규직대로 더 힘든 거죠……. 그게 이제 비정규직 악법이라고 얘기하는 기간제법이랑 차별시정조치가 도입이 되면서 은행별로 벌어진 현상이거든요. 업무 자체를 딱 칸막이를 쳐버리고. 그러니까 비정규직은 더 단순 업무 이런 걸로 몰리는 거죠. 그러면 은행 측에서는 업무가 더 단순 업무니까 적게 주는 거다 이렇게 정당화를 하는 거고. 사람들은 예전에 저거 내가 다 했던 일인데 시켜주면 잘할 수 있는데 또 한편에서는 업무가 점점 더 단순해지니까 더 자르기 쉽게 되는 거 아니냐. 옛날에 좀 어렵다는 일을 할 때는 그 사람을 바로 대체할 수가 없으니까. 월급은 적게 줘도 3년, 4년, 5년 계약이 갱신이 되던 게 단순 업무로 가면 더 대체하기가 쉬워지는 거 아니냐 하는 불안감이 더 커지는 거죠. (면접사례 8, 본조 및 지부 노조간부)

업무가 분리되면서 정규직과 비정규직이 입직구에서부터 요구되는 능력과 자격에 당연히 차이가 나타나게 되었다. 특히 정규 채용 절차 없이 입사한 비정규직과 치열한 경쟁을 뚫고 들어온 정규직 간에는 암묵적으로

서로 다른 임금과 근로조건이 적용되어야 한다는 규범경제가 광범위하게 존재하게 되었다.

> 노조는 함께 가야 된다 이러고 얘기하지만 일반 직원들은…… 현실적으로 어려움이 무지 많아요……. 그러니까 얼마나 이해관계가 첨예한지 몰라요— 정직원 전환시킬 때도 나는 그 어려움을 뚫고 이렇게 공개채용을 해서 들어왔다, 같은 세대들끼리 더 세게 붙어요. 그래서 조합에서는 상당히 어려운 거예요. 앞으로는 노노갈등이 더 심해질 텐데…… 그런데 이거를 과연 어떻게 풀 수 있을까. (면접사례 11, 본조 노조간부)

> 모든 인간은 다 욕망이 있잖아요. 공개경쟁 시험을 쳐서 들어온, 토익이 만점이고, 요즘에는 만점짜리가 수두룩하더라구요. 그런데 알음알음으로 해서 와서 그냥 하는 사람과 같이하기 싫은, 그런 욕망이 또 있잖아요……. 요즘은 또 국제화 이런 거 때문에 언어능력은 엄청 차이가 나요. 그러니까 너하고 같이 못 놀겠다, 그게 젊은 조합원들의 정서죠. 그걸 어떻게 해결하느냐, 이 지점에서 노조가 고민해야 되는 거죠. 둘 다 만족시켜야 하는 거잖아요. (면접사례 5, 본조 노조간부)

> (비정규직은) 뭐 교육 수준이라든지 학력이라든지 경력이 기존 정규직에 비해서는 좀 떨어질 수밖에 없는 그런 사람들이었어요. 그런데 그런 분들을 일괄해서 완전 정규직화한다라고 한다는 것이 기존 직원들 입장에서는 상당히 불만인 거죠. 자기들은 정말 해외연수 갔다 오고 토익 900점씩 맞아서 어렵게 재수해서 여기를 들어왔는데 이 사람들은 갑자기……. (면접사례 7, 보험노조 간부)

그러나 비정규직 입장에서는 이러한 논리를 받아들이기 어렵다. “예전에 상고만 나온 사람도 다 고급상품 팔고 그런 위치에 있고” 또 “S대 법대 나온 사람하고 삼류대 경영학과 나온 사람하고 금융상품에 대한 이해도가 누가 더 낫다고 할 수 없는 상황”(면접사례 8, 본조 및 지부 노조간부)이기도 하기 때문이다. 아직도 업무 분리가 형식적이며, 특히 기존에 정규직이었던 비정규직이 정규직 업무의 상당 부분을 이해하고 있기도 하다. 그러나 현실을 바라보는 눈에 이러한 차이가 있다는 사실 자체가 정규직-비정규직 간 연대 형성에 크게 장애가 될 수 있음은 분명하다. 아래 면접사례 14의 이야기와 같이, 상대적으로 고임금인 금융업에서 게다가 업무 분리로 정규직에게 더 많은 업무 부담이 주어지는 상황에서 임금형평성을 정규직 임금극대화 대신 선택하기가 얼마나 어려운 것인지 잘 보여준다.

> 그런데 내 파이를 뺏기지 않고 다른 파이를 갖다준다고 하더라도 그게 내 파이도 될 수 있는 건데 라는 생각들 때문에 노동자 간의 갈등 노노 간의 갈등들이 좀 깊어지는 거 아닌가 그런 생각들이 들어요. 저게 내 것이 될 수 있는 건데 저 쪽으로 갔다 이렇게 되는 부분들이 있는 거겠죠. 그런데 그게 무기계약직과 일반계약직, 그리고 정규직 간에 차이가 현격하게 크면 오히려 그들한테 복지나 임금 등이 넘어가는 부분에 대해서 동의를 해요. 그런데 이게 차이가 좁혀지면요, 갈등이 더 깊어져요. 이 정도 직무를 수행을 하는데 이 정도의 급여만 주면 되지 왜 이렇게 많이 주는 거야 이런 게 생겨버려요. 현격하게 차이가 있을 때는 그래 저만큼 준다 한들…… 이렇게 되는데……. (면접사례 14, 지부 노조간부)

금융업에서 나타나고 있는 이러한 노동정치에 대해 우려의 목소리가 없는 것이 아니다. 사측의 인사전략에 따라 양극화가 아닌 정규직, 무기계약직, 비정규직으로 삼극화가 된 상태에서 사측이 개별 노동자에게 행사할 수 있는 압력이 커지고 노조는 무력화되는 현상이 자주 발생하고 있다. 그러나 점차 확대되어가는 정규직과 비정규직의 인적, 그리고 노동조건상의 격차는 금융업 노동자들의 연대 형성을 지속적으로 방해했으며, 이러한 추세는 2020년대에도 크게 변함없이 이어지고 있다.

4) 유통업 심층면접 결과분석

국내의 유통업은 금융업과 유사하게 외환위기 이후 외국 자본의 유입과 업체 간 인수합병을 경험했다. 그로 인해 백화점과 할인점 모두 상위 3개 업체의 시장점유율이 80% 안팎으로 높은 시장집중률을 보여주고 있다(김종진, 2007). 상대적인 저임금 일자리인 단순 업무가 많은 특성상 유통업체는 비정규직이 정규직보다 더 많은 특성을 가지고 있으며, 외환위기 이후 이러한 추세는 더욱 가속화되고 있다. 유통업체의 또 다른 중요한 특성은 무노조 기업이 많으며, 소수 조직된 노조도 산별이 아닌 기업별 노조라는 점이다. 유통업체에 무노조 기업이 많은 것은 전국의 지점에 흩어져서 근무하게 되는 노동조건, 그리고 거래처별로 차이 나는 근무형태 및 근무시간 등에 기인한 바 크다.

금융업에서 비정규직이 준정규직으로 전환되었다면 유통업에서는 계약 해지와 외주화가 더 많이 발생한 것으로 알려져 있는데, 이는 이 부문의 비정규직이 금융업보다 낮은 수준의 숙련도를 요한다는 사실과 관련되어 있다. 그러나 유통업의 경우 정규직 역시 업무의 내용이나 숙련도가 비정규직과 크게 차이 나지 않는다는 점에 주목할 필요가 있다. 특히 유노조 기업에 한정해 살펴볼 경우 이러한 일반화는 더욱 어렵다. 외주화와 계약 해지로 장기간 분쟁을 겪었던 E그룹 산하 유통업체에서는 정규직 노조가 적극적으로 비정규직 조직화와 비정규직을 위한 투쟁에 나섰던 반면, 상대적으로 지불능력이 커 무기계약직 전환이 주를 이루었던 백화점계에서도 H백화점의 경우 정규직 노조가 비정규직의 외주화에 쉽게 합의해준 바 있다. 즉, 유통업의 경우 정규직 노조의 비정규직 관련 대응방식은 계약 해지나 외주화에 대한 합의에서부터 정규직화를 위한 투쟁까지 상당히 다양한 스펙트럼을 보여준다고 할 수 있다.

낮은 조직률과 약 70%를 상회하는 비정규직의 존재로 인해 소수 정규직이 겪는 고용불안의 압력을 고려할 때, 그리고 사측의 공세적인 외주화와 계약 해지 전략을 감안할 때, 유통업의 경우 금융업과 같은 무기계약직화조차도 쉽게 얻기 어려운 성과였다. 예를 들어 공기업인 N유통사의 경우 사측의 외주화 노력이 일반기업보다 크지 않았다는 사실이 비정규직의 무기계약직화에 어느 정도 긍정적으로 작용한 것으로 드러났다. "사실 공기업이어서 사장님도 말 나오는 것을 싫어하고 열 개를 요구하면 여섯 개는 들어주니까"(면접사례 17, 무기계약직 전환예정자) 외주화보다는 무기계약직화가 가능했다는 것이다. 또 다른 주요한 특징은 금융업과는 달리 정규직 약 360명에 더해 비정규직인 계약직 연봉제 직원 약 600명이 이미 노동조합에 가입되어 기업별 노조 조직률이 상대적으로 높다는 점이다. 이 기업의 경우 대다수의 비정규직이 「비정규직 보호법」 이전에는 "계약서만 쓰고 해고 없이 계속 가는 문화"(면접사례 16, 노조간부) 속에 정규직과 다름없이 노동조합 가입이 이루어졌었다. 그러나 N유통사의 경우 다른 유통사와 마찬가지로 전체 직원의 대다수인 1,400명이 비정규직인 만큼 "이들을 다 무기직으로 유지하며 가기는 어려운 형편"에 있으며 "경영 실적과 안정된 고용이라는 차원에서 문제에 접근해 들어갈 필요"(면접사례 16, 노조간부)를 노조간부가 인식하고 있는 형편이라, 노조가 이 이상 적극적으로 비정규직 문제를 다루게 될 가능성은 크지 않아 보인다.

지방에 있는 소규모 C백화점의 경우 유통업체로는 이례적으로 비정규직의 정규직화를 성공한 사례이다. C백화점에 노조가 처음 결성된 것은 2007년 3월 매각설로 인한 고용승계 문제를 해결하기 위해서였다. 전체 직원 107명 중 약 30%가 비정규직이었는데, 노조 결성 직후부터 비정규직 문제의 해결을 계속 사측에 요구한 결과 2009년 1월에 약 10명 정도 남은 비정규직까지 모두 정규직화를 완료했다. 이 시기 이후부터는 비정규직 고용 없이 모든 채용을 정규직으로만 하기로 했다. 유통업체에서는 보기 드문 이러한 성과의 이면에는 정규직과 비정규직 모두 입사 시 최저임금 수준밖에 받지 못해 정규직 전환 뒤에도 사측이 지불해야 할 비용이 거의 없었다는 불편한 진실이 숨어 있다(면접사례 18, 정규직 전환직원; 면접사례 19, 노조간부). 아래 인용문에 나타난 바와 같이 오히려 퇴직금 정산으로 인해 비정규직의 임금이 더 높은 상황이었으며, 다른 유통업체와 달리 같은 장소에서 오래 일한 동료애로 인해 연대의식이 높은 편이었다.

> 우리는 뭐 비정규직이라고 다르게 생각 안 했어요. 옆에 있고 동일한 업무 하고. 다만 회사에서 그렇게 만들어놓았을 뿐이지. 그리고 퇴직금을 1년에 한 번 정산해서 월별로 주고 그러니까 비정규직이 임금은 더 많았어요. 상여금만 없었죠. 상여금도 저희는 200%밖에 안 되어 미비하니까 그분들도 비정규직이라 차별받는다고 생각 안 하셨고 아마 잘 모르셨을 거예요…….
>
> ……(비정규직 정규직 전환 시) 갈등이 거의 없었어요. 사실 항상 서로 눈에 보여요. 단일 매장이고 직원식당 같이 쓰니까 항상 자연스럽게 가족적인 분위기가 조합이 있기 전부터 형성이 된 거죠. 기업이 굳이 생존을 위해서 노력을 하면 반목이나 상대방을 치고 내가 올라가야 한다는 경쟁의식이 있었을 텐데 기업 자체가 남들과 경쟁하지 않고 노력도 안 하고 그

냥 있으면 장사가 되는 체제니까 반목이나 그런 게 전혀 없었죠. (면접사례 19, 노조간부)

이처럼 유통업체의 경우 금융업과 달리 정규직과 비정규직의 임금과 근로조건상의 격차가 너무 적어 비정규직의 정규직 노조 가입이 순조롭게 이루어진 경우가 종종 발견되었다. 이것은 외주화를 막기 위해 노조의 장기 투쟁이 전개되었던 E그룹 산하 H사의 경우도 마찬가지였다. 정규직과 비정규직의 임금격차는 거의 없었고 단지 정규직이 고용안정이 보장되는 상황(면접사례 24, 해고노동자)으로 인해 H사의 이직률은 상당히 높은 편이었다. 거의 주부들로 구성된 인력의 특성상 이러한 저임금을 받으며 야간근무와 주말근무 등을 감수하기 어려웠기 때문이다. 그 상황에서 H사의 전신인 C사의 노조는 단체협약을 통해 18개월 이상 근무한 조합원의 경우 정당한 사유 없이 계약 만료를 이유로 계약을 해지하지 않는다는 조항을 명시하는 성과를 거두게 되었다. 이것이 바로 "E그룹이 H사를 인수하면서 비정규직이 대거 조합에 가입하게 된 직접적 이유"(면접사례 23, 노조간부)였으며, 이후 장기 파업 상태의 원인으로 작용하게 된다.

장기 파업 사태의 원인이 되었던 것은 18개월 고용보장이 된 조합원도 잘린 거예요. 비조합원이 잘렸을 때는 싸우기가 쉽지 않은데…… 조합원들이 마음 아프고 그래서 회사에 요구는 하지만 전면적으로 싸우진 못했죠. 문제는 단협으로 보장된 18개월도 자른 거죠. 그때부터 노동조합도 파업 준비가 제대로 되어 있지 못해도 파업을 할 수밖에 없는 상황으로 몰려갔죠. (면접사례 23, 노조간부)

결국 H사에서 발생한 계약 해지 및 해고, 그리고 같은 E그룹에 소속된 N사에서 진행된 외주화는 결국 약 500여 일간의 파업 투쟁으로 이어졌고, 파업을 통해 외주화 중단, 그리고 16개월 이상 경과한 계약직 노동자의 무기계약직 전환을 얻었으나 파업을 주도한 10여 명 노조간부의 해고까지 막지는 못했다. 이 E그룹 노조의 투쟁은 유통업에서 발생한 정규직의 비정규직에 대한 연대의식과 정규직화 노력을 상징하는 대표적인 사례로 주목할 만하다. 저임금으로 인해 정규직과 비정규직 간 이해 갈등의 소지가 적었다는 점, 그리고 H사의 전신인 C사 노조가 일정 기간 근속한 조합원의 고용안정을 고용형태와 상관없이 인정함으로써 비정규직의 노조 가입이 대거 이루어졌다는 점 등이 연대감 형성을 가능하게 한 맥락으로 지적될 수 있으나, 면접대상자들은 H사 전신인 C사 노조의 비정규직 문제에 대한 높은 의식수준과 헌신성이 이러한 성과의 주된 원인이었음을 거듭 강조했다.

> C사(H사의 전신) 노조는 지도부가 비정규직 문제에 집요했어요. C사 노조는 굉장히 헌신적으로 조직화했어요. 근데 무조건 싸운 게 아니라 개별적으로 상담하면서 해결했어요. 단협으로 고용보장이나 복지차별 시정하는 것 외에도 일상적으로 그런 활동을 해왔죠. 비정규직 처지를 어떻게든 개선하려고 애쓴 게 신뢰를 많이 얻었죠. 이런 신뢰는 3년 동안 과정들을 통해 얻은 것이지 어느 순간 하늘에서 뚝 떨어진 게 아니죠. 임단협 협상에서 정규직 요구를 양보하면서까지 비정규직 차별 시정하고 18개월 이상 고용 보장을 얻어내어 비정규직들에게 C사 노조는 우리를 위한 조직이구나라는 신뢰를 이끌어낸 것이죠. 통상 노조는 정규직 중심이잖아요. 왜 우리는 양보하고 비정규직 요구를 중심으로 하느냐 반발까지 나왔죠. 그런데 그 당시 C사 노조는 이것부터 해결해야 한다고 생각했고…….

……노동조합 단협에 비정규직 고용보장이 아무것도 없다면 그럼 노동조합 뭐 하러 가입해요. 노동조합 가입 안 하죠. 지금까지 비정규직 차별 시정해온 노조라는 신뢰가 있으니까 잘리지 않겠구나 하고 3월 단협 체결 직후 E그룹이 인수를 확정한 그 시기까지 많이 가입했죠. C사 노조는 사실 우리나라에서 비정규직이 집단으로 가입하고 집단으로 파업한 건 거의 처음이에요. 다른 기업 사업장은 비정규직 끼워놓고 생색내다가 적당히 타협해서 정규직 올리고 비정규직 조금 올리고 욕만 먹잖아요. 그런데 C사는 진정성이 있었죠. 사실 전무후무 사례인데 많이 알릴 필요가 있다고 생각해요. (면접사례 23, 노조간부)

그러나 이런 사례가 다른 유통업체에서도 발생하기를 기대하기는 어렵다. 특히 단순 업무의 경우 외부노동시장에서의 공급이 상대적으로 풍부하기 때문에 정규직 노동자들의 고용안정에 대한 가치 부여가 오히려 더욱 강화될 가능성이 있으므로, 이 부문에서 소수인 조직노동자의 노동정치는 좀 더 보수적인 방향으로 고착화되어왔다. 게다가 이제 "직접고용 노동조합은 거의 다 없어지고 용역으로 넘어갔으므로"(면접사례 25, 전 연맹 노조간부) 이러한 간접고용 노동자를 조직화하는 작업은 이전의 직접고용 비정규직의 조직화보다 현저히 더 어려운 작업으로 남게 되었다.

5) 보건의료업 심층면접 결과 분석

한국의 보건의료산업은 거의 전적으로 공공부문에 속해 있는 선진국, 특히 조정시장경제 국가에 비해 높은 민영화 비율을 보인다. 그럼에도 불구하고, 앞에서 살펴본 두 부문에 비해서는 해외 시장에의 노출 정도가 낮아 고용구조가 상대적으로 나은 편이다. 또한 보건의료산업은 1998년 노조 조직형태가 산업별로 변경된 이후 10년 동안 안정적으로 산별 조직을 운영해왔고, 또한 2004년 이후 산별 중앙교섭을 통해 연대의 형성에 도움이 되는 협약 내용을 확보하는 데에도 상대적으로 성공적이었다(이주희, 2005b; 2006).

물론 2004년 산별교섭에서 임금형평성을 제고하기 위해 산별협약의 우위를 명시했던 제10장 2조를 둘러싼 노동조합 내부의 갈등[11]이 발생하기는 했으나, 그 문제로 인해 S대병원 사업장이 탈퇴한 이후 보건의료노조는 여타 산별노조 및 미처 조직 전환에 성공하지 못한 기업별 노조에 비해 비정규직과의 연대 형성에 중점을 협약 체결의 성과를 거둔 것으로 평가된다. 특히 2007년 산별교섭은 임금과 고용이라는 두 중요한 교섭의제의 적절한 균형을 이루어내는 데 성공적이었다. 보건의료노조는 임금과 비정규직 문제를 연동해, 보건의료노조 산하 병원은 특성별로 임금을 4.0~5.3%로 인상하되, 이 중 정규직 임금인상분의 1.3~1.8%를 비정규직 정규직화와 차별 시정, 처우 개선에 사용하기로 합의했다. 또한 비정규직 문제 해결을 위해 산별 차원에서 비정규직 노사 특위를 구성, 비정규직의 처우 개선과 고용안정화 대책, 단계적 정규직화 방안 등에 관해 공동으로 연구 조사하고 시행하는 방안에도 합의하는 데 성공했고, 직접고용 비정규직의 비율은 이에 따라 3.13% 축소되었다(보건의료노조, 2007). 비정규직을 산별 교섭의 의제에 포함시킴으로써 비정규보호법이 제대로 강제할 수 없었던 비정규직의 단계적 정규직화를 가능하게 한 것이다. 보건의료산별

11 2004년 산별협약에서 보건의료노조는 산별교섭 합의 내용을 이유로 기존 지부 단체협약과 노동조건을 저하시킬 수 없다고 명시(제10장 1조)했으나, 주5일제 도입을 둘러싸고 휴가제도 개선, 인력 충원과 임금 인상 등을 일괄 타결하는 교섭의 특수성을 반영해 제9장(임금), 제3장(노동시간 단축)의 제1조(노동시간 단축), 제5조(연 월차휴가 및 연차수당), 제6조(생리휴가)는 지부단체협약 및 취업규칙에 우선해 효력을 가지도록 했다(제10장 2조). (이주희, 2004)

노조가 이렇듯 전향적인 비정규직 대책을 내놓게 된 데에는 소속 상급단체가 비정규직 문제에 좀 더 많은 관심을 표명해온 민주노총이고, 또 조사 대상이 된 세 부문 중 가장 교육 수준이나 경력 차원에서 정규직과의 격차가 적었다는 사실도 영향을 미친 것으로 여겨진다. "계약직 등은 학력 면에서 차이가 있는 것이 아니고, 그때그때 상황에 따라 계약직으로 오게 된 것"(면접사례 28, 방사선사)이기 때문이다.

그러나 2007년 보건의료노조의 합의도 간접고용 비정규직에 대한 해결책은 되지 못했고, 그에 따라 간접고용의 경우에는 비율 변동도 없었다. 간접고용의 문제는 외주화와 관련된 노사합의를 통해 일시적으로 제어할 수는 있으나, 결국 대기업과 중소영세기업의 임금 및 복지격차 축소 문제와 연동되어 있는 만큼, 산별노조의 노력으로도 역부족이었다. 또한 연대 및 임금형평성과 관련해 여타 노조보다 높은 감수성을 보여준 보건의료노조임에도 불구하고, 산별 교섭에서의 임금 자제에 대한 조합원의 지지를 항상 확신하기는 어렵다. 임금형평성보다는 임금소득 최대화에 대한 요구를 제기하는 지부 조합원들의 이해대표 요구가 점차 증가하는 추세이기 때문이다.

> 비정규직에 대한 설문조사를 하면, 내 임금을 양보해서라도 비정규직에게 줄 수 있다고 하는 사람의 비중이 해마다 떨어지고 있어요. 아마 중소사업장이라 간호사 임금 수준이 대학병원보다 낮아서 그런지…… 예전에는 99%까지 나왔었는데, 작년 같은 경우 동의율이 80% 정도였어요. (면접사례 33, 간호사)

보건의료노조와 같이 평등 지향적 규범경제가 발달한 조직에서도 비정규직에 대한 가장 진보적인 대안인 정규직화나 조직화 등이 본격화되지 못하는 이유는 이 부문 역시 금융업이나 유통업과 마찬가지로 사측의 적극적인 비정규직화 전략과 반노조 정책이 진행 중이기 때문이다. 부서 내 인적 구성의 변경을 통해 부서 전체를 비정규직화하려는 시도, 직종 간 분열 조장과 경영 위기에 대한 강조, 정규직화된 비정규직에 대한 노조 가입 통제 등이 그 대표적인 예들이다.

> 신규 인력을 뽑을 때 4~50대의 금방 퇴직할 사람을 뽑아요. 퇴직 연령이 다가오면 자연감소분을 안 채우겠다고 미루고, 그것을 몇 년 하다 보면 그 부서의 절반이 없어지고, 그래서 외주용역 반대 투쟁도 하지만 퇴직자 채우는 것도 매년 요구하고 싸우고 있어요. 또 하나는 여론화 작업인데, 우리 병원은 어렵고 다른 병원은 외주화하고 있는데, 우리는 구성원이 너무 많다, 그리고 다른 부서 사람들에게 '이 부서'는 나가도 되지 않겠냐 하는 식으로 얘기하는 거죠. 직종 간 분열을 조장하고요. 간호사와 조무사가 있으면, 간호사 올려줄 테니 조무사 줄이자 이런 거……. (면접사례 28, 노조간부)

> 기존에 정규직들이 싸워서 비정규직의 전환 대상자 티오를 따와도 누구를 정규직으로 뽑을 것인지를 사측에서 뽑기 때문에, 비정규직 노동자들이 병원에 줄을 서고 정규직이 된 후에도 사측에 감사하는 마음이 있기 때문에 조합 가입을 안 해요. 모종의 거래가 있었는지도 모르죠. 그러면 정규직들은 우리가 싸워서 정규직화 해줬는데, 그 사람들이 그러니까 노력할 필요 없다 이런 입장이 되기도 하고요. 물론 계속 투쟁을 해야 한다는 사람들도 있구요. 언제까지 계속 투쟁해 줄 힘도 약해지고 하는 상황이니. 2007년 전과는 달리 지금은 2년만 지나면 정확하게 자르기 때문에 어차피 잘릴 거 같이 투쟁하도록 해보는 사업 계획도 갖고 있어요. (면접사

례 30, 노조간부)

비정규직의 입장에서도 이러한 상황이 답답하기는 마찬가지이다. "회사에서 제재가 없다면 노조에 가입하고 싶다"(면접사례 31, 비정규노동자)는 의견이 제기되는 상황이지만, 노조 활동이 정규직화의 걸림돌로 여겨지는 상황에서 노조 가입은 결코 쉬운 선택이 아니다.

> 사실 어머니가 여기서 옛날부터 근무했기 때문에 내가 처음 들어올 때 노조와는 절대로 상관하지 말라고 하셨어요. 농성 같은 거 할 때 사진이라도 찍히면 절대로 정규직 못 된다고. 그래도 들어와 보니 우리도 불편한 게 있으면 털어놔야 하는데 털어놓을 데가 없는 거예요. 2007년 농성 당시에도 정규직은 전부 농성장에 가버리고 비정규직자와 반장들이 남아서 일을 하는데, 농성이 어떻게 되었는지 소식을 알고 싶은데 아무도 얘기해주는 사람이 없는 거예요…….
>
> ……수시로 돌아다니는 업무상 비정규직들을 많이 만나기 때문에 얘기를 해보면, 가입을 하고 싶지만 회사에서 제재를 하니까 못하겠다고 하죠. 내가 잘리기 전까지는 가입 안 하고, 회사에서 자르겠다고 하면 그때서야 가입하겠다고 하는 거예요. 가입한 그 사람들도 처음에는 가입 안 하다가 제적당하고 나니까 농성해서 복직한 거잖아요. 병원에 그런 식으로 얘기가 도니까 계약이 유지되는 기간에는 절대로 가입하려고 하지 않아요. (면접사례 31, 비정규노동자)

보건의료노조에서 탈퇴해 같은 민주노총 소속 전국공공서비스노조로 소속을 변경한 S대학병원은 이 산업 내 지배적인 위치에 있는 공공병원으로서의 구조적 지위로 인해 일반 보건의료노조 소속 지부보다 더 큰 교섭력과 투쟁력을 지닌 노조로 종종 평가되어왔다. 비정규직의 정규직화에 대해서도 강력하게 평등주의적 입장을 유지해 무기계약직화나 하위직급제를 막고 단계적인 정규직화에 성공한 바 있다. 간접고용에 대해서도 이와 관련해 어떤 합의도 할 수 없다는 강경한 사측의 입장에도 불구하고 건강검진과 진료비 감면 등 정규직과 같은 혜택을 제공하는 요구안을 얻어내기도 했다. 그럼에도 불구하고, S대병원 노조 역시 위에서 살펴본 보건의료노조 지부가 겪은 어려움에서 완전히 자유롭지 못했던 것으로 드러났다.

그 가장 큰 원인은 역시 정부의 불완전한 비정규직 대책을 그대로 따르고자 하는 사측과의 갈등이었다. 서울대 병원도 2006년도 단체교섭에서부터 단계적인 정규직화 방안이 논의되기 시작했고, 실제로 일부 비정규직에 대한 정규직화도 성공한 바 있다. 문제는 2007년 100여 명 비정규직 대상자의 정규직화를 앞두고, 그 당시 발표되었던 공공부문 비정규직 대책에 따라 2년 이상 근무한 비정규직에 대한 별도 직군화와 무기계약직화를 사측이 주장하기 시작하면서 시작되었다. 노조가 이에 강력히 반발함에 따라 사측은 6급의 하위직급 신설을 대안으로 제시했지만, 2001년 13일간의 파업을 통해 6급부터 들어오던 보건직과 5급부터 시작되는 간호직 간의 등급 형평화의 투쟁 경험이 있는 노조로서는 받기 힘든 대안이었다. 결국 S대병원 노조는 하위직급 신설 대신 비정규직 대상자의 완전한 정규직화에 성공할 수 있었다. 그러나 약 500명의 2년 이하 대상자에 대한 문제는 해결하지 못했다. 사측이 이 당시 정권 교체에 대한 기대하에 2년 이하 근무자에 대한 논의는 다음 해로 미루었기 때문이다. 그와 동시에, 2년 이상 비정규직 근무자를 10일, 60일 계약 등 초단기 계약을 한 후 계약 해지를 하는 방식으로 2007년 초부터 해고 작업을 본격화하기 시작했다. 물론 금융업과 같이 공채로 들어오지 못한 비정규직에 대한 정규직

조합원의 정규직화 반대 논리도 이 과정에서 어려움으로 작용했다. 즉, 정규직화는 기존 비정규직이라는 '사람'에 대한 정규직화가 아니라 정규직 '정원'으로 확보해야 한다는 것이다. 결국 가장 강력한 교섭력을 지닌 S대병원에서도 정규직 전환 여부는 해당 비정규직이 소속된 부서에 어느 정도 노조의 활동성이 강한가가 크게 작용하는 불균등의 문제가 발생하고 있는 것이다(면접사례 26, 노조간부).

> 예를 들어 영상의학과는 노조 활동이 강한데, 간호사, 간호부는 활동성이 약해요. 사측이 상대적으로 일하기 편한 외래 병동 배치 여부를 무기로 간호사들을 조종하기 때문이에요. 편한 곳에 배치되기 위해서는 노조 활동을 안 하거나 문제 제기를 하면 안 되거든요. 따라서 노조 대의원이 있는 곳만 비정규직 문제도 연락이 와요. 또 대의원이 있어도 간호부처럼 활동이 미약한 곳에서는―간호사는 대부분 정규직이거든요―비정규직 간호조무사가 대거 짤리죠. (면접사례 26, 노조간부)

결국 비정규직의 정규직화라는 성과 역시 정규직 조합원에 대한 끊임없는 설득과 협조 요청, 그리고 비정규직화를 유지하고자 하는 사측과의 끊임없는 협상과 대립을 통해 일부 얻어낼 수 있었을 뿐, 가장 높은 수준의 평등주의적 전투성을 유지하고 있는 보건의료업의 노조 역시 확대되어 가는 불안정 고용을 막는 근본적인 대책을 마련하기에는 역부족이었음을 살펴볼 수 있었다.

6) 금융·유통·보건의료 부문 노동정치 요약

외환위기 이후 거듭된 구조조정과 고용조정의 압력 속에서 정규직 노동조합은 고용안정을 최우선으로 하는 수세적 입장에 몰리게 되었다. 그로 인해, 정규직과 비정규직의 임금형평성과 불안한 고용 환경에서 정규직 임금소득을 최대화하는 두 목적을 동시에 추구할 여력을 잃은 정규직 노동조합은 대부분 고용안정과 정규직 임금극대화를 목적으로 한 노동정치를 구사하게 되었다. 이러한 전략은 정규직과 비정규직 간 학력 격차가 가장 크고, 사측의 적극적인 업무 분리로 인해 비정규직과 정규직이 입직구부터 완전히 구별되기 시작한 금융업에서 가장 두드러지게 나타났다. 금융업의 상대적 고임금으로 인해 비정규직의 임금 역시 상대적으로는 높은 편이라는 점 역시 정규직의 이러한 노동정치를 일정 부분 정당화하는 기제로 작용했다.

그 반면, 유통업은 어느 한편으로 일반화하기 어려운 다양한 노동정치의 모습을 보여주었다. 노조 조직률이 낮아 대부분의 유통업체는 사측의 계약 해지와 외주화에 무기력하게 이끌려갔지만, 일부 노조는 비정규직의 고용안정을 위해 장기 투쟁을 실시하기도 했다. 정규직과 비정규직의 학력과 기술 격차가 적고, 정규직과 비정규직 모두 거의 최저임금 수준의 낮은 임금을 받고 있다는 점이 이들의 연대의식을 제고한 요인으로 분석될 수 있다. 그러나 이는 예외적인 사례였으며, 설사 이렇게 투쟁을 실시했다 하더라도 간신히 외주화를 저지하는 수준의 성과를 거두었을 뿐이다. 또한 이직이 잦고 고용이 불안한 유통업의 특성상 소수 정규직 노조의 고용안정과 고용된 기간 동안 최대의 소득을 올리고자 하는 요구는 더욱 높아지는 경향을 보여주고 있다.

보건의료업의 정규직 노조는 적어도 부분적으로는 정규직의 임금소득 극대화를 보류하고 고용안정과 임금형평성의 두 목적을 선택하는 보다 진전된 노동정치를 보여주었다. 보건의료 산별노조가 속한 민주노총이 금융 산별노조가 속한 한국노총보다 비정규직 문제에 보다 평등주의적인 해결책을 선호했다는 점, 그리고 보건의료업의 경우 고용형태별 임금격차가 큼에도 불구하고 정규직과 비정규직의 학력 격차는 미미하다는 점 등이 정규직 노조의 이러한 전향적 태도를 가능케 하는 데 기여한 요인들이다. 그럼에도 불구하고, 보건의료업에서도 사측의 적극적인 비정규직과 반노조 정책으로 인해 이들의 정규직화와 조직화, 그리고 궁극적인 비정규직 문제의 해결은 요원한 상태이다. 결국, 외환위기 이후 가속화된 비정규직화는 그로 인해 새롭게 등장할 다차원적인 노동의 권리를 규명하고 보호해야 하는 과제를 낳았지만, 노동조합과 단체교섭제도는 삼중 딜레마의 제약에 묶여 제대로 기능하지 못하고 있다.

4. 비정규직의 젠더화: 한국의 사례

한국 사회가 지난 2, 30여년간 겪어온 비정규직화의 가장 중요한 특징 중의 하나는 비정규직의 젠더화이다. 급격한 산업화에도 불구하고, 한국 사회는 여전히 여성에 대한 가부장적 태도를 지니고 있다. 그로 인해 남성 생계부양자 규범은 여성 교육 수준 향상 및 동등한 법적 지위 확립과 같은 구조적 변동을 능가해 견고하게 유지되었다. 1997년 아시아 경제 위기와 그에 따른 신자유주의적 노동시장 개혁은 많은 노동자에게 큰 변화를 야기했다. 사용자는 여성을 더 빈번하게 해고했고, 비정규직 일자리는 여성이 주로 속한 서비스산업에서 더 광범위하게 퍼져나갔다(조순경, 1999; 금재호, 2002). 결과적으로 위기 이후에 여성과 남성의 임금격차는 더 커졌으며, 여성 노동자는 더 교묘해진 불평등을 경험해야 했다(Lee, 2004; Kim and Voos, 2007). 이런 추세에 대응하기 위해 2007년 「비정규직 보호법」이 도입되긴 했으나, 이미 앞 절들에서 살펴본 바와 같이 더 악화된 형태의 비정규 고용형태를 막기에는 역부족이었다(Lee, 2011).[12] 이 절에서는 「비정규직 보호법」 도입 전후인 2006년과 2013년의 고용 상황의 변화를 비교함으로써 미진했던 법적 개입이 여성 노동자에게 미친 영향을 살펴보았다. 성 중립적인 신자유주의 개혁이 여성의 고용에 더 악영향을 미쳤던 것처럼, 법적 개입 또한 심각하게 젠더화된 한국 노동시장에서 여성과 남성 노동자를 동등하게 보호하지 못할 수 있다. 따라서 「비정규직 보호법」이 여성 노동자에게 미친 영향은 젠더화된 노동시장이라는 맥락하에 분석되어야 한다.[13]

1) 불안정 노동과 젠더

불안정 노동의 젠더화는 한국만의 특별한 상황은 아니다. 신자유주의의 확산, 전 지구적 생산양식과 글로벌 생산체인으로의 노동력 통합은 불안정 노동(precarious work)의 증가를 불러왔다(kalleberg and Hewison, 2013). 비록 여성과 남성 모두 위험하고 안정적이지 못한 노동에 노출된 것은 사실이지만, 여성이 더 주변적이고 비정형적이거나 단시간인 비정규직에 불균형적으로 집중되었다(Cranford et al., 2003; De Ruyter and Warnecke,

12 이 수치는 공식 통계에서는 제외된 장기간 혹은 모호한 한시적 노동자를 포함해 계산된 수치다. 여기서 사용되는 비정규 노동의 정확한 정의는 뒤에서 자세히 설명된다.

13 2008년의 경제 위기 또한 여성 노동자들에게 영향을 미쳤다. 일시적으로 여성의 고용률은 남성에 비해 더 많이 감소했다. 그러나 여성 고용은 위기 이전 수준으로 빠르게 회복했고, 성별 직종 분리의 구조는 그대로 남게 되었다. 일반적으로 한국 여성들은 전문직 및 관리자 직업에 있어 과소 대표되고 있다. 2007년과 2009년 모두 단 0.5%의 여성 노동자만이 관리자로 고용되었다. 2007년 전문직이나 기능직종에서 여성은 18.2%가 고용되었고, 이 수치는 소폭 증가해 2009년에는 20.1%가 고용되었다(한국노동연구원, 2015). 2008년 경제 위기가 고용에 미친 영향은 1997년 경제 위기에 비해 미미했다(홍민기, 2009).

2008). 여성 노동의 비정규직화는 선진국과 개발도상국 모두에서 관찰된다(De Ruyter and Warnecke, 2008). 심지어 같은 비정규직이라 하더라도 여성은 유연성은 더 크고 직업적 기회는 더 적은 일자리에 집중되어 있다(Marler and Moen, 2005). 비정규직의 이런 위계성으로 인해, 여성과 남성의 승진 가능성 또한 다르게 나타난다. 남성은 한시적 시간제 고용계약을 맺었을 때만 승진에서 불이익을 겪지만, 여성은 시간제 정규직, 한시적 기간제 및 시간제 고용 모두에서 승진 불이익을 받는다(Zeytinoglu and Cooke, 2008).

그러나 약한 노동운동과 함께 남성 생계부양자 모델이 강하게 잔존하고 있다는 점에서 한국과 일본에서 특히 불안정 노동의 젠더적 특성이 가장 두드러지는 것도 사실이다. 이 두 국가에서 여성은 비정규직 노동자가 될 가능성이 현저하게 높다. 한국과 일본은 고도로 세계화된 경제체제를 지니고 있으며, 기업들은 불안정한 일자리의 확산을 통해 비교우위를 극대화하려 한다. 한국과 일본의 기업별 노조와 기업 차원에 집중된 노사관계는 비정규직의 노동조건을 위한 개선에 큰 관심을 보이지 않았다(Kalleberg and Hewison, 2013). 일본의 사용자는 자격을 갖춘 여성 노동자에게 정규직을 보장하거나 사적 복지를 제공하지 않으며, 기업별 노조나 정부 또한 불평등한 처우나 불안정한 미래로부터 비정규직 여성을 보호하지 않는다. 일본의 경우 이러한 비정규직의 극도로 취약한 지위는 이런 일자리에 집중된 여성 노동자가 남성 생계부양자에게 의존하도록 만든다(Gottfried, 2008). 특히 시간제 노동에서 많이 나타나는 비정규직의 젠더화는 일본에서 오랫동안 존재해왔고, 한국에서는 1990년대 후반 경제 위기 이후 빠르게 확산되었다. 이런 이유로, 한국 사회에서의 표준고용관계의 감소는 성 중립적인 과정이 아니었다. 경제 위기에도 불구하고, 전체 남성 노동자 중 정규직 비중은 1997년 64.7%에서 1998년 65.1%로 증가했다.

반면 전체 여성 노동자 중 정규직 비중은 같은 기간 38.2%에서 34.2%로 급락했다(Lee and Lee, 2004: 148~149). 정규직 노동자와 비정규직 노동자의 임금 차이는 경제 위기 이후 계속해서 증가했으며, 비정규직 여성 노동자는 평균적인 정규직 남성 노동자의 절반에 한참 못 미치는 임금을 받았다. 이에 더해, 임금 차별로 여겨지는 성별 임금격차의 설명되지 않은 부분은 경제 위기 이후 더 증가했다(Kim and Voos, 2007). 한국의 기업별 노조는 그들의 독특한 제도적 형식을 일본과 공유하면서, 사용자가 여성 비정규직을 고용조정의 완충 장치로써 빈번하게 이용할 수 있도록 했다(Lee 2004).

불안정 노동 젠더화의 원인에 대해 설명하는 두 상반된 이론적 관점 중 인적자본론은 교육 수준이 높고, 더 능력이 크고, 직업훈련을 많이 받은 사람일수록 높은 임금을 받는 일자리를 얻거나 더 좋은 직업적 기회를 가진다고 본다(Becker, 1993). 이 이론은 가족에 대한 돌봄에 더 큰 책임을 지는 여성이 남성에 비해 인적자본을 향상하는 데 더 적은 시간과 노력을 쏟는 경향이 있다고 가정한다(Becker, 1985). 여성이 시간제와 같은 불안정한 환경에서 더 많이 일하게 되는 이유이다. 영(Young, 2010)은 이 이론의 타당성을 성별직종분리이론과 유사한 젠더 계층화이론과의 비교를 통해 검증하며 반박했다. 사용자가 더 많은 인적자본을 보유한 직원에게 더 많은 보상을 한다 해도, 바로 이들 사용자가 여성을 차별하기 때문에 여성은 같은 성과에 대한 같은 보상을 받지 못한다. 미국의 2002년 국가 노동력 조사를 분석한 결과, 여성과 동일한 인적자본을 소유한 남성은 더 많은 임금을 받고, 시간제로 일할 가능성은 더 적었다.

성별직종분리에 대한 공급차원의 원인을 강조하는 이론은 남녀의 서로 다른 직업적 열망과 그에 따른 선택으로 여성이 불안정 노동에 종사할 가능성이 높아진다고 설명하지만, 이는 실제로 수요 측 설명과 결합되어 있다(England and Folbre, 2005: 630). 여성은 임금이 남성보다 낮아 가계 소득에 기여하는 바가 상대적으로 작기 때문에 가정 내에서 협상력을 지니기 어렵고 결과적으로 더 많은 집안일과 육아를 도맡게 된다. 이는 다시 여성의 경력 개발에 악영향을 미치고 직업적 열망을 낮추며, 궁극적으로는 일터에서의 성별직종분리와 차별을 유발한다. 이러한 딜레마는 한국의 노동시장에도 일반적으로 적용된다. 성별직종분리와 관련해 두 가지 공급 차원의 설명이 존재하는데, 그것은 사용자의 채용이나 배치에서의 직접 차별과 겉으로는 중립적인 기준이 여성에게 더 나쁜 차별적 효과를 가져오는 간접 차별이다(England and Folbre, 2005: 630). 한국은 두 가지 차별적 관행이 모두 만연한 고도로 이중화된 노동시장을 지니고 있다.[14]

고용상의 지위는 인적자본의 영향력을 측정할 수 있는 간접적인 지표다. 기술 변화와 글로벌 무역 경쟁은 높은 교육 수준, 특히 대학교육 이상의 가치를 높였고, 낮은 교육 수준을 가진 노동자들을 불안정 노동의 위험에 노출시켰다. 만약 여성과 남성이 교육 수준에 따라, 심지어 같은 성별 안에서도 다르게 보상받는다면, 인적자본투자나 가족 책임에 기반한 인적자본론이 인정하는 것보다 한국의 노동시장 및 젠더화된 조직에 성 불평등이 더 깊이 침투되어 있음을 의미한다.

14 과거 권위주의 정권의 중화학공업을 기반으로 한 수출 주도형 산업 전략은, 수출 주도형 대기업을 중심으로 하는 생산 독점을 부추겼다. 1987년 민주화는 해당 분야의 노동조합을 강화해, 높은 임금과 고용안정성이라는 내부노동시장을 형성했다. 중소기업에 근무하는 다수의 노동자들은 같은 혜택을 누리지 못했고, 보호받는 핵심부 노동자와 그렇지 못하는 주변부 노동자 사이의 격차는 시간이 지남에 따라 커졌다(Lee and Lee, 2004: 143~148).

2) 「비정규직 보호법」의 한계

1997년 외환위기 이전까지 한국은 높은 경제성장률과 함께 수십 년간 거의 완전고용을 보장했었다. 그래서 경제 위기가 닥쳤을 때 실업률이 치솟은 것은 국가적 충격이었다. 이런 높은 실업률은 비정규직의 증가로 완화되었지만, 불안정 노동의 확산은 또 다른 정치적 관심사가 되었고, 결국 정부는 이에 대응해 2007년 7월 「비정규직 보호법」을 도입했다. 이 법은 기간제 노동자의 최대 고용 기간을 2년으로 제한했다. 이미 앞에서 개략적으로 소개된 바와 같이, 만일 기간제 노동자가 2년 이상 고용되었다면 그 노동자는 무기계약직이나 정규직으로 간주된다. 또한 파견노동자가 2년 이상 고용될 경우에는 그 사용자에게 즉시 직접 고용의 의무가 주어진다. 만일 비정규직이 차별을 받는다면 노동위원회를 통해 조정 및 중재를 받을 수 있다. 이 법의 도입 이후, 대부분의 경제학자는 이러한 규제가 고용 성장에 미칠 영향을 우려했다. 남재량과 박기성(2010)은 이 법안이 기간제 및 비정형 노동자와 심지어 정규직 노동자에 대한 고용을 감소시켰음을 밝혔다. 유사한 데이터와 방법론을 사용해 김명환과 김기승(2014)은 「비정규직 보호법」이 규모가 작은 사업장의 고용에 더 부정적인 영향을 미쳤음을 발견했다. 법학자는 고용 차별의 해결책과 관련된 법적 문제에 관심을 두었다. 노상헌(2013)은 비정규직 노동자를 제대로 보호하기 위해서는 근로감독관의 수와 역할을 확대해야 한다고 강조했다. 유사하게, 허익수(2009)는 노동위원회가 절차에 있어서 속도와 공정성 향상이 필요하며, 위원회 구성원의 자격 요건을 강화하고 노동자와 고용주의 대표성을 포괄할 필요가 있다고 제안했다. 박지순(2009)은 탈법적 사내 하도급 관행이 현행법 구조하에 규제되지 않고 있음을 지적하며 도입된 「비정규직 보호법」의 개정을 요구했다.

그러나 이 「비정규직 보호법」의 치명적인 약점은 차별금지 혹은 동등 대우 원칙과 관련되어 있다. 이 원칙은 ILO의 규정과 기간제 노동자에 대한 EU의 지침에서 흔히 발견된다. 이들 규약의 핵심은 기간제 노동자에게 "정규직 고용을 맺는" 것과 유사한 보호를 제공하는 것이다(Vosko, 2008: 137). 문제는 이 원칙이 유사한 업무에 종사하는 정규직이 있어 그 위반 정도를 비교할 수 있을 때만 적용 가능하다는 점이다. 한국은 성별직종분리로 인해 특정 직종의 비정규직 일자리가 거의 전부 여성으로만 구성된 경우가 상당수이다. 이런 경우 비교 대상이 없으므로 직접적인 차별을 증명하기 어렵다. 이러한 접근은 표준고용관계와 가장 흡사한 고용상의 지위를 가진 노동자들에게는 도움을 주지만, 이와 크게 다른 형태의 고용계약 하의 노동자에게는 별 도움이 되지 않는다(Vosko, 2008: 139). 「비정규직 보호법」이 기간제 노동자의 고용 기간을 최대 2년으로 제한했지만, 사용자는 정규직과 유사한 인구사회학적 특성을 가지고 유사한 직무에 종사 중인 비정규직만을 재고용했으며, 나머지 비정규직에 대해서는 초단기간 고용이나 외주화를 광범위하게 활용했다. 물론 표준고용관계와 거리가 먼 고용형태에는 남성보다 여성 노동자가 집중되어 있었다.

「비정규직 보호법」의 한계는 일하는 여성을 지원하는 기존 법률의 비효율성으로 인해 더 크게 부각되었다. 「근로기준법」 제6조는 노동자의 성별에 기반한 차별을 금지하고 있으며, 「남녀고용평등법」에도 사용자에게 구체적으로 모집과 채용, 임금, 교육 배치 및 승진, 퇴직 및 해고 등에 있어서 성별에 따라 차별하지 말라고 적시되어 있다.[15] 1995년 「고용평등법」 개정에서 동일노동 동일임금 조항이 포함되었으며, 1999년에는 간접 차

15 「남녀고용평등법」은 1987년에 처음 도입되었고, 이후 몇 번의 개정을 거쳐 2008년에 「남녀고용평등과 일 가정 양립 지원에 관한 법률」로 명칭이 변경되었다.

별 조항까지 마련되었다. 그러나 이런 여러 법률의 존재에도 불구하고 고용상의 성차별은 지속되었으며, 이의 시정을 위한 정부의 노력은 그저 형식적인 차원에 머물러 실효성을 담보하기 어려웠다(조순경, 1990; 정형옥, 2007). 이에 더해, 여성의 조직률은 정규직과 비정규직을 막론하고 남성보다 현저히 낮았다. 실제로 비정규직 여성의 경우 남성이나 정규직보다 노동조합에 의해 대표되기가 훨씬 어렵다(Croucher and Miles, 2009). 또한 사용자는 「비정규직 보호법」의 취지와 정반대되는 다양한 인적 관리 전략을 사용했다. 예를 들어, 비정규직의 경우 고용계약을 2년 미만으로 체결하고, 또 다른 비정규직으로 그 자리를 대체하는 방식이다. 또한 사용자는 전(全)부서와 생산라인을 외주화하는 방식으로 기간제 노동자의 수를 줄이기도 했다(Kim, 2009). 정규직과 거의 동일한 일을 하는 비정규직에게 약간 차이 나는 다른 직무를 포함시키는 방식으로 「비정규직 보호법」상의 차별금지 조항을 비켜나갔다. 외주화되고 초단기화된 이런 일자리의 상당수가 여성 비정규직으로 채워졌지만, 동일한 업무에 종사하는 남성이나 정규직이 없는 한, 차별의 근거를 제시하기 매우 어려운 것이 현실이었다.[16]

심지어 사용자가 「비정규직 보호법」을 준수해 2년 이상 고용된 비정규직을 정규직으로 고용하기로 한 몇몇 사업장에서도 성차별은 여전히 만연했다. 금융 위기 이후, 대대적인 구조조정과 고용조정 조치를 경험한 금융권이 대표적 사례다. 주요 은행과 증권사는 2007년 「비정규직 보호법」 제정 이후 분리직군제를 도입했는데, 이들은 정규직과 같이 기한의 제한이 없는 고용계약을 맺긴 했지만, 임금인상의 혜택을 거의 받지 못했으며 승진 기회는 없는 것과 마찬가지였다. 물론 다른 직군으로 이동할 수도 없었

16 차별적 처우 혐의를 받은 사업주는 2008년 1,947건으로 정점을 찍었으나, 2009년 1월부터 2009년 7월까지 57건으로 대폭 축소되었다(조상균, 2010).

다. 이런 분리직군에 고용된 노동자의 절대다수는 여성이었다. 경제 위기 이후의 노동시장에서의 성차별은 더욱 정교하게 기획되어 「비정규직 보호법」이나 기존의 고용평등법만으로는 이런 새로운 형태의 성차별을 시정하는 데 역부족이었다(이주희, 2008).

3) 나쁜 일자리 특성과 젠더 분포

그렇다면 「비정규직 보호법」의 도입 이후 비정규직 노동자의 전반적인 노동조건은 성별에 따라 어떻게 변화했을까? 도입 전후의 비교를 위해 통계청의 2013년도 경제활동인구조사 부가조사와 도입 직전인 2006년의 조사를 분석했다. 정부가 계속해서 비정규직 고용과 관련된 조사 문항을 바꾸었기 때문에, 2006년은 2013년과 문항과 같은 유일한 조사이기도 했다. 이 장의 도입부에서 소개한 바와 같이, 이 시기 정부의 공식 통계는 보수적으로 집계되어 전체 노동력 중 비정규직의 비율이 35% 정도에 머물고 있었으나, 한국노동사회연구소와 한국비정규노동센터와 같이 독립적이거나 친노동적인 연구기관에서는 같은 기간 동안 비정규직을 대략 50%로 추정했다.[17] 조사의 한 질문에서는 기간제임을 명확하게 밝히지 않았지만 다른 질문에서는 한시적인 상황에서 일하고 있음을 밝힌, 공식 통계에서 비정규직으로 분류되지 않은 노동자의 임금과 노동조건을 조사한 결과, 이들은 정부 통계상의 비정규직과 유사하거나 더 열악한 상태에서 일하고 있었다. 따라서 이들도 비정규직으로 포함시켜 분석했다.

17 신광영(2010: 222)에 따르면, 정부의 낮은 추정치는 노동시장의 불안정성을 경시하려는 의도를, 노동계의 높은 추정치는 정부의 신자유주의 경제 정책의 문제점을 지적하고자 하는 의도를 내포한다. 친노동 기관인 한국노동사회연구소 이사장 김유선은 비정규 고용의 비율을 2007년 52.1%로 추정한 반면, 노사정위원회에서는 2008년 35.9%로 추정했다.

〈표 4-6〉 2006년과 2013년의 성별에 따른 고용 상태 및 나쁜 일자리 특성의 비율

	여성(W) 남성(M)	정규직		비정규직		한시적		비정형		시간제	
		2006	2013	2006	2013	2006	2013	2006	2013	2006	2013
고용형태 (%)	W	30.8	41.8	69.2	58.2	44.9	31.4	12.1	9.5	12.3	17.3
	M	52.3	62.0	47.7	38.0	34.8	22.7	9.1	10.3	3.9	5.1
평균 교육 기간	W	13.8	14.0	11.4	11.7	11.7	12.2	10.4	11.0	11.4	11.4
	M	14.0	14.4	12.3	12.5	12.6	13.0	11.1	11.5	11.7	12.3
평균 나이	W	33.6	37.1	39.8	44.2	38.0	41.8	45.8	48.8	40.7	46.0
	M	39.4	41.1	39.9	43.7	38.2	41.2	45.7	49.0	41.6	44.1
최저임금 미만[a] (%)	W	0.9	4.5	26.9	49.4	13.7	31.9	24.6	36.8	77.3	88.0
	M	0.2	1.2	11.5	24.3	6.1	14.1	10.6	18.1	62.2	82.6
퇴직금 없음(%)	W	2.3	0.5	81.8	69.6	77.1	62.4	82.4	64.0	98.0	85.7
	M	2.0	0.8	75.0	64.8	71.5	57.8	78.3	66.5	99.1	92.9
유급 휴가 없음 (%)	W	25.4	11.3	84.1	75.9	79.6	68.6	87.6	73.8	97.4	90.4
	M	21.5	10.3	79.7	70.8	75.8	63.8	86.5	75.7	99.0	92.4
기업 규모 〈 5 (%)	W	7.9	10.0	35.0	36.2	33.1	35.2	27.8	25.1	49.0	44.2
	M	4.8	6.5	26.9	27.4	26.2	23.4	23.9	29.5	40.4	41.6
연금 없음[b] (%)	W	1.9	1.8	68.0	67.1	58.9	57.0	73.6	68.7	95.8	84.4
	M	1.9	4.1	60.6	64.2	53.0	52.8	73.4	75.9	99.0	92.0
노조 미가입(%)	W	82.5	82.6	97.8	98.4	97.3	97.8	97.7	98.6	99.8	99.4
	M	76.6	76.9	95.3	96.7	94.3	95.6	97.6	98.0	99.2	99.2
직업훈련 없음(%)	W	61.2	41.9	81.4	68.2	83.5	70.9	67.4	51.3	87.4	72.8
	M	57.2	37.4	83.4	70.8	82.4	69.4	83.6	70.8	91.9	76.9
비자발적 일자리(%)	W	7.4	14.3	48.5	52.7	47.1	52.2	55.4	51.9	46.9	53.9
	M	7.1	12.0	52.3	57.4	46.7	51.3	67.7	69.9	66.7	59.9
사례 수 (천)	W	1,983	3,283	4,459	4,565	2,892	2,465	777	743	790	1,357
	M	4,656	6,442	4,252	3,950	3,099	2,357	808	1,067	345	526

a: 2006년과 2013년의 최저임금은 각 년도의 최저시급인 3,100원(647,900원)과 4,860원(1,015,740원)을 기준으로 계산되었다(http://molab.go.kr).

b: 회사 연금제도의 혜택을 받지 못하는 노동자를 의미한다.

자료: 통계청의 2006년과 2013년의 경제활동인구 부가조사 저자 계산.

〈표 4-6〉은 예상대로 비정규 일자리에서 여성은 과대 대표되고 있음을 보여준다. 비록 2013년에 그 비중이 감소했다 해도, 대다수의 여성 노동자는 2006년과 2013년 모두 비정규직으로 더 일했던 반면 남성은 과반이 2006년에 정규직으로 일하고 있었고, 그 비중은 2013년에 더 상승했다. 「비정규직 보호법」의 영향은 여성에게 더 복합적인 영향을 미쳤다. 비정규직 도입 이후는 2013년 비정규직 비율이 남녀 모두에게서 약 10%p 전후로 감소한 것으로 드러났으나, 이런 감소는 비정규직의 다수를 차지하며 임금수준이나 노동환경이 다른 비정규 고용형태에 비해 상대적으로 양호한 한시적 노동자의 경우에만 두드러졌다. 반면, 비정형적인 노동에 종사하는 노동자의 비중은 여성의 경우 소폭 감소했고, 남성의 경우는 소폭 증가했다. 주목할 만한 점은 비정규직 중 가장 월평균 임금소득이 높고 불안정한 일자리에 속하는 시간제 노동자의 비율이 여성에게서 2006년 12.3%에서 2013년 17.3%로 급격히 상승했다는 점이다. 같은 기간 동안 남성 시간제 고용은 단 1.2%p만 증가했을 뿐이다. 이런 현실은 「비정규직 보호법」이 정규직과 가장 유사한 지위에서 일했던 비정규직은 어느 정도 보호하는 데 성공했을지라도 더 불안정한 여성 비정규직 노동자는 보호하지 못했음을 보여준다.

정규직과 비정규직의 임금과 사회적 보호 수준의 차이를 비교하면, 더 심각한 불평등이 드러난다. 여성 노동자가 더 나쁜 형태의 비정규직에 과다 대표되어 있기 때문에, 「비정규직 보호법」은 궁극적으로 노동시장에서의 성 불평등에도 부정적인 영향을 미쳤다. 성별과 무관하게 정규직 중에서 최저임금 미만을 받는 노동자는 거의 없었지만, 2006년과 비교해 2013년에는 최저임금 미만을 받는 비정규직이 급증했다. 그 심각성은 남성 비정규직보다 여성 비정규직에게서 더 두드러졌는데, 2013년에는 거의 절반에 가까운 여성 비정규직이 최저임금보다 낮은 임금을 받고 있었다. 여성의 시간제 고용 증가가 이런 문제를 악화시킨 것은 사실이지만, 여성 한시적 노동자의 1/3가량이 최저임금보다 낮은 임금을 받고 있다는 점을 고려한다면 그것만을 주요 요인으로 보기는 어렵다. 같은 2013년, 남성 한시적 노동자의 단 14.1%만이 최저임금보다 적게 벌었다. 남녀 비정규직 모두 정규직 대비 상대적 임금 수준이 2013년 더 하락했지만, 여성의 임금이 남성보다 낮았기 때문에 이는 여성 노동자에게 더 큰 고통으로 작용했다. 최저임금 수준이 정규직 노동자의 26~33% 정도에 불과하다는 것(김유선, 2009)과, 상당수의 여성 비정규직이 그런 최저임금보다도 낮은 임금을 받고 있다는 현실은 이들이 높은 수준의 빈곤의 위협에 노출되어 있다는 점을 시사한다.[18] 또한 2006년에 비해 2013년에는 회사가 제공하는 퇴직금과 유급휴가를 누릴 수 있는 비정규직은 증가했지만, 여전히 2/3 이상의 노동자는 이러한 혜택을 누리지 못하고 있었다. 적어도 이런 일자리 특성에서의 남녀 비정규직 격차는 크지 않았다. 비정규직이 노조에 가입하거나 단체교섭에 참여하기 어렵다는 점에서도 남녀 비정규직은 유사해, 거의 대부분의 여성(98.4%)과 남성(96.7%) 비정규직은 노조에 가입하지 못했다. 비자발적 일자리의 비중도 2013년에 남녀 비정규직 모두에게서 좀 더 증가했다.

요약하자면, 2013년의 경우 비정규 고용의 전반적인 규모는 감소했지만, 분석 결과 비정규직의 상황이 2006년에 비해 개선되었다고 말하기는 어렵다. 사실상 정규직으로 전환되지 못한 채 비정규직으로 남아 있던 남녀 노동자의 경우 임금수준은 악화되었고 사회적 보호에서의 변화도 미미했다. 그러나 남성 비정규직에 비해 고통받는 여성 비정규직의 비율이 훨씬 더 많았고, 그 고통의 정도도 더 심했다.

---

18 OECD는 최저임금률이 정규직 통상임금률의 50% 정도는 되어야 한다고 권고한다.

4) 비정규직의 결정요인으로서의 젠더

2006년과 2013년의 추세를 좀 더 엄밀하게 검토하기 위해 로지스틱 회귀분석을 사용한 분석 내용이 〈표 4-7〉에 나타나 있다. 여성은 인적자본 수준이나 산업, 직군 등을 통제한 이후에도 남성에 비해 2006년에 비정규직으로 고용될 개연성이 컸지만, 2013년에는 이 승산이 훨씬 더 커졌으며 통계적 유의도도 높아졌다.

성별 외에 주목할 만한 변수는 학력이다. 2006년에는 대졸 이상에 비

〈표 4-7〉 2006년과 2013년의 비정규직에 대한 로지스틱 회귀분석

독립변수	2006		2013	
	로지스틱 계수	Exp(B)	로지스틱 계수	Exp(B)
여성	.139*	1.149	.377***	1.458
(대졸 이상)				
고졸 이하	.139	1.149	.336***	1.399
고졸	-.152**	.859	.118	1.125
초대졸	-.188**	.829	-.067	.935
여성 X 고졸 이하	.063	1.065	-.296**	.744
여성 X 고졸	.234**	1.264	-.277**	.758
여성 X 초대졸	.093	1.097	-.137	.872
나이	.012***	1.012	.021***	1.021
생계부양자	-.248***	.781	-.104*	.901
(비혼)				
결혼	-.034	.967	-.144**	.866
이혼 및 사별	.300**	1.349	.134	1.143
월급	-.010***	.990	-.009***	.991
(30인 미만 사업장)				
30~300 사업장	-.547***	.578	-.285***	.752
300인 이상 사업장	-.369***	.691	.275***	1.317

독립변수	2006		2013	
	로지스틱 계수	Exp(B)	로지스틱 계수	Exp(B)
(도소매업)				
제조업	-1.119***	.327	-1.154***	.315
건설업	.356***	1.428	.569***	1.766
금융 및 보험업	.822***	2.276	1.298***	3.662
사업 서비스	.950***	2.585	1.335***	3.798
보건 및 사회서비스	-1.223***	.294	-.719***	.487
기타 산업[a]	-.487***	.615	-.018	.982
(단순노무종사자)				
전문직 및 관리자	-.542***	.581	-.474***	.622
사무직	-1.144***	.319	-1.384***	.251
판매 및 서비스	.291***	1.338	.213***	1.237
노조 가입	-1.268***	.281	-1.496***	.224
직업훈련	-.210***	.811	-.498***	.608
(상수)	2.714***	15.086	1.669***	5.306
-2LL	23117.849		22613.003	
X^2	12811.951(df=25)***		13100.950(df=25)***	
N	26,328		25,775	

*p<.05, **p<.01, ***p<.001

a: 기타 산업은 농림어업, 광업, 전기, 운수, IT, 공공행정, 개인 서비스, 수리, 예술 및 여가 산업, 전문서비스업 등을 포함한다.

자료: 통계청의 2006년과 2013년의 경제활동인구 부가조사 저자 계산.

해 고졸과 초대졸이 비정규직이 될 승산이 1보다 작았는데, 이는 대졸보다 학력이 조금 낮을 경우 비정규직이 될 가능성이 더 적었음을 의미한다. 2013년 자료에서 이 로지스틱 회귀계수들은 통계적 유의성을 잃었고, 대졸은 그들보다 학력이 상당히 낮은 고졸 이하의 집단보다 훨씬 더 유의한 수준에서 고용의 안정성이 확보된 것으로 드러났다. 이러한 변화는 「비정규직 보호법」의 효과로 일부 설명될 수 있다. 사용자는 법적 규제를 통해 정규직 노동자와 유사한 비정규직 노동자의 수를 최소화하라는 압력을 받았다. 그러나 교육 수준은 두 해 모두에서 성별과 유의미한 상호작용 효과가 있었는데, 대졸 이상이 집단과 비교했을 때 저학력 그룹에서의 비정규직 고용 가능성이 성별에 따라 다르게 나타났다. 이 현상을 보다 정확하게 분석하기 위해서, 여성과 남성에 대한 별도의 로지스틱 회귀분석이 필요했다(이후 〈표 4-8〉 참조). 2006년과 2013년에 비정규직으로 고용될 가능성은 고령 노동자가 더 컸고, 생계부양자의 경우 더 낮았다. 예상대로 도소매업보다 제조업에서 비정규직으로 고용될 승산이 더 낮았고, 단순노무직에 비해 전문직 및 관리자와 사무직은 비정규직으로 고용될 승산이 더 낮았다. 그러나 판매 및 서비스 노동자의 경우 단순노무직에 비해서도 비정규직으로 고용될 가능성이 더 컸다. 또한 직업훈련 경험이 있거나 노동조합원일 경우 비정규직으로 고용될 승산이 크게 낮아지는 것으로 드러났다.

2006년과 비교했을 때 2013년에 통계적 유의성을 얻거나 잃은 변수 중 기업 규모는 가장 극적인 변화를 보여주었다. 2006년의 경우 상대적으로 영세한 30인 미만 기업에서 일하는 노동자가 그보다 큰 사업장에서 일하는 노동자에 비해 비정규직으로 고용될 승산이 더 높았다. 그러나 7년이 지난 2013년에는 오히려 300인 이상 대규모 기업에서 일하는 노동자가 비정규직으로 일할 가능성이 더 커졌다. 30인부터 300인 미만을 고용하는 중견기업에서의 비정규직 승산비는 2006년과 마찬가지로 2013년에도 통계적으로 유의하게 낮은 채로 남아 있었다. 이 결과는 앞의 〈표 4-1〉에서 살펴본 2023년의 고용형태 공시제 자료 분석 결과와 일치한다. 2014년 고용형태를 처음 공개했을 때 300인 이상 기업의 비정규직 고용비율은 37.3%였지만, 기업 규모가 더 클수록 비정규직 전체 고용비율뿐 아니라, 보다 더 불안정한 비정규직인 간접고용된 파견이나 용역 등 비정형 노동자의 비율이 높아졌다. 2023년 공시된 자료 결과도 이와 유사했다. 이는

「비정규직 보호법」의 도입 이후, 대기업에서 간접고용 등 다양한 비정규직을 소규모 사업장보다 좀 더 적극적으로 사용했음을 명백하게 보여준다.

〈표 4-8〉은 2006년과 2013년, 독립변수가 비정규직으로 고용될 가능성에 미치는 영향력을 남성과 여성으로 각각 분리해서 보여줌으로써, 〈표 4-7〉에서 나타난 성별과 교육기간의 상호작용 효과가 무엇을 의미했는가를 파악할 수 있게 해준다. 분석 결과를 간단히 요약하자면, 2006년과 비교해 2013년에는 교육이라는 인적자본 변수가 남성에게는 고용안정성을 높여주는 것으로 드러났지만, 여성에게는 그런 효과가 나타나지 않음은 물론, 오히려 고학력 여성의 고용안정성을 더욱 낮추는 것으로 나타났다. 실제로 2006년, 대졸 이상 여성의 고용안정성과 그 이하 학력을 가진 여성의 고용안정성에 있어 통계적으로 유의한 차이가 없었다. 그러나 2013년에는 대졸 이상의 여성은 초대졸, 고졸, 고졸 이하의 모든 여성 집단과 비교해 비정규직으로 고용될 승산이 더 높아졌다. 남성에 대한 로지스틱 회귀분석은 이와 정반대의 결과를 보여준다. 반면 2006년 교육 수준별로 유의미한 차이를 보이지 않았던 남성의 경우, 2013년에는 대졸 이상의 교육을 받은 남성보다 초대졸이나 고졸 학력의 남성이 비정규직이 될 승산이 유의미하게 높아졌다. 이러한 남성 노동자에 대한 노동시장의 변화는 비숙련 일자리를 줄이고 교육과 고용의 연계를 강화하는 일반적인 추세와 일치한다(Tayler-Gooby, 2004: 4). 표준고용관계 중심의 「비정규직 보호법」이 교육받은 남성 노동자들이 노동시장에서 상대적으로 안정적인 지위를 찾고 유지하는 데 일조한 것이다. 이런 분석 결과는 여성 노동자의 인적자본에 대한 투자가 노동시장에서 동일하게 보상받지 못함을 시사한다. 같은 학력 수준의 남성 노동자와 달리 대졸 이상의 여성은 노동시장에서 남성과 같은 수준의 고용안정성을 보장받지 못했다. 이와 유사하게, 생계부양자 지위로 인한 고용안정의 혜택은 2006년과 2013년 모두 남성 노동자

〈표 4-8〉 2006년과 2013년의 성별에 따른 비정규직에 대한 로지스틱 회귀분석

독립변수	2006년				2013년			
	여성		남성		여성		남성	
	로지스틱 계수	Exp(B)	로지스틱 계수	Exp(B)	로지스틱 계수	Exp(B)	로지스틱 계수	Exp(B)
(대졸 이상)								
고졸 이하	-.111	.895	.254**	1.290	-.292*	.747	.532***	1.703
고졸	-.078	.925	-.106	.900	-.359***	.698	.214**	1.238
초대졸	-.100	.905	-.185**	.831	-.229**	.795	-.065	.937
나이	.014**	1.014	.009**	1.009	.020***	1.021	.019***	1.019
생계부양자	-.112	.894	-.323***	.724	.107	1.113	-.283***	.754
(비혼)								
결혼	.117	1.124	-.120	.887	.063	1.065	-.228**	.796
이혼 및 사별	.321*	1.378	.169	1.184	.206	1.229	-.031	.969
월급	-.014***	.987	-.009***	.991	-.012***	.988	-.007***	.993
(30인 미만 사업장)								
30~300 사업장	-.591***	.554	-.508***	.602	-.405***	.667	-.178**	.837
300인 이상 사업장	-.457***	.633	-.347***	.707	.220	1.247	.306**	1.358
(도소매업)								
제조업	-1.431***	.239	-.988***	.372	-1.501***	.223	-.976***	.377
건설업	-.432*	.649	.463***	1.589	-.110	.896	.712***	2.038
금융 및 보험업	.998***	2.712	.732***	2.079	1.586***	4.882	1.195***	3.305
사업 서비스	.881***	2.412	1.031***	*2.805*	1.253***	3.501	1.467***	4.337
보건 및 사회서비스	-1.281***	.278	-.546**	.579	-.983***	.374	.273	1.313
기타 산업[a]	-.175	.839	-.619***	.538	.135	1.144	-.072	.931
(단순노무종사자)								
전문직 및 관리자	-.793***	.452	-.513	.599	-.618***	.539	-.467***	.627
사무직	-1.338***	.262	-1.061	.346	-1.733***	.177	-1.146***	.318
판매 및 서비스	.587***	1.798	-.091	.913	.143	1.154	.086	1.090
노조 가입	-1.282***	*.277*	-1.201***	.301	-1.685***	*.185*	-1.390***	*.249*
직업훈련	-.152*	.859	-.267***	.766	-.439***	.645	-.582***	.559

독립변수	2006년				2013년			
	여성		남성		여성		남성	
	로지스틱 계수	Exp(B)	로지스틱 계수	Exp(B)	로지스틱 계수	Exp(B)	로지스틱 계수	Exp(B)
(상수)	3.236***	25.439	2.664***	14.360	2.747***	15.593	1.416***	4.120
-2LL	8867.720		13937.715		9875.051		12417.464	
X^2	4915.435(df=21)***		6713.104(df=21)***		5678.569(df=21)***		6549.041(df=21)***	
N	11,396		14,932		11,594		14,181	

*p<.05, **p<.01, ***p<.001

a: 기타 산업은 농림어업, 광업, 전기, 운수, IT, 공공행정, 개인 서비스, 수리, 예술 및 여가 산업, 전문서비스업 등을 포함한다.

자료: 통계청의 2006년과 2013년의 경제활동인구 부가조사 저자 계산.

에게만 주어졌다. 또한 비혼 노동자와 비교했을 때, 결혼한 남성 노동자는 2006년에는 통계적으로 유의하지 않았으나 2013년에는 비정규직으로 고용될 가능성이 더 낮아졌다. 여성 노동자에게는, 이러한 변수들에 대한 통계적 유의미성이 두 해 모두에서 나타나지 않았다.

산업별 변수의 효과는 2006년보다 2013년에 더 크게 나타나, 사업 서비스업이 도소매업에 비해 비정규직 노동자를 더 많이 사용하는 경향을 보였다. 반면 제조업의 경우 도소매업에 비해 비정규직을 고용하는 비율이 훨씬 더 낮았고, 이러한 추세는 시간이 지남에 따라 더 통계적으로 안정적으로 나타났다. 이 결과는 여성과 남성에 대한 로지스틱 회귀 방정식에서 모두 관찰된다. 여성 노동자에게는 보건 및 사회서비스업이 제조업과 함께 2006년과 2013년 모두 도소매 업종보다 더 안정적인 일자리를 제공했다. 도소매업이 대부분의 여성 노동자를 비정규직으로 고용한 심각하게 젠더화된 고용구조를 지니고 있기 때문이다.

〈표 4-9〉는 교육에 따른 비정규직 고용에 있어서의 성별 격차를 잘 보여준다. 〈표 4-6〉에서 살펴본 바와 같이, 비정규직 노동자는 특히 낮은 교

육 수준을 지니고 있다. 이는 여성과 남성 모두에게 있어서 인적자본의 수준이 비정규직에 고용될 개연성에 영향을 미침을 보여준다. 그러나 성별 격차는 여전히 크게 남아 있다. 남성 대졸자의 단 25%만이 비정규직으로 고용된 데 반해 여성 대졸자는 42.9%가 비정규직으로 고용되었다. 그뿐만 아니라, 남성의 경우 초대졸과 대졸 이상의 차이가 꽤 컸던 반면, 여성의 경우 이 차이는 미미했다. 법 도입 전후 7년 동안, 여성 대졸자의 비정규직 고용 상황은 악화되었다. 비정규직 고용형태 중에서도 시간제 일자리가 가장 취약했는데, 대졸 여성의 비정규직 일자리 비율은 2006년 12.9%에서 2013년 15.9%로 증가했으며, 이 비율은 고졸 여성의 비정규직 비율보다도 더 높았다(15.7%).

비정규직의 성별 격차는 한국 사회에서 진행된 급속한 산업화가 배태

〈표 4-9〉 교육 수준별 비정규직에 나타나는 젠더 격차

	여성(W) 남성(M)	비정규직		한시적		비정형		시간제	
		2006	2013	2006	2013	2006	2013	2006	2013
고졸 이하	W	89.0	85.5	51.1	38.8	21.4	17.5	16.5	29.3
	M	76.1	72.6	44.0	30.7	23.2	29.3	9.0	12.7
고졸	W	76.2	65.1	50.7	36.9	14.2	12.5	11.3	15.7
	M	52.1	46.7	38.4	27.4	10.7	15.4	3.0	3.9
초대졸	W	57.5	45.4	43.7	29.1	5.7	5.2	8.1	11.1
	M	47.2	34.6	38.6	24.9	5.4	6.1	3.2	3.6
대졸 이상	W	49.9	42.9	31.7	22.8	5.3	4.2	12.9	15.9
	M	33.3	25.1	26.3	16.4	3.8	3.8	3.3	4.8
전체	W	69.2	58.2	44.9	31.4	12.1	9.5	12.3	17.3
	M	47.7	38.0	34.8	22.7	9.1	10.3	3.9	5.1

자료: 통계청의 2006년과 2013년의 경제활동인구 부가조사 저자 계산.

한 노동시장의 분절화에 기인하고 있다. 국가는 성장을 촉진하기 위해 전략적 산업 부분에 특별한 혜택을 제공함으로써 경제 분야에 개입해왔다. 이 과정에서 숙련된 남성 노동자는 주로 중화학 분야의 대기업에 고용되었으며, 이들은 소규모 사업장의 노동자에 비해 임금 및 노동조건을 빠르게 향상시킬 수 있었다. 2차 노동시장의 노동자는 절대다수가 조직화되지 않은 채 일자리의 불안정성에 노출되어 있었다(Lee, 1997). 이들 대기업의 관리직은 대부분 남성 대졸자들이 도맡았다. 일반적으로, 여성 대졸자는 2차 노동시장에 머무르기에는 넘치는 자격요건을 지니고 있었지만 1차 노동시장에서는 선호되지 않았다. 한편, 대기업의 사용자는 정규직을 줄이려고 시도하는 과정에서 대부분 여성인 사무직 노동자를 거의 정규직으로 고용하지 않았다. 사용자는 「비정규직 보호법」을 교묘하게 회피하고자 2년보다 약간 적은 기간을 파견 노동자로 고용한 후 이후 다시 기간제로 재고용하는 등 다양한 전략을 구사하기도 했다. 이런 이유로, 상당수의 여성 대졸자는, 그들보다 교육 수준이 낮은 다른 여성 노동자와 함께 비정규직 일자리에 머물러야만 했다.

이러한 분석 결과는 대학교육으로 상징되는 인적자본에의 투자가 여성에게 안정적인 고용을 보장하지 못한다는 사실을 시사한다. 덜 불안정 고용을 보장하지 못함을 보여주었다. 대졸 이상의 남성 노동자는 「비정규직 보호법」의 도입 이후 고용안정성이 더 낮은 인적자본을 보유한 남성 노동자에 비해 높아졌다. 이 법이 정규직과 유사하거나 같은 업무를 수행하는 비정규직 노동자를 정규직으로 전환하도록 했고, 전환된 노동자는 높은 학력을 보유하고 있는 경우가 많았기 때문이다. 그러나 노동시장에 이미 존재하고 있는 이중구조와 성별직종분리로 인해 「비정규직 보호법」은 대졸 이상의 여성 비정규직 노동자에게는 같은 긍정적인 영향을 미치지 못했다. 이러한 결과는 한국 사회에서 인적자본론의 설명력에 대한 근본적인 의구심을 불러일으킨다. 대졸 임금 프리미엄에 따른 임금 상승에서 볼 수 있듯 교육은 삶에서 중요한 결정 요소 중 하나다(Kalleberg, 2009: 10). 교육 불평등이 기존의 정치경제적 불평등을 더 심화시키기 때문에 다양한 정책적 수단을 통해 감소되어야 함은 사실이다. 그러나 여성이 교육 투자에 대한 적절한 보상을 받지 못한다면 상황은 더 심각해질 수 있다. 만약 노동시장에서 처음부터 불이익을 겪은 한국 여성이 교육에 대한 중대한 결정을 내린 이후에도 경제적으로 불안정한 상황에서 벗어날 수 없다면, 결과적으로 교육에 대한 투자를 단념할 가능성이 있기 때문이다.

종합하자면, 비정규직의 젠더화된 특성으로 인해, 비정규직의 증가는 한국 노동시장에서의 성평등에 심각한 도전을 제기했다. 2007년 도입된 「비정규직 보호법」은 불안정하고 예측이 어려운 노동에 종사하는 노동자를 보호하는 중요한 법적 개입이었다. 법이 비정규직 비율을 일정 정도 줄이는 데 영향을 미친 것도 사실이다. 하지만 고용주들은 여성 노동자에 대한 차별적 관행을 지속했고, 법적 규제로 인한 유연성 상실을 보상받기 위해 간접고용, 시간제 일자리와 같은 더 불안정한 형태의 고용을 통해 이익을 취해왔다. 한국의 사례는 보스코(Vosko, 2010)가 위계적 표준고용관계적 접근이라 일컬었던, 표준고용관계 방식의 보호를 비정규직 노동자에게 비례적으로 확대하는 것으로는 비정규직의 쇠퇴를 막을 수 없으며, 여성 노동자의 경우 불충분한 보호와 은밀한 형태의 차별로 더 고통받을 수 있음을 보여준다.[19] 이러한 상황은 기존에 배제되었던 젠더 문제를 통합할 수 있고 차별금지 원칙에 입각한 「비정규직 보호법」을 넘어서는 일에 대한 새로운 사회 시민권 패러다임을 필요로 한다.

---

19 표준고용관계는 소수의 노동자, 특히 남성과 지배적인 인종 및 민족 집단만의 구성원들만을 위해 존재했지만, 다른 모든 형태의 고용에 있어서도 이상적인 고용관계로 간주되었다(Vosko, 2010).

5장

균열일터에서의 모호한 고용관계

1. 모호한 고용관계의 원인과 쟁점

오바마 대통령과 함께 미국 노동부에서 일했던 경제학자 데이비드 웨일(Weil, 2014)은 많은 대기업이 심지어 핵심 업무까지 포함해 기존의 일자리를 과감하게 외주화하는 현상을 '균열일터'라고 표현한 바 있다. 미국을 대상으로 한 연구(Kalleberg, 2000)에 따르면 균열일터에서의 간접고용이나 도급 등 특수고용 노동자는 사용자의 교육 훈련 회피로 인해 더 많은 사고를 경험한다고 한다. 이러한 사용자의 책임 회피는 결국 낮은 신뢰와 몰입도를 유도해 더 큰 악순환의 고리를 형성할 수 있다. 부가급여나 실업보험 등 사용자로서의 의무를 회피하기 위해 상당수의 미국 사용자는 실제로는 단일한 사용자를 대상으로 일하고 있는 실질적 노동자를 독립 도급업자로 잘못 분류하고 있다. 독립 도급업자는 미국에서 그 규모가 증가하고 있는 유일한 비정규직 집단으로 현재로서는 고학력, 고임금 직무에서 일하고 있는 경우도 있지만 궁극적으로는 이들의 비보호 상태가 노동시장의 큰 문제로 등장했다. 한국에서도 문화산업 분야에 흔히 프리랜서로 불리는 독립 도급업자가 많은데, 특히 방송국에서는 「비정규직 보호법」 실행 이후 이들의 독립 도급업자로서의 지위를 강화하려 노력했다. 그에 대한 대응으로 노동자로서 인정받고자 하는 도급업자의 요구도 증가하고 있지만, 문제는 법원에서 그러한 권리를 인정하고 있지 않다는 점이다(서동진, 2012).

칼리버그(Kalleberg, 2011)는 1970년대 이후 미국에서 진행된 노동시장 유연화로 인해 가시화된 간접고용과 특수고용의 현실을 시장에 매개된, 혹은 개방된 고용관계로 묘사한다. 이러 노동은 노동조합이나 강력한 내부노동시장에 의해 규제되는 제도적으로 보호된 일자리와 큰 차이를 보인다. 이와 같은 비정형적 고용관계에서는 고용안정이 높은 조직몰입도와 교환되는 노동자와 사용자 간 심리적 계약이 단절되며, 이는 노동시장에서 2차 세계대전 이후 암묵적으로 유지되어온 전후타협(postwar settlement)을 파괴했다. 이러한 고용관계의 세 가지 주요한 특징을 그는 다음과 같이 요약한다. 첫째는 고용관계가 점점 더 불안정해지고 있다는 것으로, 이러한 고용관계의 가장 핵심적 특성이라 할 수 있다. 둘째는 사용자와 노동자 모두 불확실성의 증대로 인해 미래에 대한 계획을 세우기 어려워졌다는 점이다. 마지막은 사용자로부터 노동자에게로 위험 부담이 이전되었다는 점이다. 이전에는 사용자가 부담하던 고용관계에서의 책임과 위험이 이제는 노동자에게 과중하게 부과되고 있다. 그런 점에서 비정형적인 노동은 모두 위계적이고 집합적인 기존 포디즘 시대 고용계약의 근간을 뒤흔드는 특성을 가진다(Supiot, 1999).

종속적인 노동자는 노동법과 사회보장법에서 각종 규제와 보호의 대상이 되는 반면 자영업자는 민법상의 교환이라는 계약관계를 매개로 고객과 대등한 지위에서 거래할 수 있는 지위를 가지고 있다는 점에서 과거 이 두 집단의 경계는 매우 명확했다(Perulli, 2003; European Commission, 2006). 그러나 실제 노동시장에서는 이러한 경계가 급격하게 허물어지면서 종속적인 노동자와 자영업자 사이의 모호한 영역이 계속해서 확대되고 있다(ILO, 2003; European Commission, 2006). 최근에 등장하는 자영업자는 노동시장의 변화에 잘 적응하는 유연한 집단이라는 새로운 자본주의적 이데올로기를 반영한다(Dekker, 2010).[1] 한국의 경우 세계화의 확산이나 산업구조의 변화뿐 아니라 국가의 적극적인 노동시장 유연화 정책 역시 이러한 다변화된 고용관계의 주요 원인이었다(강성태, 2007). 자영업자와 노동자의 이분법에서 벗어난 노동자 중 가장 대표적인 집단이 특수고용 노동자이다. 특수고용은 자영업자의 속성과 노동자의 속성을 모두 가진 만큼 다양한 스펙트럼의 노동자를 보유하고 있고, 그로 인해 경제활동인구 조사와 노동계 추산은 크게 달랐다.[2] 현재까지 모호한 고용관계에 있는 노동자에 대한 연구는 이러한 특수고용 노동자를 중심으로 진행되어왔는데, 그러한 만큼 이들의 규모가 축소 추정되었을 가능성이 있다. 또한 특수고용 외에 모호한 고용관계에 있는 노동자에 대한 실태 파악이 상당히 부족한 상태이다. 이런 현실은 이와 같은 노동시장의 빠른 변화를 포착하기 위해 현재의 협소한 정의하에 특수고용 노동자로 분류되어 존재하는 집단뿐 아니라, 자영업자 특성을 가진 임금노동자와 임금노동자 특성을 가진 자영업자를 포함해 모호한 고용관계하에 있는 다양한 노동자 집단의 특성과 사

1 같은 연구(Dekker, 2010)에 따르면, OECD 국가들에서 1990년도 자영업의 증가는 전체 고용률 증가를 웃돌았다. 2011년 유럽연합(EU) 국가의 경제활동인구 중 약 11%가 아무도 고용하지 않는 자영업자라고 한다.

2 특수형태 근로 종사자는 노동계에서는 39개 직종에 약 250만 명, 정부에서는 2010년 말 기준 약 115만 명으로 각각 추산하고 있다(국민권익위원회, 2013).

회적 보호 방안에 대한 전반적인 탐색이 필요함을 시사한다. 이 장에서는 모호한 고용관계라는 잠정적 개념을 도입해 현재 진행 중인 노동시장의 다양한 변화를 포착하고 향후 노동시장과 사회보장의 방향을 전망해보고자 한다.

이러한 변화의 배경에는 세계적 수준에서의 기업 간 경쟁 격화, 그리고 서비스업의 확산과 노동력 구성의 다양화 등 거시구조적 요인들이 자리하고 있다. 경제와 금융의 세계화, 그리고 그에 따른 경쟁 격화는 기업의 비용 절감 욕구를 자극해 노동시장의 유연화를 가져왔다. 모호한 고용관계 확대는 바로 이러한 노동시장 유연화의 전반적인 추세에서 발생한 특징이다. 경쟁적인 서비스산업의 경우 진입장벽이 낮고 자본비용이 적어 특히 이러한 모호한 고용관계가 많이 활용된다(Aerts, 2005; Muehlberger and Bertolini 2008). 이런 맥락하에 지난 수십 년간 외주화와 하청이 매우 증가했는데, 이는 기업 위계조직이 단기적 거래와 기회주의가 상존하는 시장 형태의 조직으로 대체되는 것을 의미한다. 기업의 외부화 전략은 사회보험이나 연금과 관련된 추가적인 노동비용 없이 노동자를 고용하는 것을 가능하게 해주고, 이들에 대한 장기 고용의 부담이 없다는 점에서 변화하는 시장 환경에 대응한 기업의 적절한 전략으로 여겨져 왔다(Davis-Blake and Uzzi, 1993). 이것이 모호한 고용형태를 확대한 수요 차원의 변화이다.

경쟁 격화와 산업구조 변화라는 보편적인 배경에도 불구하고 노동시장의 유연성과 모호한 고용형태 확산이 국가마다 약간의 차이를 보이는 이유는 국가 간 고용규제의 정도가 서로 다르기 때문이다. 높은 수준의 고용보호제도는 안정적인 노동환경을 제공해 노동자로 해금 자영업보다는 종속적 고용관계에서 일하도록 할 유인을 제공하지만, 사용자로 하여금 이러한 보호를 제공할 필요가 없는 종속적인 자영업자를 더 많이 활용할 유인 역시 제공하게 된다. 유럽 15개 국가를 대상으로 1994년부터 2001년까지의 변화를 추적한 유럽공동체 가구패널(ECHP) 자료를 분석한 결과 엄격한 고용보호 법제는 종속적 자영업으로의 전환에는 긍정적인 영향을, 일반적인 의미의 자영업 전환에는 부정적 영향을 미친다는 점이 확인되었다. 이처럼 노동자를 보호하기 위한 노동시장 제도는 모호한 고용관계 하의 노동자를 증가시키는 효과가 있지만, 그렇다고 고용보호 법제를 완화하는 것이 대안이 되지는 못한다. 그 역시 노동법의 보호를 받지 못하는 또 다른 나쁜 일자리를 양산할 수 있기 때문이다(Roman, Congregado and Millan, 2011).

고용보호 규제와 의무를 회피하기 위한 외부화 전략이 항상 사용자에게 이득이 되는 것은 아니다. 이 전략을 남용하는 사용자는 노동력의 몰입도와 역량을 확보할 수 없는 딜레마에 봉착한다. 시장 형태의 조직은 기업위계조직에 비해 단기적이고 매우 낮은 수준의 신뢰와 몰입도만을 보장하기 때문이다(Powell, 1990). 새로운 후기 포드주의적 시장에서 기업은 단순히 유연한 생산조직을 가져야 할 뿐 아니라, 동시에 고품질을 보장해야 하는데, 이는 인적자원관리 차원에서 노동력을 유연하게 활용해야 하는 동시에 이들로부터 높은 수준의 성실성과 기술력을 끌어내야 함을 의미한다. 물론 내부노동시장의 핵심인력으로부터 이러한 몰입도를 확보하고 부차적인 기능은 그런 필요도가 낮은 유연한 인력으로 구성할 수도 있지만, 이러한 운영이 항상 용이한 것은 아니다. 이러한 통제(control)-유연성(flexibility) 딜레마로 인해 외부화된 인력 역시 종속적 고용관계하의 노동자와 유사한 위계구조하에 놓이게 되는 것이다(Muehlberger and Bertolini, 2008).

모호한 고용관계 확대는 기업의 수요 차원의 변화 외에 다른 요인의 영향도 받는다. 노동력 구성의 다양화, 그리고 좀 더 자유롭고 유연한 근로조건을 선호하는 노동자 공급 차원의 변화도 이의 확대에 기여할 수 있다.

적절한 공보육이 부족한 상태에서 가사와 양육의 의무를 더 많이 가지고 있는 여성 노동자의 증가는 좀 더 유연한 노동시간과 근로형태에 대한 선호를 발생시켰다. 재훈련과 지속적인 교육이 강조되는 지식경제사회에서 교육 훈련을 병행할 수 있는 유연한 근로조건은 장기적인 경력 개발에 도움이 되는 것으로 고학력 노동자에게 보여질 수도 있다(Bosch, 2004). 무엇보다도, 모호한 고용관계가 일부 자영업의 특성을 보유하고 있는 만큼 이러한 일자리가 제공할 수 있는 자율성과 독립성은 노동자 선호에 긍정적인 영향을 미칠 것으로 평가될 수 있다.

실제로 최근에는 고용률 등의 양적인 차원을 넘어 고용의 질적인 차원에 대한 관심이 증가하고 있다. 국제노동기구의 괜찮은 일자리(decent work)에 대한 논의(이상헌, 2005; 황준욱, 2005; Anker et al., 2003), EU의 고용의 질에 대한 논의(De Bustillo et al., 2009) 등이 그 사례이다. 이러한 고용의 질적인 차원에 대한 연구에서는 임금 수준이나 사회적 지위 등 경제적 보상과 같은 객관적 지표 외의 다양한 측면 역시 고려되고 있는데, 특히 좋은 일자리(good job) 개념(방하남 · 이상호, 2006; 방하남, 2007)에서는 수행하고 있는 일자리의 자율성과 독립성을 중요한 지표로 간주한다. 젠크스 등(Jencks et al., 1988)은 업무와 관련된 시간에 대한 결정 권한이나 감독과 감시의 수준 등 일자리의 비금전적 차원에 대한 다양한 지표를 활용해 좋은 일자리 여부를 평가하고 있다. 일자리의 구체적인 내용을 좋은 일자리 변수로 주목한 한 연구(Clark, 1998)에 따르면 독립적으로 업무를 수행할 수 있는지, 그리고 본인이 업무를 자유롭게 계획할 수 있는지 등 일의 자율성이 매력적인 직업의 주요 구성 요인이었다. 좋은 일자리의 지표로서 노동자의 주관적인 평가 내용을 반영한 연구(Ritter and Anker, 2002)에서도 임금이나 수당 등과 더불어 업무의 독립성 혹은 자율성을 중요한 직무만족도 요소 중의 하나로 살펴보고 있었다. 모호한 고용관계가 노동비용을 낮추기 위한 기업의 전략이나 실업을 피하기 위한 노동자의 불가피한 선택에서부터 고학력 고기술 노동자의 선호에 이르기까지 매우 다른 구조적인 원인을 통해 발생할 수 있다면 이들의 일자리 특성 역시 매우 다양하리라 유추할 수 있다. 실제로 극단적으로 유연화된 노동자 집단을 지칭하는 '프리케어리어트(Precariat)'는 불안정함과 자유로움의 양 극단을 상징한다(Standing, 2011).

모호한 고용관계의 한 축을 차지하는 자영업 내부의 이질성 증가에 관해서는 상당한 연구가 축적된 바 있다. 자영업자 집단 내부의 격차 확대는 외환위기 이후 악화된 소득 불평등의 주요한 원인이었다(김영미·한준, 2007). 자영업자 간 소득 불평등은 임금노동자에 비해서도 상대적으로 심각한데(금재호, 2012), 이는 중위 수준의 노동자에 비해 능력이 가장 높은 노동자와 가장 낮은 노동자가 모두 자영업자로 더 많이 이행하기 때문일 수 있다(김우영, 2013). 자영업자와 특수고용 노동자를 모두 포함해 이들의 계층의식을 살펴본 한 연구에 따르면 상하층 자영업자와 특고 종사자의 의식은 크게 차이 나서, 하층 자영업자가 노조에 대해 부정적으로 인식하는 반면 특고 종사자는 높은 수준의 노조 지지의식을 가진 것으로 드러났다(이병훈·신재열, 2009). 또한 이러한 양극화와 이질성은 당연히 임금노동자인 기간제 노동자 내부에도 존재한다. 기업이 고기술과 유연성을 동시에 추구함에 따라 저임금 단순인력뿐 아니라 고임금의 전문 인력까지 임시직에 포함되게 되었다(이창순, 2007). 모호한 고용관계를 가장 잘 대표하는 집단인 특수고용 노동자도 매우 이질적인 집단이다. 특수고용은 직종별로도 큰 차이가 있으며, 같은 직종 내에서도 다양한 고용형태가 발견되며, 같은 업무를 하더라도 고용 지위가 다르기도 하다.[3] 자영업자 형태의

3 정재훈 외(2011)에 의하면 택배 및 퀵서비스 직종 내에서도 운송수단이나 운송구간에

특수고용이 있는가 하면, 노동자 형태의 특수고용도 있다. 김영두(2007)에 따르면 특수고용 노동자의 과반수는 임금노동자로 일한 경험이 있으며, 같은 직종에서 정규직으로 일하다가 구조조정을 겪으며 위장된 고용형태로서의 특수고용으로 전환된 사례도 발견되었다.

이처럼 모호한 고용관계에 포괄될 수 있는 노동자 집단은 상당히 다양한 구성을 보인다. 그러나 현재까지의 관련 연구는 이처럼 다변화된 고용관계의 스펙트럼에 대한 포괄적인 조사보다는 간접고용이나 일용직, 특수고용직 등 이러한 모호한 고용관계의 하위집단의 특수성에 초점을 맞추어 진행되어왔다.[4] 특히 이 연구의 주제와 가장 밀접한 관계를 가지는 특수고용직의 경우 노동자성의 인정이 법원의 판단에 의해 결정되기 때문에 주로 법학 분야에서 관심을 가져왔다(김인재, 2008; 도재형, 2013; 윤애림, 2012). 특수고용에 대한 법적인 논의의 의의가 큰 것은 사실이지만, 모호한 고용관계의 범위가 특수고용을 넘어 점차 확대되고 있는 만큼 이러한 논의가 현실 노동시장에서의 변화를 충분히 반영하고 있다고 보기는 어렵다. 또한 한국의 경우 그 실질적 내용상 위장된 고용으로 인정될 수 있는 다수 특수고용 직종의 노동자성이 부인되는 경우가 많아(김영두, 2006),[5] 그 규모

따라 특수고용 노동자로 포함될 수도 있고 아닐 수도 있다.

4 최근 비공식 고용(informal employment)에 대한 몇몇 연구는 이러한 한계를 벗어나 보호받지 못하는 노동자를 비공식성이라는 개념을 중심으로 포괄적으로 해석하고 정책 대상 집단으로서의 존재감을 부여하려는 노력을 시도한 바 있다. 예를 들어, 이병희 외(2012)는 최저임금, 퇴직금, 공적연금 중 어느 하나의 보호를 받지 못하는 고용을 비공식 고용으로 정의하면서 이들을 '규제 부재형 비공식 고용'으로 분류하고 있다. 이런 기준에 따르면 전체 노동자의 40.2%, 그리고 특수고용 노동자의 99.8%가 비공식 노동자에 속한다.

5 특수고용 종사자의 노동자성에 대한 법원의 해석 변화과정을 추적한 도재형(2013)에 따르면, 1990년대 초의 판례에서는 법원이 이들의 고용 실태를 실질적 종속관계로 판단해 노동자성을 인정했으나 1994년의 판례는 종속성 기준을 엄격하게 적용해 노동자성을 부인했고, 이후 2006년 판결에서는 노동자성에 대한 판단 기준을 이전보다 유연하

가 과소 추정되었을 우려가 존재한다. 따라서 이러한 모호한 고용관계에 속하는 노동자들이 과연 어떤 노동자인지 구체적인 특성을 파악하고 그에 기초해 보다 근본적인 보호 방안을 제시할 수 있어야 할 것이다.

2. 모호한 고용형태 내 집단별 특성: 한국의 사례

1) 모호한 노동자의 정의 및 규모

국가별로 관습과 법률에 따라 모호한 노동자를 정의하는 방식이 달라 이들에 대한 보편적이며 일률적인 정의는 찾기 힘들다.[6] 국제노동기구는 특히 법적인 보호를 무력화시키는 고용관계를 객관적으로 모호하거나 혹은 위장되었다고 정의하고 있다(ILO, 2006: 11).[7] 모호한 고용관계는 명백한 고용관계를 위장해 고용관계가 아닌 것처럼 정의하는 것이 아니라 해당 고용관계의 본질 자체가 모호한 것으로, 자영업자이지만 단일한 고객

게 적용하는 방향으로 계속 변화했다.

6 페뤨리(Perulli, 2003)는 유럽비교연구를 통해 법적 종속성과 경제적 종속성 여부를 함께 살펴볼 것을 주장하고 있다. 법적인 종속성으로는 노동법에 고용에 관한 적용 범위가 입법화되어 있어 지위적 접근을 따르는 국가 유형과, 특정적이거나 제한적 규칙들을 적용하는 특별법에 따른 사례법 국가 유형으로 나누어 살펴볼 수 있다. 경제적 종속성은 독립적으로 업무를 수행하는지, 업무의 연속성, 한곳에서 급여를 받는지의 여부로 판별했다.

7 실제로 노동자이긴 하지만, 법적 지위에서는 모호하다는 의미에서 '애매한 노동자(ambiguous employees)', 자영업자로 분류되고 있지만 계약자와 종속적인 관계를 맺고 있다는 의미에서 '종속적인 자영업자(dependent self-employed)', 과거의 노동자나 독립사업자와는 다르다는 의미에서 '새로운 자영업(new self-employment)', 실제로는 고용관계를 맺고 있지만 독립사업자 형태로 계약된 '위장된 고용(disguised employment)' 등이라는 용어로 상황에 따라 혼용되어 사용되고 있다.

과 영구적인 계약관계에 들어간다든지, 기업 조직에 종속되어 있지만 매우 자율적인 근로조건하에 일하는 임금노동자 등을 포함할 수 있다. 이들은 현재의 개념화 수준 및 통계적 분석 방식하에서는 제대로 규모를 측정하기도 어려운 상태이다. 위장된 고용관계는 노동법과 사회보장법상 노동자에게 제공해야 하는 보호를 회피하기 위한 의도로 고용계약 이외의 계약하에 일하게 된 경우를 지칭하는 개념이다. 위장된 고용관계하의 노동자에 종속적 자영업자가 포함될 수 있다. 국제노동기구(ILO, 2003: 9)는 민사상의 계약을 통해 서비스나 노무를 제공하더라도 그들이 실제로는 기업 조직 내에 포괄되어 있다면 종속적 자영업자라고 정의하고 있다. 경제협력개발기구(OECD, 2000: 162)도 자영업자라 하더라도 단일한 고용주와 계약하고 노동의 자율성이 제한되어 있는 집단을 종속적 자영업자로 분류한다. 실제로 엄밀하게 모호한 고용관계와 위장된 고용관계를 완전히 구분하기는 어렵다는 점에서 위장된 고용관계도 모호한 고용관계의 하위범주 중의 하나로 간주될 수 있다.

한국의 경우 법학자를 중심으로 전형적인 임금노동자와 독립사업자 사이의 중간에 있는 새로운 범주의 노동에 대한 인식과 문제의식이 확산되었다. 이러한 중간 범주의 확대가 문제가 되는 이유는 본질적으로 임금노동자이면서 사용자와 노동계약이 아닌 도급이나 위임계약을 맺고 있는 위장자영인, 혹은 특수고용직이 여기 포함되어 있기 때문이다. 조경배(2004: 299)는 기존의 전형적인 종속노동과 개인사업 사이에 존재하는 다양한 고용관계를 파악하기 위해 프랑스의 '독립노동(le travail indépendant)' 개념을 도입한다. 독립노동자는 '전통적인 임금근로자와 독립적인 사업자의 경계영역에 위치한 노무제공자'로, 자율적인 노동자와 종속적인 자영업자로 구분될 수 있다. 전자는 경제적 혹은 조직적으로는 종속되어 있으므로 기본적으로는 종속노동자의 속성에 더 가까우나 업무에서는 독립성을 가지고 있는 경우를 가리키고, 후자는 조직에서의 독립성을 가지고 있으므로 자영업자처럼 보이나 실질적으로 경제적으로는 기업 조직에 의존되어 있는 경우를 가리킨다. 이 두 개념 사이에 위장 자영업자가 존재한다. 프랑스는 기존 종속성에 대한 기준을 완화시켜 종속성을 탄력적으로 해석하고 노동법을 포괄적으로 적용함으로써 이들에게 사회적 보호를 제공하고자 했다. 이러한 독립노동의 개념은 기존의 임금노동자와 자영업자의 이분법에서 벗어난 다변화된 고용관계를 포착하고 이들을 위한 사회안전망을 제공하고자 하는 노력을 반영한다. 이 소절에서 살펴보고자 하는 모호한 고용관계는 바로 이러한 독립노동과 이에 포함되는 세 하위 범주, 즉 자영업자의 특성을 가지고 유연화된 임금노동자, 위장된 고용관계로서의 특수고용 노동자, 그리고 임금노동자의 성격을 가진 자영업자로 구성되어 있다. 법적으로도 모호한 지위를 가지며 그 내부적인 차이 역시 명확하게 규정하기 어려운 이들의 규모를 실태조사를 통해 파악하기 위해서는 보다 구체적인 조작적 정의를 필요로 한다.

미국은 사용자가 노동자에게 근무조건과 업무의 내용에 대해 어느 정도의 통제력을 가지고 있는지, 그리고 노동자가 어느 정도 해당 사용자에게 경제적으로 의존하고 있는지 이 두 가지 지표를 통해 노동자와 독립사업자를 구분한다(Barron, 1999). 영국의 법원은 이러한 통제 수준과 경제적 현실 외에 사용자 조직에의 통합 정도, 그리고 책무의 상호성 이 두 가지 지표를 더해 고용 지위를 결정한다. 통제력은 과연 서비스 혹은 노무제공자가 업무를 하면서 어느 정도의 자율성과 재량권을 가지고 있는가를 측정하며, 경제적 현실은 서비스나 노무에 대한 지급 방식, 재정적 위험의 부담 정도, 기자재의 제공 여부와 같은 다양한 실태를 통해 파악되는 지표로, 점차 그 중요성이 증가하고 있다. 조직에의 통합 수준은 해당 기업 조직의 관료적 규칙과 징계 절차에 서비스 혹은 노무제공자가 영향을 받는 수준 등을 통해 살펴볼 수 있다. 책무의 상호성은 사용자와 서비스 혹은 노무제공자가 어느 정도나 그 서비스나 노무를 주어야만 하거나 받아야만 하는 의무를 가지고 있는가에 의해 결정된다. 만일 그러한 상호적 책무가 약하다면 사용자와 노동자라기보다는 독립된 주체들 간의 계약으로 인정된다(Böheim and Muehlberger, 2006). 유럽 내륙 국가의 경우 종속적 자영업자를 판정할 수 있는 기준이 좀 더 광범위하다. 독일은 비록 도급계약하에서 일한다 해도 고용인 없이 단일한 사용자로부터 절반 이상의 소득을 얻을 경우 종속적 자영업자로 분류한다. 네덜란드는 1999년의 네덜란드 유연안정성법에서 독립사업자라 해도 주급으로 받으면서 일하거나 3개월 이상 연속적으로 매달 20시간 이상의 노무를 제공할 경우 고용계약으로 인정하고 있다(Schulz Buschoff and Schmidt, 2009). 한국에서는 대법원이 1994년 판결을 통해 「근로기준법」상의 근로자에 해당하는지 여부를 판단하기 위한 일반적 기준을 제시했는데(조용만, 2003, pp.5~6에서 재인용), 이는 위에서 살펴본 영미권의 해외 사례와 크게 다르지 않다.

> ……위에서 말하는 종속적인 관계가 있는지 여부를 판단함에 있어서는, 업무의 내용이 사용자에 의해 정하여지고 취업규칙 또는 복무(인사)규정 등의 적용을 받으며 업무수행과정에 있어서도 사용자로부터 구체적, 개별적인 지휘·감독을 받는지 여부, 근로자 스스로가 제3자를 고용하여 업무를 대행케 하는 등 업무의 대체성 유무, 비품, 원자재나 작업도구 등의 소유관계, 보수의 성격이 근로 자체의 대상적 성격이 있는지 여부와 기본급이나 고정급이 정하여져 있는지 여부 및 근로소득세의 원천징수 여부 등 보수에 관한 사항, 근로제공관계의 계속성과 사용자에의 전속성의 유무와 정도, 사회보장제도에 관한 법령 등 다른 법령에 의해 근로자로서의 지위를 인정받는지 여부, 양 당사자의 경제·사회적 조건 등을 종합적으로 고

려하여 판단하여야 할 것이다. (대법원 1994. 12. 9. 선고 94다22859판결)

이 연구는 이와 같은 국내외 사례를 참고해 모호한 고용관계를 구성하는 세 하위 범주를 다음과 같이 조작적으로 정의해 관련된 실태조사를 분석했다. 여기서 사용한 조사는 전국의 만 19세 이상 경제활동인구를 모집단으로, 2014년 8월 통계청의 경제활동인구조사에 근거한 지역, 성, 연령, 종사상 지위별 비례할당을 통해 표본을 추출했다. 질문지조사 방법 및 내용에 대해 대학의 생명윤리위원회(IRB) 심의를 거쳤으며, 소정의 선발 및 교육 과정을 이수한 리서치 기관의 면접원이 2015년 1월부터 3월까지 가구 방문을 통해 질문지조사에 동의를 구한 후, 일대일 대면 면접조사를 통해 자료를 수집했다. 최종 표본 수는 1,507명이었는데, 이 연구에서는 임금근로자 1,058명과 고용인 없는 자영업자 275명 등 실업자와 고용인 있는 사업주를 제외한 총 1,333명에 대해 분석했다.

다음 〈표 5-1〉에 이 자료를 사용해 분석한 모호한 고용관계의 조작적 정의 및 규모가 나타나 있다. 특수고용 노동자는 통계청 경제활동인구조사 부가조사 기준과 같이 임금노동자이면서 "일자리가 개인적으로 고객을 찾거나 맞이해 상품이나 서비스를 제공하고 그에 따라 일한 만큼 실적에 따라 소득을 얻는 형태에 해당"한다고 응답한 경우로 간주했다. 분석 결과 총 임금노동자의 13.4%가 특수고용 노동자에 속하는 것으로 드러났다.

자영업형 임금노동자와 임금노동형 자영업자의 규모 추정을 위해서는 다음 네 가지 질문—(1) 항상 받는 일정액의 기본임금이 있는가, (2) 사업자 또는 관리자로부터 일의 내용, 방법, 할당량, 장소, 일정 등과 관련된 지시를 받는가, (3) 업무 수행을 위해 필요한 도구, 원재료 등을 직접 돈을 들여 구입해야 하는가 아니면 무료로 제공받는가, (4) 현재 하는 일과 관련해 스스로의 고용상의 지위가 무엇과 유사 혹은 해당한다고 생각하는가

〈표 5-1〉 모호한 고용관계의 조작적 정의 및 규모

<table>
<tr><th rowspan="2">조작적 정의</th><th rowspan="2">임금노동자[a]</th><th colspan="3">모호한 노동자</th><th rowspan="2">자영업자[c]</th></tr>
<tr><th>자영업형 임금노동자[a]</th><th>특수고용 노동자[b]</th><th>임금노동형 자영업자[c]</th></tr>
<tr><td></td><td>+</td><td>-</td><td rowspan="5">경제활동 부가조사 기준과 동일</td><td>+</td><td>-</td></tr>
<tr><td>기본급</td><td>79.3</td><td>20.7</td><td>3.3</td><td>96.7</td></tr>
<tr><td>업무 지시[d]</td><td>60.6</td><td>4.4</td><td>4.4</td><td>33.8</td></tr>
<tr><td>도구/재료 제공[e]</td><td>90.8</td><td>4.9</td><td>8.0</td><td>90.5</td></tr>
<tr><td>임금노동자 고용지위 인식</td><td>95.5</td><td>4.5</td><td>6.2</td><td>93.8</td></tr>
<tr><td>전체</td><td>61.3
(649/1,058)</td><td>25.2
(267/1,058)</td><td>13.4
(142/1,058)</td><td>16.7
(46/275)</td><td>83.3
(229/275)</td></tr>
</table>

a: 임금노동자 중 특수고용 노동자를 제외하고 구한 비중으로, 마지막 줄의 전체 비중은 모든 임금노동자를 대상으로 구해졌다.

b: 특수고용 노동자의 경우 기본급(+) 60.6%, 업무 지시(+) 67.6%, 도구/재료 제공(+) 69%, 임금노동자 고용지위 인식(+) 74.6%로 임금노동자와 자영업자 사이의 중간적 응답 패턴을 보였으나, 전체적으로 자영업자보다 임금노동자와 더 유사했다.

c: 고용인 없는 자영업자 비중으로 고용인 있는 자영업자는 제외된 수치이다.

d: 업무 지시는 받지 않지만 매뉴얼에 따라야 하거나 해당 없다고 응답한 경우는 제외하고 완전히 업무 지시를 받거나(+) 받지 않고 독자적으로 활동하는 경우(-) 두 응답의 비중만을 제시했다.

e: 도구나 재료 중 한 가지만 무료로 제공받는 경우는 제외하고 모두 무료로 제공받거나(+), 모두 직접 돈을 들여 구매해야 한다(-)는 비중만 제시했다.

—을 활용했다. 자영업형 임금노동자는 특수고용 노동자를 제외한 임금노동자 중 기본급이 없거나(20.7%) 업무 지시를 전혀 받지 않는 경우(4.4%), 도구나 원재료를 모두 자신이 구입하는 경우(4.9%), 고용상의 지위를 임금노동자가 아니라고 응답한 비중(4.5%)을 모두 합한 후[8] 중복 계산된 사례

8 국제고용기구(ILO)는 고용관계를 판정할 수 있는 하나 이상의 지표들이 확인될 경우 법적으로 고용관계로 추정할 것을 권하고 있다(김영두, 2006).

(5.4%)를 제외하고 추산했다. 총 267명이 이에 해당하는데, 이는 총 임금노동자 1,058명의 25.2%에 해당하는 수치이다. 여기에 이미 경제활동인구 부가조사 기준으로 파악된 특수고용 노동자 13.4%(142명)를 합하면 전체 임금노동자의 약 38.6%가 모호한 노동자 범주에 속하게 된다.

한편 임금노동형 자영업자는 자영업자임에도 불구하고 기본급이 있거나(3.3%) 업무 지시를 받는 경우(4.4%), 도구나 재료를 모두 무료로 제공받는 경우(8%), 자신의 고용상의 지위를 자영업자가 아닌 임금노동자 및 기타라고 응답한 비중(6.2%)을 모두 합한 후 역시 중복 계산된 사례(5.2%)를 제외하고 추산했다. 고용인 없는 자영업자 275명 중 총 46명(16.7%)이 이와 같이 응답했다. 자영업자이면서 임금노동자 성격을 가진 이러한 노동자의 존재는 2015년 3월 기준 2.7%에 불과한 통계청 경제활동인구 부가조사 특수고용 노동자 규모가 과소 추정되었다는 기존 논의에 상당한 정당성을 부여한다. 실제로 특수고용 노동자의 규모는 2000년대 이래 지속적으로 감소해왔는데, 이는 현실을 정확하게 반영하지 못한 것으로 지적되어왔다(김종진, 2012). 특히 이승욱 외(2006: 10)는 그 이유를 경제활동인구 부가조사가 "'근로자'임을 자처하는 종사자들의 규모만을 추산할 수 있기 때문에 자영업자임을 자처하는 종사자 집단에 대한 조사가 추가적으로 이루어질 경우 그 규모는 더 크게 나타날 것으로 예상"되기 때문이라 설명한다. 만일 이 의견에 따라 자영업자로 스스로를 분류했지만 명백하게 임금노동자 특성을 가진 이 조사의 자영업자 중 16.7%를 특수고용직으로 간주한다면 이 비율을 이용해 통계청 경제활동인구 부가조사 자료의 특수고용 노동자 비율을 다르게 산정할 수 있다. 계산 결과, 2015년 3월 자료 기준 특수고용 노동자 비율 2.7%보다 3.3% 높은 총 6%로 추산되었다.[9]

9 통계청 국가통계포털(http://kosis.kr) 경제활동인구조사 2015년 3월 자료에 근거해 다

기존 연구(이승욱 외, 2006; 김종진, 2012)의 주장과 같이 자영업 중에 위장된 고용관계가 상당수 존재할 수 있는 이유는 한국의 자영업 확대에 대한 설명으로 개인적인 직업 가치관보다는 실업이나 불경기로 인해 강제된 측면이 강하다는 구축가설(recession push hypothesis)이 지지를 얻고 있기 때문이다. 비자영업자의 자영업 이행 여부를 종속변수로 분석했을 때, 실업률이 높을수록 자영업 이행 확률이 높았으며, 이는 임금 부문에서의 기회 축소로 자영업 진출이 발생했음을 말해준다(전병유, 2003; 최문경 · 이명진, 2005; 지은정, 2012). 이러한 맥락에서, 기업이 비용 절감을 위해 기존에 일하던 노동자를 위장된 형태로 고용을 하거나 외부화를 통해 노동자에게 위험을 전가시키고 있을 가능성을 추측해볼 수 있다(Davis-Blake and Uzzi, 1993).

종합하자면, 한국의 노동시장에는 과소 추정된 것으로 여겨지는 특수고용 노동자 외에도 자영업자 특성을 가지고 유연화된 노동자들, 그리고 실질적으로는 임금노동자의 특성을 가지면서 자영업자로 위장된 노동자들이 상당수 존재했다. 이러한 규모 추정 결과는 모호한 노동자의 개념을 통해 이들 노동자 집단 각각의 특성과 성격에 대해 더욱 구체적으로 파악할 수 있는 확장적인 연구를 진행할 필요성을 충분히 제기한다.

음과 같이 계산해보았다. 경제활동인구조사의 고용인 없는 자영업자 3,976,000명 중 16.7%는 663,992명이다. 이 수치를 경제활동인구조사의 특수고용직 502,000명에 더하면 총 특수고용직 추정 노동자는 1,165,992명이 된다. 추가로 특수고용으로 추정된 663,992명을 경제활동인구조사 임금노동자 총수 18,799.000에 더한 19,462,992명을 기준으로 확대된 특수고용 노동자 비중을 다시 계산하면 6%로, 그 규모가 상당히 증가하게 된다.

2) 모호한 노동자의 고용관계적 특성

해외의 모호한 노동자에 대한 연구는 주로 위장된 노동자인 특수고용직을 포함한 종속적 자영업자를 중심으로 진행되어왔다. 종속적 자영업자의 일자리의 질은 매우 큰 편차를 보인다. 특히 노동시간에 대한 규제가 어렵고 오용되거나 남용된다. 노동조합 가입도 어렵고, 임금은 낮지 않지만, 연금 수급상의 문제가 있다(Eichhorst et al., 2013). 이처럼 외부화된 노동자의 경우 임금노동자와 비교해 노동법과 사회보장법의 혜택은 적게 받을 수 있지만 자발적인 선택으로 이러한 일자리에 종사하는 경우 노동만족도가 매우 높을 수 있다는 연구도 있다(Muehlberger and Bertolini, 2008). 종속적 자영업자가 될 개연성을 임금노동자, 그리고 일반 독립사업자 자영업자와 비교하기 위해 다항로짓분석을 실시한 사례분석에 따르면 영국의 경우 남성이 여성보다 독립적, 종속적 이 두 가지 형태의 자영업자가 될 개연성이 컸다. 공식적 교육을 많이 받을수록 일반 임금노동자가 될 가능성이 종속적 자영업자가 될 가능성보다 더 높았다(Böheim and Muehlberger, 2006). 이와는 상반되게, 이탈리아의 경우 종속적 자영업자는 낮은 인적자본을 가진 집단이 아니라 오히려 상대적으로 젊고 높은 교육수준을 가진 집단에서 더 많이 발견되었다(Muehlberger and Pasqua, 2009). 이와 같이 종속적 자영업자는 내부적으로 이질적인 집단일 뿐 아니라, 국가별로도 그 특성의 차이가 컸다.

모호한 노동자에 대한 연구는 해외에서도 아직 시작 단계에 불과해 이러한 격차를 발생시키는 원인에 대해서는 잘 알려진 바가 없다. 기존 연구들은 모호한 일자리의 질이나 생애주기에서 차지하는 비중 등 개인이나 가구에 미치는 영향에 대해 보다 구체적인 연구가 필요하다는 점을 일관되게 지적한다(Muehlberger and Bertolini, 2008; Muehlberger and Pasqua,

2009; Eichhorst et al., 2013). 또한 모호한 노동자의 중요한 한 축을 구성하는 자율적인, 혹은 자영업적 특성을 가진 임금노동자에 대한 연구는 거의 발견하기 어려웠다.

이 소절에서는 이러한 기존 연구의 문제의식을 공유하면서 비정규직 문제가 오랜 기간 중요한 사회문제로 지속되고 있는 한국적 맥락에서 모호한 노동자가 어떤 특성을 가지고 존재하는가를 탐색해보았다. 다음에 제시된 〈표 5-2〉는 위의 정의에 따라 구분한 모호한 노동자를 구성하는 세 집단, 즉 자영업형 임금노동자, 특수고용 노동자, 임금노동형 자영업자의 고용관계상의 특성을 임금노동자 및 자영업자와 비교하기 위해 분석한 결과를 담고 있다. 정규직과 비정규직, 모호한 노동자 내 세 집단, 그리고 자영업자 등 총 여섯 집단을 비교한 결과, 성별 및 자발적 근로 여부, 일자리의 기술 및 능력제고 수준 이 세 항목을 제외한 모든 항목에서 집단 간 차이가 통계적으로 유의미하게 나타났다.

인구사회학적 특성과 관련해 임금노동형 자영업자는 일반 자영업자와 상당히 유사했고, 자영업형 임금노동자와 특수고용 노동자는 임금노동자 중 정규직과 비정규직 사이의 중간적 성격을 가지고 있었다. 예를 들어, 임금노동형 자영업자의 평균 연령은 50.4세로 자영업자 평균 52세와 흡사한 반면, 자영업형 임금노동자와 특수고용 노동자의 평균 근로소득은 40대 초반으로 정규직과 비정규직의 평균 사이에 존재했다. 학력의 경우도 마찬가지이다. 임금노동형 자영업자의 대졸 이상 비율(34.8%)은 자영업자(24%)보다는 높았으나 40%에서 70% 사이의 비율을 보이는 임금노동자 및 다른 두 모호한 노동자 집단보다 상당히 낮은 편이었다. 특히 자영업형 임금노동자(47.6%)와 특수고용 노동자(54.9%)의 학력은 비정규직보다 높았는데, 이는 이들이 비정규직 평균 근로소득(152.6만 원)보다 높은 근로소득을 획득하는 데 기여한 것으로 보인다.

〈표 5-2〉 모호한 노동자 고용관계 특성 비교

	임금노동자			모호한 노동자				자영업자	전체
	정규	비정규	임금노동 전체	자영형 임금	특수고용	임금형 자영	모호한 노동 전체		
연령	39.9	44.2	41.3	41.3	40.6	50.4	42.0***	52.0	43.4***
여성	37.0	46.4	40.1	45.3	45.8	47.8	45.7	44.5	42.8
학력: 중졸 이하	2.7	13.3	6.2	10.1	4.9	15.2	9.0‡	19.2	9.4***
고졸	25.6	46.9	32.5	42.3	40.1	50.0	42.4	56.8	40.1
대졸 이상	71.7	39.8	61.3	47.6	54.9	34.8	48.6	24.0	50.6
혼인: 미혼	28.1	28.4	28.2	34.1	27.5	6.5	29.2*	4.4	24.5***
기혼	70.3	65.4	68.7	61.0	64.8	82.6	64.4	87.3	70.4
이혼/사별	1.6	6.2	3.1	4.9	7.7	10.9	6.4	8.3	5.1
월평균 근로소득	274.1	152.6	234.5	183.7	252.7	245.0	211.4***	260.0	231.0***
시간제	0.0	11.4	3.7	25.5	7.7	-	19.3***	-	9.7***
근로시간	47.2	52.1	48.8	45.0	48.5	56.6	47.3***	62.8	50.7***
경력(개월)	123.4	58.6	102.3	73.6	99.9	157.4	90.3***	176.5	111.0***
비정규직	0.0	100.0	32.5	68.2	66.2	-	67.5	-	46.0***
업종: 농림어광업	0.9	0.0	0.6	1.5	0.0	4.3	1.3***	2.2	1.1***
제조업	14.4	4.7	11.2	5.6	4.2	6.5	5.3	2.6	7.7
건설업	5.9	2.4	4.8	8.6	1.4	4.3	5.9	0.9	4.5
도소매숙박음식	12.1	37.9	20.5	35.6	36.6	39.1	36.3	61.6	32.9
금융보험업	8.4	1.9	6.3	3.0	21.8	4.3	9.0	1.3	6.4
서비스업	37.4	45.5	40.1	35.2	27.5	34.8	32.7	24.5	34.9
기타	20.8	7.6	16.5	10.5	8.5	6.5	9.5	7.0	12.5
5인 미만 기업	11.2	34.6	18.8	38.2	28.2	84.8	39.8***	93.9	38.9***
퇴직금	96.1	55.0	82.7	43.8	39.4	-	42.3	-	67.1***
상여금	81.1	20.4	61.3	31.8	46.5	-	36.9*	-	51.9***
유급휴가	90.2	35.5	72.4	35.2	40.8	-	37.2	-	58.8***
휴가비	88.6	38.9	72.4	43.8	44.4	-	44.0	-	61.4***
식대	87.0	51.7	75.5	49.8	48.6	-	49.4	-	65.4***
국민연금(직장)	97.3	48.8	81.5	44.6	45.1	6.5	40.9	2.6	54.1***
건강보험(직장)	97.5	54.0	83.4	45.7	47.2	6.5	42.2	3.5	55.6***

	임금노동자			모호한 노동자				자영업자	전체
	정규	비정규	임금노동 전체	자영형 임금	특수 고용	임금형 자영	모호한 노동 전체		
고용보험	82.6	53.6	73.2	44.2	43.7	6.5	40.2	3.5	50.0***
노조 가입	21.9	4.7	16.3	7.5	7.0	2.2	6.8	0.4	10.4***
독립경영	5.0	4.3	4.8	6.4	23.9	58.7	17.1***	88.6	23.4***
업체 변경 가능	5.0	5.7	5.2	10.9	20.4	32.6	16.0***	69.9	20.0***
여러 업체 동시업무	8.0	0.9	5.7	9.4	21.1	45.7	16.7***	73.8	21.2***
직접 수주 가능	7.1	7.1	7.1	16.9	35.2	54.3	26.4***	82.1	26.6***
위험 감수	4.1	4.7	4.3	13.5	35.9	71.7	26.4***	95.6	27.5***
자발적 근로	94.7	81.0	90.3	89.9	91.5	91.3	90.5	93.9	91.0
고객응대업	38.1	67.8	47.8	59.6	87.3	80.4	70.3***	92.1	63.1***
일자리 만족도[a]: 임금	2.76	2.44	2.66	2.49	2.55	2.41	2.50	2.48	2.57***
취업안정성	3.01	2.55	2.86	2.64	2.59	2.59	2.62	2.78	2.76***
일의 내용	2.97	2.73	2.90	2.82	2.76	2.74	2.80	2.90	2.86**
업무자율성	2.98	2.73	2.90	2.84	2.86	2.93	2.86	3.07	2.91***
노동환경	2.90	2.64	2.82	2.67	2.73	2.59	2.68	2.74	2.76**
노동시간	2.90	2.61	2.80	2.69	2.75	2.57	2.69	2.69	2.75***
기술/능력 향상[b]	2.90	2.67	2.82	2.74	2.76	2.85	2.76	2.85	2.80
건강[c]	3.96	3.87	3.93	3.86	3.82	3.61	3.82‡	3.72	3.86***
노후 준비	70.5	43.6	61.8	47.2	45.8	50.0	47.0	61.6	56.7***
생활만족도[d]	3.71	3.34	3.59	3.42	3.35	3.28	3.37	3.36	3.48***
전체 사례 수	438	211	649	267	142	46	455	229	1,333

a: 일자리 만족도: 매우 불만족(1)~매우 만족(4)

b: 일을 통해 기술이나 능력이 향상되고 있다는 데 동의 정도: 전혀 동의하지 않음(1)~매우 동의(4)

c: 건강에 대한 평가: 매우 나쁨(1)~매우 좋음(5)

d: 생활만족도: 매우 불만족(1)~매우 만족(4)

통계적 유의도: ‡p 〈0.1, *p 〈.05, **p 〈.01, ***p 〈.001

자영업형 임금노동자의 평균 근로소득 수준이 모호한 노동자 집단 내에서는 가장 낮았지만(183.7만 원), 비정규직 평균보다는 높았다. 이들이 비정규직 평균 근로시간(52.1시간)보다 적은 45시간을 일하고 시간제 비중도 25.5%로 비정규직의 11.4%보다 높았다는 점을 고려한다면 주목할 만한 결과라 할 수 있다. 반면 임금노동형 자영업자의 경우 245만 원의 평균 근로소득을 기록했으나 이들의 근로시간은 56.6시간으로 모호한 노동자 중 가장 장시간 노동을 하고 있었다. 평균 근로소득은 요약적 지표로서, 각 집단의 근로소득분포에 대한 정보는 얻을 수 없다. 〈그림 5-1〉은 여섯 집단별 월평균 근로소득의 편차가 매우 상이하다는 점을 보여준다. 정규직과 비정규직이 평균 근로소득을 중심으로 편차가 좁은 편이라면, 자영업형 임금노동자와 특수고용 노동자의 근로소득 분포는 그 편차가 큰 편인 자영업자보다도 넓게 분포된 것을 살펴볼 수 있다. 이들 두 집단의 경우 저소득 노동자와 고소득 노동자의 격차가 매우 크다는 점을 분명하게 확인할 수 있다.

자영업형 임금노동자와 특수고용 노동자 집단 내 비정규직 비율은 각

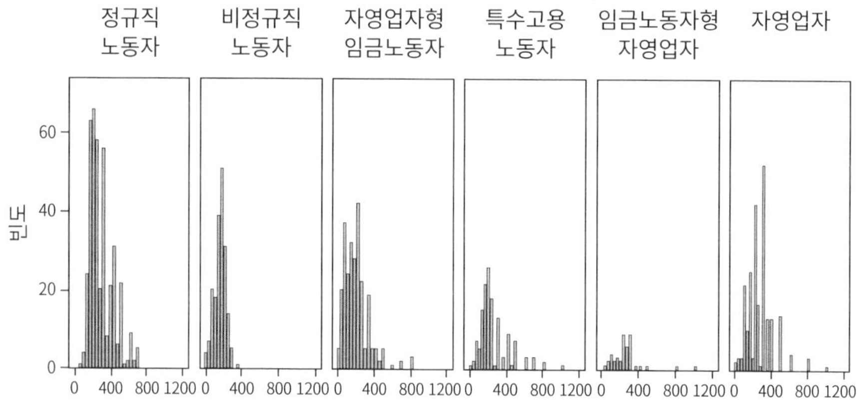

〈그림 5-1〉 고용관계 유형에 따른 월평균 근로소득 내 편차

각 60% 후반으로, 이들이 정규직보다는 비정규직에 가까운 고용관계적 특성을 가지고 있음을 짐작할 수 있게 해준다. 업종별 비중에서 이러한 경향이 특히 두드러져서, 모호한 노동자 내 세 집단은 정규직과는 달리 제조업 종사 비중이 낮았고, 도소매숙박음식 종사 비중이 모두 30%대 후반으로 비정규직의 종사 업종과 유사했다. 자영업자형 임금노동자의 8.6%가 건설업에, 그리고 특수고용 노동자의 21.8%가 금융보험업에 종사하는 점이 임금노동자의 업종별 분포와는 차이 나는 특성으로 여겨진다. 모호한 노동자 내 세 집단 모두 고객을 응대하는 서비스업의 비중이 높은 편이었고, 특히 특수고용 노동자와 임금노동형 자영업자의 경우 이 비중이 80%를 넘어 67.8%의 비정규직보다도 압도적으로 높았다. 영세업체인 5인 미만 기업 종사자 비중 역시 정규직보다는 비정규직과 유사했다. 임금노동형 자영업자의 경우 절대다수인 84.8%가 5인 미만 기업에 종사하고 있는 것으로 나타났다. 퇴직금 등 기업 내 사적 복지의 수혜 수준 역시 정규직보다는 비정규직에 더 가까워 과반의 모호한 노동자가 기업 복지의 혜택을 받지 못하고 있었다. 국민연금과 건강보험, 고용보험 등 주요 사회보험 가입 비중은 비정규직보다도 낮아 모호한 노동자 내 세 집단 모두 50%에도 미달하는 가입률을 보여주었다. 특히 임금형 자영업자의 경우 10%에도 미치지 못하는 매우 낮은 수준이었는데, 이들은 대신 지역가입 비중이 높아 60% 이상으로 나타났다. 노조 가입률의 경우 자영업형 임금노동자와 특수고용 노동자는 비정규직 가입률 4.7%보다 높은 7~7.5%의 가입률을 보였다. 반면 임금노동형 자영업자의 경우는 비정규직보다 낮은 2.2%에 불과했다.

독립 경영을 하고 있는지, 업체 변경이 가능한지, 여러 업체나 사업자로부터 동시에 업무를 받을 수 있는지, 특정 업체나 사업자를 거치지 않고 고객으로부터 직접 수주할 수 있는지 여부는 자영업자 속성과 관련된 지표들이다. 자영업형 임금노동자는 이 다섯 지표에 모두 10% 안팎의 긍정적 응답을 해 가장 자영업자 속성이 낮은 것으로 드러났다. 특수고용 노동자의 경우 이 지표에 대한 긍정적 응답률은 20~35%로 높아졌다. 임금노동형 자영업자의 경우는 30~70%까지의 높은 편차가 있는 응답을 했는데, 그럼에도 불구하고 이들의 응답률조차 대다수인 70~90%가 넘게 그렇다고 응답한 일반 자영업자와는 상당한 차이를 보였다.

모호한 노동자 내 세 집단의 일자리 만족도는 비정규직과 유사했으나, 임금노동형 자영업자의 경우 임금수준, 노동환경, 그리고 노동시간 이 세 항목에서는 비정규직보다도 만족도가 낮은 것으로 드러났다. 반면 자영업형 임금노동자와 특수고용 노동자는 거의 모든 항목에서 정규직의 만족도 수준에는 못 미쳤다 하더라도 비정규직보다는 높은 만족도를 가진 것으로 나타났다. 특히 일의 내용과 업무 자율성의 경우 비정규직보다 0.1점 전후의 차이로 만족도가 높았다. 일을 통해 기술이나 능력이 향상되고 있다고 동의하는 수준 역시 모호한 노동자 내 세 집단 모두 비정규직보다 높았다. 하지만 이 같은 만족도와는 반대로 건강에 대한 자가 평가 수준은 비정규직보다도 낮았는데, 특히 임금노동형 자영업자의 경우 5점 척도의 3.61점으로, 총 6개의 집단 중 가장 낮았다. 평균 연령이 2세 이상 높은 자영업자보다도 낮은 평가였기 때문에 상대적인 고령으로 인한 결과라 판단하기도 어렵다. 임금노동형 자영업자의 이처럼 낮은 건강 수준의 원인을 파악하기 위해서는 향후 더 심층적인 실태조사가 필요하다. 노후 준비는 비정규직보다는 좀 더 나은 수준이었으나 정규직이나 자영업자보다는 훨씬 부족한 상태였다. 생활만족도 역시 일자리 만족도와 유사한 응답 패턴을 보였다. 자영업형 임금노동자와 특수고용 노동자의 경우 대체로 비정규직의 생활만족도와 유사하거나 약간 높은 가운데, 임금노동형 자영업자의 생활만족도가 비정규직 포함 총 6개 집단 중 가장 낮았다.

〈표 5-2〉에서 음영 처리가 더 진하게 된 마지막 열은 모호한 노동자 내 세 집단 간 통계적 차이를 보여준다. 학력, 혼인 상태 등 인구사회학적 특성과 근로시간과 임금 등 일자리 속성, 자영업 특성의 보유 정도, 건강 등에 있어서는 통계적으로 유의한 차이가 있었고, 비정규직 비율, 대부분의 업종, 기업의 복리후생과 사회보험의 적용 수준, 일자리 만족도, 노후 준비 수준이나 생활만족도 등과 관련해서는 유의미한 차이가 발견되지 않았다. 집단 내 차이가 작지 않았지만 나머지 다른 세 집단, 정규직과 비정규직, 자영업자와 총체적으로 비교했을 때보다는 동질적으로 나타난 항목이 상당수 존재했다.

〈표 5-3〉은 〈표 5-2〉에서 살펴본 다양한 고용관계하의 여섯 집단을 임금노동자, 모호한 노동자, 자영업자 세 집단으로 대분류한 후 모호한 노동자를 기준 범주로 해 다항로짓분석을 실시한 결과를 담고 있다. 이 다항로짓 모델은 모호한 노동자에 비해 임금노동자가 될 개연성, 그리고 모호한 노동자에 비해 자영업자가 될 개연성을 각각 측정한다. 주요한 인구사회학적 변수 중 모호한 노동자에 비해 임금노동자가 될 가능성에 영향을 미치는 변수는 하나도 없었으나, 모호한 노동자에 비해 자영업자가 될 확률에 영향을 미치는 변수는 상당수 발견되었다. 연령이 높을수록, 여성일수록, 미혼에 비해 기혼 혹은 이혼, 별거, 사별을 경험할수록, 또 대졸과 비교해 고졸의 학력을 가졌을수록 모호한 노동자보다는 자영업자가 될 확률이 높아졌다.

노동의 성과 대비 보상수준을 측정하는 변수인 임금과 근로시간과 관련해서는 로그 변환된 월평균 근로소득이 높을수록 모호한 노동자에 비해 임금노동자(1.318배)와 자영업자(3.803배)가 될 확률이 모두 높았다. 하지만 근로시간이 많을수록 모호한 노동자보다는 임금노동자와 자영업자가 될 가능성 역시 높게 나타났다. 경력 변수는 모호한 노동자에 비해 임금노

<표 5-3> 다항로짓분석(multinomial logit model): 종속변수-고용관계

	기준: 모호한 노동자			
	임금노동자		자영업자	
	B	Exp(B)	B	Exp(B)
상수	-2.255*		-17.590***	
연령	-.004	.996	.045**	1.046
여성(기준: 남성)	-.003	.997	.485*	1.624
학력(기준: 대졸 이상)				
중졸 이하	-.126	.881	.523	1.687
고졸	-.239	.787	.675**	1.964
혼인(기준: 미혼)				
기혼 유배우	.040	1.041	.867*	2.379
이혼별거사별	-.164	.848	1.028‡	2.796
월평균근로소득(ln)	.276‡	1.318	1.336***	3.803
근로시간	.010*	1.010	.043***	1.044
경력	-.001	.999	.002*	1.002
업종(기준: 기타)				
농림어광업	-1.047	.351	1.393	4.025
제조업	.206	1.229	-.779	.459
건설업	-.645‡	.525	-1.548‡	.213
도소매숙박음식	-1.028***	.358	1.123***	3.075
금융보험업	-1.057**	.348	-1.847**	.158
서비스업	-.251	.778	.027	1.028
일자리 만족도				
임금/소득	.063	1.065	-.714**	.490
취업의 안정성	.451**	1.569	.070	1.072
일의 내용	-.090	.914	-.011	.989
업무의 자율성	-.353*	.703	.822***	2.274
노동환경	.276‡	1.317	.118	1.125
노동시간	.050	1.051	.330	1.390
기술/능력 향상	-.127	.880	.441*	1.555
생활수준 만족도	.236*	1.266	-.034	.967
χ^2	563.606***(df=46)			
-2LL	2127.015			
N	1,320			

‡ p<0.1, *p<.05, **p<.01, ***p<.001

동자가 될 개연성에 통계적으로 유의미한 영향력이 없었으나, 자영업자가 될 개연성은 높이는 것으로 드러났다. 모호한 노동자보다 임금노동자나 자영업자가 될 확률은 건설업과 금융보험업에서 유의하게 낮은 한편, 도소매숙박음식업의 경우 임금노동자가 될 확률은 낮았지만 자영업자가 될 가능성은 더 높았다.

일자리 만족도의 다양한 항목과 관련해서는 흥미로운 차이가 상당수 발견되었다. 임금수준이 높을수록 모호한 노동자에 비해 자영업자가 될 확률이 높았지만, 뜻밖에도 임금 및 소득 수준에 대한 만족도는 모호한 노동자에 비해 자영업자가 더 낮은 것으로 드러났다. 이 변수와 관련해 모호한 노동자에 비해 임금노동자가 될 확률에 유의한 영향이 없었다. 취업의 안정성에 대한 만족도가 높을수록 모호한 노동자보다는 임금노동자가 될 개연성이 유의미하게 컸다. 높은 수준의 업무의 자율성에 대한 만족도는 모호한 노동자에 비해 임금노동자가 될 가능성을 낮추고, 반대로 자영업자가 될 가능성은 높이는 방향으로 작용하고 있었다. 한편 노동환경에 대한 만족도와 생활수준에 대한 만족도가 높을수록 모호한 노동자보다는 임금노동자가 될 개연성이 높아졌다. 현재 일이 자신의 기술이나 능력을 향상시킨다고 생각할수록 모호한 고용에 비해 자영업자가 될 가능성이 유의하게 높게 나타났다.

이미 각 집단 내에서도 상당히 다양한 인적, 직업적 속성을 가진 모호한 노동자의 세 집단을 통합했을 뿐 아니라, 임금이나 근로조건상 큰 격차를 가진 정규직과 비정규직을 통합한 임금노동자, 그리고 그 구성이 이질적인 것으로 잘 알려진 자영업자 집단과의 비교를 시도한 것인 만큼 이 다항로짓분석 결과는 제한적으로 해석될 필요가 있다. 그럼에도 불구하고, 이 분석 결과를 통해 모호한 노동자라는 새로운 고용관계를 상징하는 집단이 기존의 명백한 경제활동인구 두 집단과 구분되는 몇 가지 분명하고 유의미한 차이를 가지고 있음을 충분히 살펴볼 수 있었다.

이 연구의 주요 분석 결과는 다음과 같다. 우선 고용관계가 모호한 노동자는 한국 노동시장에 무시할 수 없는 규모로 존재하고 있다. 특수고용노동자의 경우 통계청 경제활동인구 부가조사와 같이 임금노동자만을 대상으로 하지 않고, 고용인 없는 자영업자 중 종속적 고용관계의 성격을 가진 것으로 나타난 비중을 반영해 재산정한다면 현재의 거의 두 배 이상인 약 6% 정도로 추정된다. 이 임금노동형 자영업자는 월평균 소득이 특수고용 노동자에 약간 못 미치는 수준으로 비정규직보다는 높은 편이었으나 가장 긴 근로시간을 보유하고, 대다수가 기업 복지의 혜택 없이 5인 미만 영세사업체에 근무하며, 건강 수준도 모호한 노동자 내의 다른 집단과 비교할 때 유의한 수준에서 낮았다. 특수고용 노동자의 하위 범주에 해당하는 노동자 집단으로 추정된다.

기존 노동시장연구에서 잘 다루어지지는 않았지만, 모호한 노동자 내에 비정규직과도, 또 특수고용 노동자와도 구분되는 자영업형 임금노동자 집단을 확인할 수 있었다. 이들은 특수고용을 구분하는 기준에는 해당하지 않는 동시에 적어도 한 가지 이상 임금노동자의 핵심적 속성에서 벗어나는 특성을 가지고 있는 집단이다. 자영업형 임금노동자는 비정규직과 업종별 분포 유형이 유사했지만, 좀 더 자율적인 노동조건을 보유한 만큼 비정규직보다 높은 임금, 상대적으로 짧은 근로시간을 가지고 있었다. 또한 자발적으로 이 근로를 선택한 비중, 노조 가입률, 일자리 만족도 등 다양한 차원에서 정규직에는 미달했지만 비정규직보다는 나은 일자리 질의 특성을 보여주었다.

이 연구가 모호한 노동자로 간주해 묶은 자영업형 임금노동자, 특수고용 노동자, 임금노동형 자영업자가 과연 같은 특성을 보유하고 하나의 노동자 집단을 구성하는가 여부에 대해서는 아직 더 많은 연구가 필요하며,

현재의 연구 결과로 이를 입증하기는 어려운 상태이다. 실제로 이러한 세 노동자 집단은 집단 내부의 이질성과 편차도 매우 크다고 여겨진다. 하지만 이 연구의 분석 결과 이러한 가능성을 향후 보다 본격적으로 탐색할 필요성이 확인되었다. 모호한 노동자라는 하나의 기준으로 묶인 이 집단은 전반적으로 자영업자보다는 임금노동자와 인구사회학적 특성을 좀 더 많이 공유하고 있으면서도, 취업의 안정성이나 업무의 자율성에서 이들과는 분명히 구분되는 모습을 보인다.

3. 균열일터 노동자의 보호 방안: 비교적 전망

균열일터가 일상화하면서 모호한 고용관계에 속한 노동자를 사회 안전망으로 포섭하기 위한 국내외 논의는 상당수 축적되고 있다. 국제노동기구(ILO)에서는 보호가 필요한 노동으로서 간접고용과 더불어 모호한 고용관계와 위장된 자영업자에 대한 기본적인 권고안을 마련했으며, 모호한 고용관계에서의 종속성과 의존성을 판별하기 위해 여러 판별지표를 마련한 바 있다(ILO, 2006). 유럽연합(EU)도 모호한 고용관계에 대한 기본적인 노동법 관련 규범을 재정비하고자 노동법 포괄 범위를 유연하게 해석하거나 노동자의 범위를 확대하려는 노력을 하고 있다(Supiot, 1999). 하지만 각 국가별로 기존 제도와의 경로-의존성에 따라 구체적인 입법 방향은 서로 다르다(Buschoff and Schmidt, 2009).

영국과 독일은 새로운 법적 지위를 신설함으로써 노동법이 규제하는 범위 자체를 확장했다. 기존에 법적인 종속성만을 인정했던 것에서 나아가 경제적인 종속성이나 실질적인 종속성을 인정하면서 모호한 노동자의 법적 지위를 인정해주는 방식은 수피오(Supiot, 1999)에 의해 주도된 EU의 제안과 비슷한 선별적인 접근방식(targeted approach)과 유사하다(Buschoff and Schmidt, 2009). 영국은 종속적 자영업자에게 기존 노동자(employee)와 자영업자(self-employed) 사이에 존재하는 새로운 개념의 노동자(worker)를 신설해 그 지위를 부여함으로써 노동법과 사회보장법이 제공하는 사회적 보호 안으로 수용하고자 했다. 그 결과 새로운 노동자(worker)에게도 최저임금, 노동시간 규제, 휴일, 병가 중 급여, 차별에 대한 보호, 파트타임 노동자들에 대한 보호 등의 권리가 부여되었다(조용만, 2003: 19; Buschoff and Schmidt, 2009). 독일은 '유사근로자(arbeitnehmer hnliche Person)' 지위를 신설해 노동법이 제공하는 여러 권리—유급휴가권, 노동법원에의 항소권, 단체협약권—를 이들에게 제공하고 있다.

프랑스는 근로계약의 범위 자체를 형식상의 종속 노동이 아닌 내용상의 종속으로 해석해 포괄적으로 인정하는 한편, 특수한 직종에 한해 노동자성을 인정하고 이러한 특정 산업이나 직업에 대응하는 특칙을 통해 이들의 노동조건을 규율하고 보호하는 혼합적인 대처 방식을 따르고 있다(조용만, 2003: 26~35). 한편 네덜란드는 앞의 사례들과는 다르게 노동자의 범위 자체를 확장하는 방법으로 이들을 법체계 안으로 포섭하고자 했다. 모호한 고용관계에 있는 노동자라도 경제적 종속성을 매우 포괄적으로 인정해 기존 노동자가 가지고 있는 모든 노동법적, 사회보장법적 권리를 가지게 된다(Buschoff and Schmidt, 2009). 현재 국내에서는 강한 종속성을 가지고 위장된 자영업자에 가까운 특수고용 노동자에 대한 보호만이 이루어지고 있다. 법 해석상 이들의 지위가 문제되는 부분은 최저 근로조건에 대한 규율, 노동조합에 대한 권리와 관련된 노동법상, 그리고 사회보호에 관한 사회보장법상 근로자로 인정될 수 있는가 여부이다. 그러나 특수고용 노동자가 노동법상, 사회보장법상의 근로자로 인정되는 범위가 법원의 보수적인 해석으로 인해 굉장히 한정적이기 때문에 이들은 기본적인 노동

보호와 단결권에서 배제되며 각종 사회보장의 대상에서도 벗어나 있다(김재훈, 2002; 윤애림, 2004; 조경배, 2005, 2006; 김인재, 2008, 2009; 도재형, 2013). 또한 이들에게 제공되는 보호 수준도 문제인데, 특수고용 노동자가 산재보험법의 특례제도로 일부 6개 직종에 한해 산재보험의 대상자로 인정받았지만, 근로자가 아닌 '특수고용관계 종사자'라는 특정한 지위를 부여함으로써 이들의 보험 부담을 가중시키고 임의적 탈퇴를 가능하게 하는 등 임금노동자보다 현저하게 낮은 수준의 보호를 받고 있을 뿐이다(김종진, 2012; 윤애림, 2012).

표준고용관계하 임금노동자-자영업자의 단순한 이분법 아래에 있는 법체계는 더 이상 현실을 반영하지 못하므로 더욱 포괄적인 방향으로의 전환이 필요하다(Deakin, 2002; European Commission, 2006). 한국 노동시장에 존재하는 모호한 노동자의 범위와 특성에 대해 탐색해본 이 연구의 결과는 극히 제한적으로밖에 모호한 노동자를 보호하지 못하고 있는 법적 패러다임의 전환이 필요함과 동시에, 그 과정이 쉽지 않을 것임을 시사한다. 모호한 노동자 집단 중 임금수준과 별개로 일자리 만족도와 건강 수준, 그리고 기업의 사적 복지의 수혜율이 제일 낮은 임금노동자형 자영업자의 경우 자영업자 특성이 가장 강해 노동자성 인정이 매우 어려울 것으로 추정된다. 자영업형 임금노동자의 경우는 비정규직 임금노동자 전반에 대한 보호 수준이 낮은 현재의 노동시장 법 제도가 걸림돌이 될 것이다. 우리보다 앞선 외국 사례 역시 그 나름의 한계를 가지고 있다. 새로운 집단에 초점을 맞추며 신설한 개념을 통해 노동법의 외연 자체를 확장한 독일과 영국의 경우에는 새로운 지위가 포괄하지 못하는 집단이 생긴다는 문제점이 존재한다(조용만, 2003; Buschoff and Schmidt, 2009). 또한 프랑스와 같은 개별적 규율은 법의 복잡성과 통일성의 결여가 문제점으로 지적되고 있다(조용만, 2003: 42). 네덜란드의 사례가 가장 진전되고 바람직한 것은 사실이지만, 한국과는 전반적인 노동시장 법 제도의 차이가 너무 커서 제도 이식의 가능성은 상당히 낮다.

모호한 일자리가 나쁜 특성만 가지고 있는 것은 아니다. 노동자의 삶의 질을 제고할 수 있는 자율성과 자유로움은 기존의 종속적 임금노동이 제공해줄 수 없는 중요한 일자리 특성이다. 이러한 특성은 노동자 선호의 변화와 끝없는 유연성 추구의 상호작용으로 계속 확대되리라 여겨진다. 하지만 그런 만큼 이러한 장점을 누리는 소수 상층의 모호한 노동자와 전혀 보호받지 못하는 하층의 모호한 노동자의 양극화는 점점 더 확대될 가능성이 크다. 이러한 일자리에서 상층의 노동자는 특별한 기술력 등으로 상당한 교섭력을 가지고 있으리라 여겨진다. 그러나 기업의 무분별한 외주화와 유연화는 하층 모호한 노동자의 업무 위험과 스트레스, 불안정, 건강 악화, 그리고 기업의 부담 회피로 상당한 사회적 비용을 유발하게 될 것이므로(Kautonen et al., 2010), 이들에 대한 보호방안 마련에 앞서 이러한 노동력의 남용 자체가 철저히 규제되어야 할 것이다. 모호한 일자리가 가진 장점을 극대화하고 단점을 최소화하면서, 임금노동자-모호한 노동자-자영업자 내부의 양극화와 각 집단 간 양극화를 제어할 수 있도록 더 많은 탐색과 고민이 필요한 시점이다.

6장

플랫폼 경제와 노동

1. 4차 산업혁명으로 인한 자본주의의 변화: 테크노봉건주의?

증기 동력, 전기, 전자 및 정보 기술에 이은 디지털 혁명으로 4차 산업혁명이 시작되었다. 세계경제포럼 회장인 클라우스 슈바프(Klaus Schwab)에 의해 명명된 이 4차 산업혁명의 초기에는 그 가능성에 대한 밝은 전망이 지배적이었다. 모든 사람이 모바일 기기로 연결되어 전례 없이 무한한 정보와 지식에 대한 접근성을 가지게 된 상태에서의 인공지능, 로봇공학, 사물인터넷, 자율 주행차, 3D 프린팅, 나노기술, 생명공학, 양자 컴퓨팅 등에서의 신기술 혁신은 기존에 상상할 수 없었던 생산성 향상과 자유로움으로 상징되는 노동 유연성을 가져올 것이라는 기대였다. 반면 이 새로운 기술이 현실에서 전개됨에 따라 비관적 전망이 공존하게 되었다. 플랫폼 경제에서의 노동은 상시적인 일자리의 불안정성과 탈기술화를 유발했다. 모바일 기기나 컴퓨터로 일하는 사람은 사용자가 누구인지도 모르는 상태에서 현격한 교섭력 격차로 인해 거의 초기 자본주의 시기의 무한 경쟁과 저임금에 노출되었다(De Ruyter et al., 2019). 보다 더 근본적인 문제로, 인공지능과 로봇으로 인한 일자리 상실의 위기가 다가오고 있으며(송성수, 2022), 이들이 일자리를 모두 없애버리지는 못할지라도 노동자의 숙련을 대체할 수 있는 기술이 유사한 업무에 종사하는 노동자의 임금에 하방 압력을 가해 양극화가 더 악화할 것이라는 지적이 가능하다(Estund, 2018).

〈표 6-1〉은 플랫폼 경제에 대한 이런 두 가지 상반된 입장을 요약해서 보여준다. 통상적으로 알려진 긍정적 서사는 플랫폼 경제가 새로운 디지털 기술로 기존에 없던 일자리를 만들 수 있는 능력을 강조한다. 대안적 서사는 바로 그 기술로 압도적인 시장 장악력을 가지게 된 플랫폼이 어떻게 그렇게 만들어진 일자리를 나쁘게 만들 수 있는가에 집중한다(Pasquale, 2016). 온라인 플랫폼이 기업에 줄 수 있는 이득인 낮은 거래비용과 낮은 시장진입장벽, 더 커진 시장이라는 장점은 노동시장과 사회 전반에 걸쳐 더 큰 위협으로 작용하기 때문이다. 많은 플랫폼이 이전에는 고용관계에서 보호받으며 하던 일을 자영업처럼 만든다. 예를 들어, 아마존 미케니컬 터크(Amazon Mechanical Turk)에서 일하는 노동자들은 창의적인 협력자가 아니라 영주의 지배를 받는 디지털 소작농과 같은 처지에 있다는 것이다. 노동기준과 노동권을 훼손하고 경제적 불안감을 조성하는 이런 경제는 가장 최근에 만들어진 온라인 버전의 균열일터로, 불평등에도 악영향을 미친다. 디지털 경제가 만들어내는 기회는 고기술을 보유한 교육받은 엘리트에게 그 혜택을 집중시킨 채, 저기술, 저학력 노동자를 마치 디지털 노예선의 노예와 같은 처지로 몰아넣는다. 디지털 혁명의 어두운 뒷면이라 할 수 있다(Liebman, 2017).

바루파키스(Varoufakis, 2023)는 현재의 디지털 경제를 상징하는 클라우

〈표 6-1〉 플랫폼 경제에 대한 두 가지 상반된 서사

통상적 서사	대안적 서사
플랫폼은 서비스 제공자가 시장에 더 낮은 비용으로 진입할 수 있도록 함으로써 공정한 노동시장을 촉진	플랫폼은 노동자의 협상력을 줄이고 고용의 안정성을 약화해 기존의 불평등을 고착시키고 불안정성을 촉진
플랫폼은 교통, 주택 및 기타 시장에서 서비스 제공자의 수를 증가시켜 차별의 영향을 줄임	플랫폼은 인종이나 인종적으로 식별 가능한 이름을 드러내는 사진 기반 프로필로 고객을 식별함으로써 차별을 증가시킴. 순위 및 평가 시스템 또한 편견을 강화할 가능성이 있음
플랫폼 규제기관은 기존 제공자(택시와 호텔 같은)와의 정치적 연계 덕분에 기존 제공자의 편견과 이익을 반영할 가능성이 큼	대규모 플랫폼은 이제 너무 많은 자원을 보유하고 있어, 분열되고 비조직적인 기존 제공자의 로비 활동을 쉽게 압도할 수 있음
대규모 디지털 플랫폼은 양질의 서비스 덕분에 막대한 시장 점유율을 확보	대규모 디지털 플랫폼은 운, 선발자 이점, 네트워크 효과, 로비, 전략적 탈법 행위, 그리고 양적 완화로 인한 비정상적으로 낮은 투자 자본 비용 덕분에 막대한 시장 점유율을 확보
플랫폼은 실업자와 불완전 고용자를 노동시장으로 끌어들여 경제 성장을 촉진	플랫폼은 저임금 경쟁을 통해 임금수준을 낮추고 성장을 저해
플랫폼은 일자리를 구체적인 과업으로 분해해 노동자들이 자신의 속도에 맞춰 일을 조합할 수 있도록 함으로써 유연성을 촉진	저임금 임시 일자리와 여러 세부 과업으로 쪼개진 일은 노동자가 일할 기회를 놓치지 않기 위해 항상 '대기 상태'를 유지하도록 강요
데이터 기반 사용자 프로필을 사용해, 플랫폼은 사용자들을 그들과 가장 잘 맞는 노동자들에게 미리 연결할 수 있음	사용자들은 우연한 기회나 예측할 수 없는 선택지가 효과적으로 숨겨지거나 가려질 때 자율성을 잃을 수 있음

자료: Pasquale(2016), p.311.

드 자본은 일종의 변종 자본으로, 마치 너무나 힘센 바이러스가 숙주를 죽여 함께 멸망하듯이 자본주의를 테크노봉건주의로 후퇴시켰다고 주장한다. 클라우드 자본은 오리지널 인터넷의 개발로 시작되어 2008년 금융위기를 계기로 폭발적인 성장을 이루게 된다. 선진국의 중앙은행들이 돈을 찍어내어 위기에 처한 은행을 구하고 일반인은 가혹한 긴축으로 몰아넣었는데, 이 과정에서 빅테크 소유자들은 넘쳐나는 달러를 자본 확충에 투자

하면서 새로운 세계의 지배계급으로 부상했다. 테크노봉건주의는 불로소득 자본주의와 유사한 개념이지만, 미묘하게 다르다. 같은 지대추구형 경제라 해도 테크노봉건주의는 더 이상 자본주의가 아니다. 이윤과 시장이라는 자본주의의 두 근간이 플랫폼이라는 디지털 영지로 인해 사이드쇼로 전락했기 때문이다. 산업 자본가는 이제 상품을 팔 때마다 디지털 영지에 천문학적인 수수료를 내는 봉신에 불과하다. 빅테크 영주의 지배 아래 있는 테크노 농노는 기꺼이 삶과 밀착된 정보를 생산해 영주가 더 많은 광고료를 벌 수 있도록 돕는 한편, 많은 수수료를 디지털 영지에 지불해야 하는 탓에 저임금으로밖에 노동자를 고용하지 않는 봉신을 위해 불안정 노동에 종사한다. 클라우드 자본은 임금노동 없이 끊임없이 재생산할 수 있으며, 지대는 이윤과 달리 투자되지 않는다(Varoufakis, 2023). 그렇다면 테크노봉건주의하에서의 노동은 어떻게 보호될 수 있을까?

2. 플랫폼 노동의 확산과 새로운 사회계약의 필요성

1) 플랫폼 노동의 규모와 노동과정의 양면성

플랫폼 경제는 다수 노동자의 경제적 안정, 핵심적인 노동기준, 사회적 보호, 교섭력에 미치는 영향력에 대해 고려하지 않은 채 지나치게 빠르게 성장하고 있다. 플랫폼 경제하에서 디지털 경로로 서비스를 제공하는 독립적인 계약자에 대한 노동 수요가 점점 더 증가하고 그에 따라 더 많은 노동 공급이 이루어지게 되면 종속된 정규직 노동자를 고용하는 전통적인 기업 모델과 경쟁하게 되고, 이러한 서비스의 가격, 즉 노동자의 임금소득은 더 큰 압박을 받게 된다.

플랫폼 노동은 앱이나 웹사이트 등 디지털 기기를 이용해 알고리즘을 수단으로 고객과 노무제공자가 연결되어 소득이나 보수를 얻는 일을 의미한다. 플랫폼 노동과 같이 불안정하며 불규칙한 노동의 규모는 기존의 조사 방법으로는 파악하기 어렵다.[1] 여러 임시직 단시간 노동을 전전하는 경우, 플랫폼 노동의 규모가 과소 표집될 수 있기 때문이다. 그럼에도 불구하고 EU는 2022년 2,800만 명이 넘었던 플랫폼 노동자가 2025년까지 4,300만 명으로 증가할 것으로 예측하고 있다.[2] 3년 남짓한 사이에 53% 이상 증가한 것이다. 한국의 상황도 유사하다. 플랫폼 노동자의 규모에 대해 지속적으로 조사해온 고용정보원의 박보람(2024)에 따르면, 한국에서도 플랫폼 노동자의 규모가 지속적으로 증가해, 2023년 약 3.3~11.4% 사이의 노동자가 이런 방식으로 수입을 얻고 있는 것으로 드러났다. 플랫폼 노동을 분류하는 기준은 다양하지만, 주로 서비스 제공이 온라인에서 이루어지는 웹 기반형 크라우드 워크(crowd work)와 노무 제공이 지역에서 플랫폼을 통한 주문으로 이루어지는 호출형 노동(on-demand work)으로 구분된다. 특히 이 호출형 노동 중 배달 등 운송이 차지하는 비중이 대다수를 차지하는데, 이 조사에서도 54.9%에 이르렀다.

그렇다면 과연 플랫폼 종사자는 노동자일까, 아니면 자영업자일까? 이 질문은 플랫폼이 사용자인지, 아니면 단순한 중개자인지와 관련된 추가적인 질문을 유발한다. 이런 논란이 발생하는 배경에는 플랫폼 노동의 양면성이 자리 잡고 있다. 몇몇 인력 중개형 플랫폼의 경우, 플랫폼에서 제공

1 플랫폼 노동의 정확한 규모 측정은 매우 어렵지만, 이미 2000년대 이후부터 파견, 호출, 온콜(대기) 노동자, 독립계약자 등 다양한 비정형 노동과 함께 급속히 성장 중이었다. 미국의 한 연구는 2005년부터 2015년까지 단 10년 동안 이런 종류의 노동의 50% 가까이 급증했다고 보고했다(Katz and Krueger, 2016; Liebman, 2017 재인용). 특히 중국에서는 미국보다 더 빠르게 증가했다.

2 ttp://www.consilium.europa.eu (2024년 8월 25일 접속)

하는 서비스를 이용하거나 광고비를 지불하게 함으로서 노동자이자 이용자라는 이중의 정체성을 갖도록 유도한다. 또한 플랫폼은 종사자가 원할 때 일할 수 있고 언제든지 그만둘 수 있는 만큼 스스로 일감을 선택할 수 있다는 착각을 불러일으키기도 한다. 특히 배달 플랫폼의 경우 각종 '프로모션'이나 '이벤트'를 통해 종사자가 주도적으로 일을 하고 있다는 인식을 강화한다. 하지만 플랫폼은 평가를 통해 종사자를 종속시키고, 일한 만큼 즉시 보상하는 방식을 통해 이들이 장시간 일하도록 통제할 수 있다. 영업사원처럼 끊임없이 스스로를 독려하며 일하는 과정에서 그런 자율성은 쉽게 의미를 잃을 수 있지만, 스스로가 알고리즘상의 통제에 노출되었다는 사실을 인지하기 어려운 종사자는 플랫폼 내의 다른 옵션을 유연하게 선택하는 경영자적 자아를 만들어냄으로써 플랫폼의 통제를 감내하게 된다(박경진 외, 2022).

2) 플랫폼 노동의 오분류 문제

플랫폼 노동 같은 현대의 일시계약형 긱(gig) 노동은 과거 상인이 수공업자에게 생산을 맡겼던 19세기 선대제(putting-out system)와 유사하다. 선대제하의 노동자는 독립사업자였다. 자신의 집에 일부 도구를 보유했으며, 원료를 제공받아 상품이 완성되면 임금에 해당하는 대금을 받았다. 하지만 이 시대의 일자리는 필요할 때에만 노동이 제공되는 호출형 노동 공급, 장기 계약의 부재로 인한 고용 불안정, 노동의 과잉 공급, 기본적이 노동권의 부재 등으로 특징지어지며, 노동자들은 보호받지 못한 채 치열한 경쟁과 저임금에 노출되었다(De Ruyter, 2019). 플랫폼 사용자가 노동자에게, 더 정확하게 표현하자면 자영업자로 오분류된 노동자에게 위험을 전가하는 것도 우버와 같은 플랫폼이 자신들을 고용주가 아닌 중개자로 간주하기 때문이다. 플랫폼 기반 교환을 위한 노동자는 더는 '전통적인' 의미의 노동자가 아니며, 자영업자로서 모든 관련된 위험—사고나 질병 등—과 비용, 예를 들어 연금, 실업 또는 장기 요양에 대한 비용까지 부담해야 하는데, 이는 기존의 사회보장 체제의 존립을 위협하는 새로운 도전으로 작용한다. 전속성이 강한 전일제 플랫폼 노동자라 하더라도 플랫폼이 사용자 역할을 하지 않는 한 기존의 사회보장 모델은 작동하기 어렵다(Eichhorst et al., 2017).

4차 산업혁명과 디지털 경제는 이처럼 사용자를 확정할 수 없는 다층적 고용계약과 노동자와 유사한 업무에 종사하면서도 노동자로서의 보호를 받을 수 없는 종속적 자영업자의 증가를 통해 과거의 노동법이나 사회보장법으로 보호받을 수 없는 사각지대를 급속하게 확산시키고 있다. 플랫폼 노동에서 확인할 수 있듯이, 종속성이 희박한 상태로 변화하는 이러한 미래의 노동을 보호하기 위해서는 노동의 종속성 개념 또한 경제체제의 변화에 맞게 재구성되어야 한다(한광수, 2022). 선진국에서는 이 문제의 해결을 위해 이들의 노동자성을 인정하는 판례가 축적되고 있는데, 이런 추세가 가장 두드러지는 직종이 바로 플랫폼 노동자 중 가장 비중이 큰 배달, 배송, 운전[3]이다. 특히 우버 드라이버를 노동자로 인정하는 판례는 미국, 영국, 프랑스 등 여러 선진국에 축적되고 있으며, 우리나라에서도 지난 2023년 12월 서울고등법원이 1심의 판결을 뒤집고 중앙노동위원회의 의견과 같이 타다 기사의 노동자성을 인정하는 판결을 내린 바 있다.

오분류(misclassification)를 막기 위해서는 노동자성 판단 기준을 21세기 플랫폼 노동에 맞게 완화하는 방식으로 수정할 필요가 있으며 그 입증

3 한국고용정보원의 2022년 조사에 따르면 배달·배송·운전 관련 직종은 광의의 플랫폼 종사자 중 가장 높은 26.5%, 협의의 플랫폼 종사자 중에서 압도적으로 높은 64.5%를 차지했다.

책임은 사용자가 지도록 해야 한다. 미국에서도 개인사업자로 간주되는 조건을 엄격하게 규정해 플랫폼 노동자의 종속성 인정하는 추세가 2008년부터 본격화된 바 있다. 우리의 경우 아직 오분류를 해결하기 위한 입법적 논의가 충분히 진전하지 못한 상태이다. 플랫폼 종사자 보호와 지원을 위해 2021년 3월 18일 발의된 장철민 의원 안과, 같은 해 11월 11일 발의된 이수진 의원 안 모두 종속성이 뚜렷한 노동자를 자영업자로 오분류할 가능성을 열어두었다. 장철민 의원 안은 특히 노동자라는 입증 책임을 플랫폼 종사자에게 부여한 것으로 비판받았다. 이런 비판을 의식한 이수진 의원 안은 플랫폼 사업자가 입증의 책임을 지도록 했으나, 노동자 추정 기준에 대한 구체적인 내용이 없어 실효성이 떨어진다는 문제가 있다. 또한 양 의원 안 모두 플랫폼 사업자의 경영상, 영업상 비밀을 위한 알고리즘 정보 비공개 권한을 너무 포괄적으로 인정해주고 있다. 종합하자면, 플랫폼 노동에 대한 지금까지의 입법 논의의 가장 큰 한계는 플랫폼 종사자를 적극적으로 노동자로 인정해 기존 법의 보호를 받게 하는 대신, 특별법을 통해 노동자와 자영업자 사이의 제3의 카테고리를 만들어 불완전한 보호밖에 제공하지 못한다는 점이다. 이런 문제의식하에 노동조합은 플랫폼 노동자에게만 해당하는 별도 법을 제정하는 대신 기존 노동법상 노동자

〈표 6-2〉 플랫폼 사업자의 사용자성 판정 기준 (5개 중 2개 이상 충족 시 사용자로 간주)

(a) 보수의 액수를 결정하거나 보수의 상한 설정
(b) 업무 시 준수해야 하는 외모 및 행위 등과 관련된 특정한 규칙을 요구할 경우
(c) 업무 행위를 감독하거나 업무의 성과와 질을 확인하는 행위
(d) 노동시간이나 결근, 일감의 수락 여부 등과 관련된 재량권을 제재 등을 통해 제약
(e) 스스로 고객기반을 확충하거나 제3자에게 노무를 제공하는 것을 제한

자료: European Commission, 2021. “Proposal for a Directive of the European Parliament and of the Council on Improving Working Conditions in Platform Work,” p.34 내용 재구성

개념을 확대할 것을 요구하고 있다.

2021년 12월 9일 발표된 유럽연합 집행위원회(European Commission)의 플랫폼 노동에 대한 포괄적인 입법지침은 우리의 입법이 지향해야 할 바에 대한 중요한 시사점을 주고 있다. 이 입법지침은 일정한 요건을 갖춘 플랫폼 종사자를 자영업자가 아닌 노동자로 간주하고, 노동자가 아니라는 입증의 책임은 플랫폼 사업자에게 부과했다. 주목해야 할 점은 〈표 6-2〉에 나타난 바와 같이 플랫폼 사업주가 다음 다섯 가지 노동 통제와 관련된 행위 중 단 두 가지만 충족해도 고용관계에서의 사용자로 간주될 수 있다는 것이다. 만일 이 지침이 실행된다면 오분류로 인해 노동자로 인정받지 못했던 노동자가 최저임금, 노동시간 규제, 산업안전과 보건, 남녀 간 동일노동에 대한 동일임금, 유급휴가, 그리고 산재, 실업, 질병과 노령 등과 관련된 사회적 보호를 받게 될 수 있다. 또한 이 입법지침은 플랫폼 노동자에게 플랫폼 사용자가 알고리즘이 어떻게 노동자의 건강, 안전, 노동조건, 계정 말소, 승진, 업무 배정 등에 영향을 미치는가와 관련된 설명을 제공할 의무를 명시했고, 노동자에게는 이에 대해 이의를 제기할 수 있는 권리도 보장했다(European Commission, 2021).

3) 플랫폼 노동과 사회보장제도

플랫폼 종사자의 노동자성이 인정되지 못할 경우 부딪히는 가장 큰 문제는 고용과 연계된 사회보장제도로부터의 배제이다. 특히 표준고용관계에 기반해 구축된 사회보험과의 정합성이 떨어진다. 불확실한 노동환경으로 과도한 경쟁에 노출된 플랫폼 종사자에게 사회보험은 절실한 안전망이 될 수 있지만, 플랫폼 노동과정의 양면성으로 인해 이들이 노동자로서의 의식을 가지고 적극적으로 요구하기 어려운 것이 현실이다. 2022년 한국

고용정보원의 조사에 따르면 플랫폼 종사자의 사회보험 가입과 관련해서 상당한 사각지대가 존재한다. 플랫폼 종사자의 고용보험 가입률은 46.4%으로 낮은 편인데, 역설적이게도 주업형 플랫폼 종사자의 가입률이 26.8%에 불과한 데 비해, 간헐적 참가형의 가입률이 57.6%로 가장 높다. 이들 중 대다수가 플랫폼이 아닌 주업이나 부업에 속하는 다른 회사를 통해 가입하고 있기 때문이다. 조금씩 가입자가 증가하고 있다고는 하나[4] 산재보험의 가입률은 36.5%로 더 낮다. 이 역시 고용보험과 유사한 추세를 보여 다른 경로로 가입한 간헐적 참가형이 52.2%로 가장 높고, 현재 이용 중인 플랫폼을 통해 가입한 주업형 종사자의 가입률은 34.2%에 불과하다(김준영 외, 2022). 또한 플랫폼 노동자의 국민연금[5]이나 건강보험에 대해서는 아직 논의조차 제대로 진행되고 있지 못하다.

이러한 낮은 가입률은 플랫폼 노동의 불안정성과 정기적인 일자리에 기반해 마련된 사회보험의 속성이 서로 충돌하기 때문인 것으로 파악된다. 2022년 1월부터 시작된 플랫폼 종사자에 대한 고용보험은 1개월 이상의 노무제공 계약을 체결한 경우 월 보수액이 80만 원 이상이라는 조건을 만족해야 적용되는 한계가 있다. 2022년 5월 일부 개정된 「산업재해보상보험법」은 배달 라이더 등 특수한 형태의 노동자에게도 산재보험을 적용하기 위해 전속성 기준을 폐지했지만, 아직도 모든 플랫폼 노동자가 혜택을 받지는 못한다. 플랫폼 종사자의 노동자성을 인정하는 방식 대신, 특수형태 근로 노동자와 함께 플랫폼 종사자를 '노무제공자'로 다시 분류해

---

4 2022년 전 국민 고용보험 논의를 통한 배달 플랫폼 등 종사자에 대한 고용보험 적용 확대, 그리고 같은 해 산재보험에서의 일부 플랫폼 노동자에 대한 전속성 기준 폐지 특례 적용이 이러한 점진적 증가에 영향을 미친 것으로 보인다.

5 노상헌(2017)은 이러한 사각지대 해소를 위해 연금제도를 기초연금(최저보장연금)과 소득비례연금(기여연금) 이중 구조로 설계할 것을 제안했다.

산재 대상으로 확대하는 방식으로 법의 변경이 이루어졌기 때문이다. 건강보험과 국민연금에 대한 논의는 아직 본격화되지도 못했다. 특히 플랫폼 일 경험이 주된 노동경험이기 쉬운 청년 플랫폼 노동자의 경우 사회보험에 대한 정보나 경험이 부족한 데 더해, 소득이 불안정함에 따라 보험료 비용부담까지 걱정할 수 있을 것이다. 플랫폼 노동자의 사회보험 가입 여부가 업종별로 달라지거나 자발적 가입에 의존하는 방식은 실질적인 제약 요인으로 작용할 수 있다(박경진 외, 2022). 따라서 사회보험의 적용 범위에 특정한 플랫폼 업종을 추가하는 방식의 제도적 개선만으로는 플랫폼 노동에 대한 충분한 보호가 이루어지기 어려워 보인다.

이러한 노동자성 완화 노력이 플랫폼 노동자를 보호하기 위한 의미 있는 시도이기는 하지만, 수직적으로 통합된 기업조직에 정규직으로 고용된 노동자를 염두에 두고 만들어진 현재의 노동법과 사회보장법의 한계는 명확하다(Liebman, 2017). 플랫폼에 사용자로서의 의무와 책임을 부과할수록 이러한 노동을 가능하게 만든 기술은 자동화 역시 더욱 가속화할 수 있다. 기업의 자동화 결정에 가장 큰 영향을 미치는 것은 노동비용으로, 예를 들어 음식숙박업은 자동화가 가장 빨리 가능한 업종이지만 저임금으로 그렇게 할 유인이 낮아 자동화 속도가 덜 빠르게 진행되어왔다. 결국 먼 길을 돌아온 자본주의 초기의 원시적 고용형태와 그에 따른 지나친 경쟁은 과거의 해법으로는 제어될 수 없다. 이런 새로운 현상에 맞도록 노동, 작업장, 조세, 복지와 관련된 기존 규제의 혁명적인 재구조화가 필요하다(Stanford, 2017). 20세기 사회계약의 가치는 유지하되, 변화하는 경제 환경에 맞추어 공동체에 대한 기업의 책무를 강화하고 노동자의 경제적 불안을 해소할 수 있어야 하며(Liebman, 2017), 그 과정에서 자동화로 인해 새롭게 만들어지는 일자리보다 더 빠른 속도로 일자리가 사라지지 않도록 해야 한다(Estund, 2018).

법학자 에스턴드(Estund, 2018)는 이 문제를 해결하기 위해 기본적인 노동자의 권리를 사용자의 책임으로 더 강화되어야 하는 노동권과 사용자 책임으로부터 분리 가능하며 분리해야 하는 노동권으로 구분해서 살펴볼 것을 제안하고 있다. 분리해서는 안 되는 노동권에는 원청회사가 오분류나 하청을 통해 회피하지 못하도록 공동사용자 책임을 강화하고 산업재해를 막는 것, 또 차별을 철폐하고 노동자에 대한 보복을 금지하며, 노동시간을 지키는 것 등이 포함된다. 반면 사회보험과 유급 가족휴직제도 등은 모두 누진적 조세 기반 지출로 전환하는 것이 바람직한데, 사회보험료는 고소득층에 전혀 부담되지 않아 역진적이지만, 저임금 노동시장에서는 사용자의 임금 비용을 낮추고자 하는 욕구를 촉발할 위험이 있다. 자영업자에게도 혜택을 줄 수 있는 이런 조세 기반 지출을 위해서는 로봇세 등 자동화 추세를 늦출 수 있는 새로운 세금 제도를 도입하고, 소득세의 누진성을 강화하며, 소득, 부, 금융거래, 소비 등과 관련된 복합 세금 도입을 추진해서 자동화 속도를 조절하고 소득 재분배를 강화해야 한다.

사회권을 고용으로부터 분리하자는 제안은 실제로 오랜 기간 존재해왔다. 거의 모든 사회보장제도가 유급 노동에 연동된 상태에서의 플랫폼 노동의 확산과 빠른 자동화는 매우 우려스러우며, 이런 상태에서는 누구든 균형 잡힌 삶을 살 수 없다. 오분류된 플랫폼 종사자를 최소화하기 위해 기존 법의 노동자 개념과 사용자 개념을 확대하는 한편, 모든 일하는 사람을 위한 기본법 제정을 통해 플랫폼 노동자를 사회보험제도 안으로 편입시켜야 한다. 동시에, 고용과 무관하게 모든 시민에게 적절한 소득을 보장하는 기본소득 등 새로운 사회보장제도에 대한 고민도 시작할 필요가 있다. 불안정한 플랫폼 노동은 사회보험보다 기본소득과 선택적 친화성이 더 높을 수 있기 때문이다(Standing, 2011). 보다 공평한 소득의 분배, 노동시간 단축, 충분한 유급 휴직의 기회와 모든 일하는 사람을 위한 사회적 안전망의 확충을 위해서는 기본소득과 함께 직업훈련, 일자리 창출과 나누기 등, 자유와 평등, 안전을 동시에 제공할 수 있는 새로운 사회계약모델이 필수적이다.

3. 대안적 사회보장제도로서의 기본소득: 청년 플랫폼 노동자의 기본소득에 대한 태도를 중심으로

이 절에서는 4차 산업혁명 시대의 대안적 사회보장제도로 부각하고 있는 기본소득에 대한 청년 플랫폼 노동자의 태도를 살펴본다. 청년 플랫폼 노동자는 중장년층과는 달리 기존 정규직 노동의 경험이 적어 새로운 제도에 대한 직관적인 평가가 가능할 수 있다. 청년 플랫폼 노동자의 일 경험과 사회보험에 대한 태도를 조사한 박경진 외(2022)에 따르면 청년 플랫폼 노동자는 일상적으로 느끼는 불안정성으로 인해 사회보험의 필요성을 느끼고 있었으나, 만들어진 제도보다 한발 앞서서 나타나는 새로운 플랫폼 노동의 형태와 자유의 대가로 치러야 하는 소득의 불규칙성으로 인해 사회보험의 사각지대를 완전히 해소하기는 어려워 보였다.[6] 기본소득은 플랫폼 노동과 같이 고용에 기반한 사회보장이 제대로 작동하기 어려운 경우에 그 유용성이 더 부각된다(Djankov and Saliola, 2019).[7]

6 이 연구에서 사용된 자료는 필자가 공저자로 참여한 박경진 외(2022)에서 수집한 자료와 동일하다. 이 절의 내용은 당시 분량상의 제한으로 생략되었던 부분이다.

7 기본소득의 가장 기본적인 전제는 개개인에 대한 현금 지급이지만, 기존의 이전소득을 모두 대체하는 것은 아니다. 자산조사가 없다는 점에서, 또 어떤 의무 조건도 없다는 점에서 무조건적이다.

1) 플랫폼 노동과 기본소득

기본소득은 고용과 무관한 시민권으로 모든 사람의 기초적 욕구를 해결하기 위해 개개인에게 무조건적으로 현금을 지급함으로써, 기존 사회보장제도에서 안정된 직장을 가진 사람과 그 가족 위주로 혜택이 집중되는 문제를 해결할 수 있다(Offe, 1992). 기본소득을 동일한 액수로 받아도 고소득자는 받는 액수보다 세금을 더 많이 낼 수 있고, 저소득자는 내는 세금보다 더 받게 된다. 지급된 현금은 수혜자가 어떤 용도로도 사용할 수 있다(Fleischer and Hemel, 2020). 이런 무조건성은 자산 조사하에서 수급 자격을 잃지 않기 위해 노동의욕을 저하시키는 문제를 제거하는 순기능을 가진다. 또한 정해진 기간이 아니라 평생 지급되어야 하는데, 연령에 따라 지급액이 달라질 수도 있다. 예를 들어, 아동기에는 그 금액이 표준보다 적을 수도, 일정 연령 이후 노년기에는 더 많아질 수도 있다(Torry, 2019). 이론상, 기본소득은 기존 복지체제의 보완재나 대체재로도 기능할 수 있다.

기본소득이 과연 플랫폼 경제의 대안적 복지모델로 부상할 수 있는가는 플랫폼 노동자가 과연 이에 대해 어떤 입장과 태도를 보이고 있는가에 영향을 받는다. 기본소득이 빈곤의 완화뿐 아니라 환경친화적이며 일자리 친화적일 수 있다는 평가도 있지만, 세금이 너무 많이 소요되며 노동의욕을 저하할 수 있다는 비판도 제기된다. 플랫폼 노동에 적용되는 성과주의 원칙은 기본소득에 대한 반대를 불러올 수 있지만, 어떤 사유로든 성과를 못 내면 기존의 사회보장체제에서 보호받지 못하는 노동자를 더 큰 위험에 빠트릴 가능성도 커지는 만큼 이에 반대하지 않을 유인도 상당 부분 존재한다.

기본소득은 이데올로기에 따라 찬반을 분명히 나눌 수 있는 제도로 분류되지 않는다(김혜연, 2014). 국가 개입을 최소화하고자 하는 자유지상주의 관점에서도 개인의 실질적 자유 보장을 위해 어떤 사람도 사유재산을 최대한 보장하는 소유권 체제하에서 불이익을 받아서는 안 된다는 논리하에 이를 지지할 수 있다(Fleischer and Hemel, 2020). 가진 자의 소유권을 보호하기 위해서라도 불가피하게 역경에 처한 사람을 최소한도로 도울 수 있다는 것이다. 복지를 현금으로 지급하는 것 역시 빈자의 선택의 자유 증진을 위해 자유주의하에서 선호되는 방식이다. 단, 자유지상주의적 입장에서 기본소득을 지지하는 경우 기본소득과 부의 소득세 간 차이를 중요하게 여기지 않으며, 개인 지급이 아닌 가구 단위 지급에 대한 거부감도 적다(Fleischer and Lehto, 2019).

사회가 구성원의 기본적인 욕구를 만족시켜야 한다는 평등주의적 입장(Baker, 1992)은 기본소득에 대해 자유주의보다 더 우호적일 수 있을 것이라 여겨진다. 사회주의자가 기본소득을 옹호하는 주된 이유는 이 제도가 제대로 기능하기 위한 조건이 충족되었을 때, 노동자의 교섭력과 작업장에서의 민주적 통제력을 향상시켜 계급 간 불평등을 완화할 수 있으리라 예상하기 때문이다(Wright, 2010). 이를 위한 가장 중요한 조건들은 생계를 유지할 수 있는 충분한 수준의 기본소득, 그리고 보편적 사회서비스의 확장, 사적인 경제 권력의 축적에 대한 기본적인 통제력 등이다(Casassas et al., 2019). 그렇지만 사회주의의 한 분파인 사회민주주의가 중시하는 노동의 신성함이나 호혜성 원칙이 중시되지 않는 제도인 만큼 좌파 정치세력으로부터 일관적으로 지지를 받지 못한 것도 사실이다(Chrisp and Martinelli, 2019).

종합하자면, 기본소득은 누진적 세율 구조를 강화해 사유재산을 획득하고 유지할 자유를 침해한다는 점에서 정치적 보수가 받아들이기 힘든 제도이며, 또한 정치적 진보도 모두에게 같은 액수의 소득지원을 한다는 점에서 완전한 평등의 성취와는 괴리가 있는 제도로 인식할 수 있다. 하지만 동시에, 플랫폼 경제의 불안정한 단기적 일자리를 노동자가 받아들일 수 있게 만들어 노동시장의 유연성과 효율성을 진작시킨다는 점에서 정치적 보수의 관심을 끌 수도, 또 바로 이러한 일자리의 문제점을 완화하며 형평성을 제고할 수 있는 중요한 사회보장제도라는 점에서 정치적 진보에도 환영받을 수 있는 제도라는 특성을 갖는다.[8]

2) 연구대상 및 방법

〈표 6-3〉 연구참여자의 종사업종 및 인구사회학적 특성

사례	성별/ 만 연령	학력	거주지	혼인 여부	플랫폼 노동 경력	주업/부업 여부	평균 월수입
1	남 22세	고졸	서울	비혼	오토바이 택배/ 배달 부업 3년	플랫폼 주업/ 부업	500~600만 원
2	남 33세	대졸	경기	비혼	댄스영상촬영 2년	플랫폼 주업	200~250만 원
3	여 31세	대졸 이상	경기	기혼	강사 5년	프리랜서 (에이전시/ 플랫폼)	700만 원
4	남 25세	대재	경기	비혼	성우 1년 3개월	아르바이트 주업/ 플랫폼 부업	60~150만 원
5	여 20세	대재	전북	비혼	과외/배달/물류 2년	플랫폼 주업·부업	약 60만 원
6	여 21세	대재	서울	비혼	과외 3년	플랫폼 주업	약 60만 원
7	여 33세	대졸	서울	기혼	웹툰 8년	플랫폼 주업	연재 시 250만 원
8	여 33세	대졸	경기	기혼	홈트레이너 3년	플랫폼 주업	150~200만 원
9	여 22세	대졸	경기	비혼	아이돌봄 3년	아르바이트 주업/ 플랫폼 부업	100만 원
10	남 25세	고졸	서울	비혼	음식배달 3년	플랫폼 주업	400~600만 원
11	남 33세	대졸	서울	비혼	음식배달 2년	플랫폼 주업	600~700만 원
12	남 29세	대졸	서울	비혼	음식배달 3년	플랫폼 주업	300~400만 원

이 연구의 참여자는 만 19세 이상 34세 미만의 플랫폼 노동경력 1년 이상의 청년 노동자이다. 가급적 다양한 플랫폼 종사 노동자를 모집하기 위해 특정 플랫폼 종사자가 너무 많지 않도록 업종과 업무를 안배했다. 면접은 2021년 11월부터 2022년 2월까지 약 3개월 동안 진행되었고, 면접 내용은 모두 녹취해 분석에 활용했다. 〈표 6-3〉에 연구참여자의 기본 특성이 요약되어 있다. 총 12명의 연구참여자 중 남녀 비율은 동일하게 유지했고, 이 세대의 특성을 반영하듯, 대졸 이상이 참여자의 대다수를 구성했다.

3) 기본소득 반대 사례 분석: 기업가적 자아 형성과 국가 개입에 대한 불신

이 연구의 조사대상자 중 총 5명이 기본소득에 대한 반대 의사를 표명했으며(사례 1, 2, 6, 10, 11), 한 명은 반대에 가까운 애매하거나 중도적인 태도를 보였다(사례 8). 특정 사용자와의 전속성이 부재해 근본적으로 불안정한 플랫폼 노동의 특성은 사회보험보다 기본소득과의 선택적 친화성을 부각해왔다(Standing, 2011). 그러나 치열한 경쟁을 뚫고 살아남아야 하는 플랫폼 노동과정은 노동자에게 기업가적 자아와 각자도생의 원칙을 각인시킬 수도 있다. 기본소득 반대 사례자를 관통하는 가장 눈에 띄는 특징은 플랫폼 노동과정하에서 형성되는 이러한 기업가적 사고가 복지 제공을 포함한 국가 개입에 대한 불신으로 확장되어 있다는 점이다. 이러한 불신은 가난이 충분히 도전하지 않은 개인의 책임이라는 입장에서부터 시작되는

8 2016년 유럽사회조사(European Social Survey)의 분석 결과에 따르면, 기본소득제도에 약 49.9%의 보수층, 약 57.2%의 진보층이 찬성 의사를 보였고, 기본소득을 가장 많이 지지한 사람들은 정치적으로 보수나 진보 어느 쪽도 아닌 응답자들로, 과반을 훨씬 넘는 2/3가 기본소득제도를 지지했다(Chrisp and Martinelli, 2019).

데, 예를 들어 '사례 1'은 성공하려면 일단은 배경이 있어야 하겠다는 것을 인정하긴 했지만 결국 스스로 도전해야 한다는 점을 강조하며 가난의 궁극적인 원인을 개개인이 현실에 안주하기 때문이라 판단한다. 이러한 입장은 계층 간 격차에 순응하는 태도와 함께 증세에 대한 부정적인 태도로 이어졌다. 기본소득에 반대하는 '사례 10'도 정치 인식이 '사례 1'과 매우 유사하다. 보수 언론의 논리를 내면화하고 친기업가적 태도를 견지하며, 복지에 대해서도 부정적이었다.

> 일단 성공하려면 도전해야 돼요…… 힘들어하는 사람들 보면 노력을 안 해요. (사례 1)

> (국가의) 높은 자리 있으면 어떻게든 뒤에서 다 (해)먹을 거예요. (사례 1)

> (20대) 대통령 선거는 누가 돼도 망하네, 이 생각이 들어요. 그러니까 차라리 변호사 검사 출신이 되는 것보다 나라를 운영하는 것이니 그냥 기업인이 되는 게 나을 것 같아요. 이명박 때처럼. 이명박이 어떤 나쁜 짓을 저질렀는지 저는 생각이 잘 안 나는데 잘한 것밖에 생각이 안 나고. (사례 10)

> 복지는 너무 쓸데없는 것들이 많아요…… 입장 바꿔 생각을 해보라는 거죠. 내가 돈이 많은데 내가 돈이 많다는 이유로 세금을 많이 내면, 내가 얻는 게 뭔데, 사람은 이득을 따지잖아요. 그게 사람이잖아요. (사례 10)

주목할 점은 이러한 국가에 대한 불신이 이를 대체할 수 있는 플랫폼 산업이나 시장의 '공정성'이나 신뢰에 기반한 것은 아닐 수 있다는 점이다. 연구참여자 중 특히 불공정한 세상에 대한 불편한 감정을 많이 드러낸

'사례 11'은 아래와 같이 자신의 '순응'이 '포기'에 가까운 감정임을 드러내고 있었다.

> 그냥 저는 순응하고 사는 편이에요. 각자 태어난 것에 따라 다른 거니까. 그걸 막 부정하고 싶지는 않아요. 그런데, 세상이 공정하다, 이렇게 느끼지는 않아요. 걔네는 뭐 재벌이니까 그냥 다른 사람이라 인정하는 것뿐. (사례 11)

기본소득 반대 사례자의 또 다른 특성은 성과주의 원칙에 대한 강력한 지지이다(사례 1, 2, 6, 10). 부자라고 꼭 세금을 내야 한다는 법은 없다고 생각하며 기본소득에 반대하는 '사례 2'는 노동에 대한 보상이라는 차원에서도 "본인이 제공하는 가치가 어느 정도냐에 따라서 받는 게 달라져야 하고, 일하는 시간과 노동하는 양만이 기준이 될 수는 없다"는 확고한 성과주의적 태도를 가지고 있다. 아직 대학생으로 본격적인 직업을 가지기 전인 아래 '사례 6'의 태도도 이러한 기본소득 반대 사례자의 입장을 반영한다.

> 저는 임금은 진짜 개인의 성과나 노력에 따라서 달라져야 차등 지급이 돼야 한다고 생각하고요. 이러한 시스템 아니면 열심히 일할 동기가 없어져서 사회 발전이 어려워진다고 생각해요. (사례 6)

이러한 맥락에서, 기본소득에 대한 반대 태도가 사회보험 등 국가가 제공하는 다른 복지제도에 대한 태도와도 관련성이 있을 가능성을 유추할 수 있다. 완벽하게 일치하지는 않았으나, 기본소득에 반대하는 연구참여자는 대부분 사회보험에 대한 이해도와 신뢰도가 낮았으며, 특히 가입 시 소득 감소에 대한 부담감을 토로하며 사회보험의 가입에 소극적이었다(사례 6, 8, 10, 11).

코로나19 시기 지급된 재난지원금은 엄밀한 의미의 기본소득이라 하기 어렵지만, 간접적으로 국가의 국민을 대상으로 한 보편적 소득 지원에 대한 태도를 살펴볼 수 있게 해준다. 예상대로, 기본소득 반대 사례자는 대부분 재난지원금의 활용도를 낮게 평가하거나 부정적이었다. 일부 이와 비슷한 복지제도와 관련해 모순적 태도를 보이기도 했는데, '사례 1'의 경우 청년수당은 받아서 행복했고 잘 사용했지만, 재난지원금이나 기본소득은 노동의욕 저하를 이유로 반대하고 있었다. 재난지원금을 "꽁돈"이라 폄훼한 '사례 2'는 특히 한정된 곳에만 사용할 수 있었다는 점에 불만을 표했는데, 실제 본질적인 의미의 기본소득은 사용하는 범위에 무한한 자유가 부여된다는 점에서 의미 있는 지적이었다.

> 만약에 내가 이걸로 촬영 장비를 인터넷에서 구매를 할 수 있다면 정말 좋았을 텐데라는 생각을 했지만 그건 안 되는 거잖아요…… 기본소득을 받다 보면 내가 거기에 많이 의지하려는 경향이 생길 것 같고. 제도적으로 내가 어떤 식으로 일을 할 수 있는지에 대해서 지원을 해주는 부분이 더 많이 마련이 돼야 되지 않겠어요? (사례 2)

'사례 10'은 재난지원금이 가구 단위로 지급된 사실을 지적하며 기본소득에 대해 반대했다. 아마 첫 번째 재난지원금이 가구 단위로 지급된 부정적 경험에 기반해 이러한 비판적 태도를 기본소득제도까지 확장한 것으로 보인다. 다르게 지급되었다면 평가가 달라질 수 있었을지도 모른다는 점에서 처음 제도가 제대로 기획되는 것이 중요하다는 점을 살펴볼 수 있다.

문제는 뭐냐면 한 명한테만 주면 다른 사람이, 예를 들어서 제가 받으면 제 동생 못 받아요. 엄마가 받으면 저도 못 받고 제 동생도 못 받아요. 이게 웃기는 게 뭐냐면 각자 자기를 위해서 써요. 그게 있어요. 아무리 가족이라도 자기를 위해서 써요. 근데 내가 만약에 여유가 있으면 동생 당연히 주죠. 근데 이게 안 그런 데가 많아요…… (기본소득은) 그냥 차라리 안 주는 게 낫다고 봐요. (사례 10)

'사례 6'의 경우 재난지원금을 특히 세금 낭비와 연결하며 강력하게 비판했다. 어차피 내 세금 돌려받는 것이니 시도할 필요가 없다는 것이다. 재난지원금에 대해서도 "나쁘지 않았고" 주로 식비로 사용했다고 답했으며, 애매한 대답으로 기본소득에 대한 찬반 의견이 분명히 드러나지 않은 '사례 8'도 세금 인상에 대한 거부 의사를 간접적으로 밝혔다. 복지는 확대되어야 한다고 생각하나 어떤 분야인지는 모르겠으며, 기본소득에 대해 어느 정도 찬성은 하지만 주어야 하는 이유가 있어야 한다는 것이다. 상속세, 로봇세, 탄소세 등만으로는 기본소득을 줄 수 없고, 그렇다면 세금이 본인을 포함한 모두에게 높아질 수 있기 때문이다.

처음에 준다고 했을 때 든 생각은 아 꽁돈이다. (웃음) 근데 그다음에 들었던 생각은 물론 제가 많이 세금을 내진 않지만 왜 내 세금 가지고 생색인가. (웃음) 우리 국민 세금 가지고…… 다 빚이 되는 거잖아요. 제 주변만 봐도 꼭 필요하다 이게 없으면 안 된다 이런 상황이…… 사람들이 코로나로 인해서 외출을 못하고 이렇게 되니까 약간 민심 달래기 쇼맨십 아니었나. 물론 그렇게 도움을 받게 되어서 좋긴 했지만 너무 좋아 이런 건 아니었고…… 제일 많이 쓴 거는 친구들 만날 때 식비로 쓴 게 제일 큰 것 같아요. (사례 6)

기본소득 반대 사례자는 이러한 국가 개입에 대한 부정적 인식에 기반해 미래의 일자리의 불안정성을 해소하는 방안으로 기본소득 대신 기업의 역할에 주목한다. 기본소득이 적절치 않은 사회보장정책이니 다른 방식으로 복지국가의 역할이 필요하다는 것이 아니라, '사례 11'과 같이 일자리 문제는 기업만이 해결할 수 있다는 논리에 동의하는 것으로 이해할 수 있다.

> 저 같은 경우는 복지를 늘리는 것보다는 뭔가 기업에서 일자리를 늘리는, 예를 들어 1년에 뭐를 한다면 그것에 대해 세금을 깎아준다든가 뭔가 기업도 있어야, 뭔가 그런 걸 정부가 잘해야 하는데 정부는 그걸 탄압하고 규제하고 그래서 뭔가를 뜯어내 그걸 복지로 풀어주겠다? 솔직히 매달 30만 원씩 준다고 그래서 인생이 달라지나요? 어떤 사람한테는 정말 생계에 필요한 최소한도의 돈일 수도 있지만 제가 봤을 때 그런 사람은 많지 않습니다. (사례 11)

4) 기본소득 찬성 사례 분석: 가난에 대한 구조적 인식과 일자리 위기감

기본소득에 찬성한다는 의사를 밝힌 연구참여자는 총 6명이었다(사례 3, 4, 5, 7, 9, 12). 이들 역시 플랫폼이 제공하는 '자유'를 긍정적으로 평가하며 유연한 기업가적 사고를 하고 있다는 점에서 반대 사례자와 유사하다. 특히 기본소득에 찬성하는 대학생 '사례 5'는 마치 "게임을 하듯이" 여러 업종의 플랫폼에 종사하며 최대한 효율적으로 추가 소득을 올리고 있었다. 플랫폼을 통해 최소한도의 생계 보장을 받고 싶어 하는 '사례 9' 역시 플랫폼에 대한 규제가 도입될 경우 자유로움이 사라질 것을 우려했다.

기본소득에 대한 찬반 태도를 가르는 가장 중요한 요인 중 하나는 가난의 원인에 대한 평가였다. 가난의 원인이 개인적인가 혹은 구조적인가에 대한 인식은 국가 개입의 필요성을 간접적으로 파악할 수 있게 해주는 중요한 지표이다. 가난을 개인적인 문제로 생각하는 기본소득 반대 사례자와는 달리, 찬성하는 사례자는 대체로 가난의 원인을 복합적으로 보며, 특히 가난을 벗어날 수 없게 하는 구조에 주목하며 증세에도 찬성한다. 예를 들어, '사례 3'은 가난한 사람 본인의 몫도 일부 있다고 생각하지만, 가난의 주된 원인을 극복할 수 없는 환경적인 요인에 속하는 대물림 때문으로 보고 있다. '사례 9'는 여기에서 더 나아가, 가난을 완벽하게 구조적인 문제로 인식한다. 즉 가난한 사람도 다 노력하고 있지만, 본인 문제 이외의 이유로 가난하다는 것이다. '사례 12'는 우리 사회는 기회가 주어지지 않는다는 면에서 불공정하다고 생각한다.

> 출발선이 너무 현저히 다르다는 거죠…… 누구는 부모님하고 살아 자기 용돈만 알바해서 벌면 되는데, 누구는 돈 때문에 어쩔 수 없이 부모님하고 따로 살아 월세를 자기가 감당해야 하거나, 아니면 집에 돈을 보태야 된다라면 같은 과 학생이라도 완전히 달라지는 거잖아요. 출발선이. (사례 7)

> 좀 잘못된 노력을 하고 있을 순 있겠지만, 가난한 사람들도 노력을 다 하고 있는 것 같아요. 자기 나름. (사례 9)

> 솔직히 자기가 하는 일 노력 안 한 사람이 어딨어요? 근데 그 능력이 다 다른 거잖아요. 그 차이라고 생각해요. (사례 12)

그러나 가난에 대한 이러한 생각이 꼭 사회가 불공정하다는 인식과만 관련되어 있는 것은 아니었다. 모두 기본소득에 찬성하지만, '사례 4'와 '사례 12'가 사회가 공정하지 않다고 평가한 반면, '사례 5'와 '사례 9'는 공정하다고 평가하고 있었다. '사례 4'가 증세에 찬성하는 것은 우리 사회가 공정할 수 없는 구조이기 때문이다. '사례 12'는 플랫폼 산업이 공정하지 않고 일방적인데, 특히 일할 수 있는 기회가 제약되는 것이 가장 큰 불공정이라 토로했다. '사례 5'의 경우 노동 삼권에 대해 배운 바가 없지만, 열심히 하면 천만 원도 넘게 벌 수 있는 직업이므로 플랫폼 배달이 열악한 노동이라 생각하지 않는다. 한국 사회에 대해서도 공정하다고 평가하고 있다. 그녀에게 공정한 사회는 이후에 자전거를 타든지 차를 타든지를 관여하기 어렵더라도 출발선 정도는 맞추어주는, "최저임금도 지급하는" 그런 사회이다. '사례 9'도 "좀 아쉬운 것은 있을 수 있지만 (사회가) 대체로 공정하다"고 생각하고 있다.

플랫폼 노동자에게 성과에 따른 보수 지급은—특히 플랫폼 노동의 가장 핵심적인 특성인 만큼—이미 거부하기 힘든 추세로 내면화되어 있지만, 기본소득 찬성 사례자의 경우 임금 지급과 관련된 성과주의에 대한 인식이 반대 사례자보다 덜 강렬했으며 지지 강도도 낮았다. 예를 들어, 기본소득에 찬성하는 '사례 3'은 성과나 노력에 따른 임금 지급에 찬성하지만, 그런 기준 자체가 애매해 불공정할 수 있다는 점을 인정한다. 대학생인 '사례 5' 역시 성과주의에 따른 보수에 찬성하긴 하지만, 과연 노력에 따른 차이가 어느 정도가 적정한가에 대해 아직도 고민하고 있다는 점에서 이를 무조건적으로 받아들이고 있는 기본소득 반대 연구참여자와는 일정한 차별성을 보였다.

기본소득 찬성 사례자는 따라서 가난과 불평등의 문제를 해소하기 위한 국가의 개입을 긍정적으로 인식한다. 사회보험 가입에 소극적이었던 반대 사례자와는 달리, 기본소득에 찬성하는 경우에는 비록 이해도는 낮아도 다수가 사회보험의 필요성을 인식하고 있었으며 적극적으로 지지하기도 했다(사례 7, 9 12). 기본소득에 찬성하는 연구참여자의 경우 재난지원금에 대해서도 호의적으로 평가하는 경우가 다수였다. 소상공인 지원금을 생활비로 썼다며 고마워한 '사례 3'과 주로 식비로 잘 이용했다고 답한 '사례 5'를 포함, 대부분 생활비로 사용했다고 답했다. 웹툰 작가로 일하는 '사례 7'은 예술인 대상 지원금과 재난지원금을 받아 키우는 고양이에게 평소에 못 해주었던 건강검진을 시켜주었다. 재난지원금을 받아 좋았지만, 평소에 못 먹는 음식을 사 먹는 가난한 사람들이 많다는 사실에 슬펐다고 한다.

> 좋았죠. 그리고 좀 슬펐던 게 재난지원금 나왔을 때 어떻게 보면 꽁돈이라고 느껴지잖아요. 그때 하겐다즈가 많이 팔렸데요. 그냥 비싼 아이스크림으로. 그러니까 사람들이 평소에 못 사 먹다가 조금 돈이 생겼네, 그래서 그 소비량이 늘었다는 거 보고. (질문자: 소고기 많이 사 먹었다고?) 맞아요. 그게 조금 안타까웠어요. (사례 7)

기본소득을 지지하는 연구참여자가 찬성의 이유로 가장 강조한 점은 4차 산업혁명과 연동되었다고 알려진 일자리 상실의 위기였다. 일자리 불안에 대한 걱정은 소득의 높고 낮음과 상관없이, 월소득 700만 원이 넘는 고소득 강사 '사례 3'에게도, 월소득 250만 원의 웹툰 작가 '사례 7'에게도 당면한 최우선 과제였다. 코로나19로 많은 사람들이 일자리를 잃는 것을 본 것도 이러한 불안감을 높이는 데 영향을 끼친 것으로 보인다.

> 너무 불안정하고 진짜 월급으로는 살 수 없는 형태가 되어버리니까 다

른 무언가를 해야 되겠구나 이런 생각을 하게 되는 것 같아요. 저 같은 경우도 강의가 너무 불안정하니까 뭔가를 더 늘려놓아서 안정을 찾고 싶은 이런 마음이 생기더라고요. (사례 3)

지금 일자리 잃으신 분들 되게 많잖아요. 근데 그게 저랑 직접적으로 연결은 안 돼 있는데 그냥 막연한 두려움은 있는 것 같아요. 또 어떤 재해나 재난으로 이 직업도 없어질 수 있는 거잖아요. 그런 전반적인 불안감은 더 커진 것 같아요. (사례 7)

'사례 7'은 이러한 불안감이 상존하는 4차 산업혁명 시기에는 기본소득의 액수가 생계 유지에 충분하지 않을 것이라는 점을 전제로 국가가 국민의 주거권과 생활권에 관심을 가져야 한다는 의견을 피력했다. '사례 4'는 기본소득이 일자리가 없어지는 새로운 시대에 꼭 논의를 시작해야 하는 중요한 제도임을 강조했다. 학원비를 일부 지원하거나 면접용 정장을 빌려주는 것은 의미 없는 생색내기이며, 비록 사회적으로 받아들여지는 것이 쉽지는 않겠지만 기본소득이야말로 차별받지 않고 저소득층이 공부할 수 있는 기회를 제공하는 데에 도움이 될 것이라고 보았다.

기획 취지 자체는 인공지능이 많이 발전하고 스마트 팩토리 이래가지고 점점 사람이 필요 없어지는 쪽으로 많이 과학이 발전하고 있으니까…… 확실히 이제 완전히 새로운 세상이 펼쳐질 거라고 생각은 하고 있거든요. 사람이 필요 없는 시대…… 사람도 어쨌든 기본적으로 소비를 해야지 산업이 돌아가는데 만약에 그런 식으로 다 잘려버리고 인공지능이 하게 되면 아무것도 할 수가 없으니까…… 그런 입장에서 기본소득은 충분히 논의를 해야 된다고…… 어렵긴 하죠. 잘못하면 어 이거 공산주의

아니에요 이러니까. (사례 4)

‘사례 9’는 사회복지 전공자인 만큼 가장 체계적으로 기본소득에 대한 찬성 의견을 말해주었다. 그녀는 일인 가구로, 아이 돌봄을 통해 생계를 유지하고 있다. 일정 관리가 유연한 것이 장점이지만 소득이 보장되지 않는다는 것이 큰 단점이고, 사고가 났을 때 보험 등의 안전망이 없는 것이 이 노동의 주된 문제라고 생각한다. 세금 인상에 대해 긍정적이며, 기본소득에 대해서는 “깊이깊이 공감”하고 있었다. 인간의 기본권은 먹고 살며, 최소한의 자유를 누릴 수 있는 것이어야 한다고 생각하기 때문이다.

> 기본소득이나 기본소득이 아니더라도 좀 내가 세금의 혜택을 누리는 게 체득이 되면 사람들이 복지 증세에 대한 문턱이 확 낮아져서 그러면은 더 많은 복지를 할 수 있고 이런 선순환이 될 수 있다는 거죠. ……능력이 있는 백수가 일을 안 한다, 그래도 돈을 줘야 되나? 전 줘야 된다고 생각해요. 최소한의 기본권은 국가가 지켜줘야 된다고 생각합니다…… 공평하게 세금을 걷어서 공평하게 돈을 먼저 주면 그러니까 부자들한테도 똑같이 30만 원씩 매달 줘요. 가난한 사람한테도 매달 30만 원씩 주고 그러면…… 그래서 아 내 돈이 나한테 돌아온다는 걸 느끼면 저는 상속세도 내지 않을까, 라고 아주 희망 회로를 돌려 봐요. (사례 9)

사회보험이 플랫폼 노동자의 보호를 위해 현존하는 제도라면, 기본소득은 모든 형태의 불안정 노동자를 보호할 수 있는 미래의 사회보장제도로서의 가능성을 가진다. 기본소득은 고용을 전제하지 않은 ‘무조건적’ 소득보장이라는 점에서 일정 수준의 노동자성을 담보해야만 혜택을 받을 수 있는 사회보험의 한계를 극복할 수 있는 의미 있는 장점이 있다. 이 연구의 중요한 정책적 함의는 사회보험에 대한 수요와 기본소득에 대한 수요가 배타적이지 않으며, 상호 보완적으로 기능할 수 있다는 것이다. 기업가적 사고를 유도하는 플랫폼 노동과정의 통제방식을 수용하는 경우에도 기본소득을 지지하는 찬성 의견이 적지 않았으며, 이러한 찬성 사례자의 경우 사회보험 가입을 반대 사례자보다 더 적극적으로 지지하고 있었다. 이들 청년 플랫폼 노동자는 가난이나 일자리 위기를 개인의 노력이나 능력을 넘어서는 구조적인 문제로 인식하고 국가의 개입을 요구하는 데 적극적이었다. 문제는, 시장에서 '각자도생'하는 생존방식을 수용하며 기본소득에 반대하는 사례자의 공통된 이유가 복지를 포함한 국가 개입에 대한 불신이었다는 점이다. 사회보험의 포괄 범위를 넓혀 주된 기능을 유지하며, 기본소득을 통해 사각지대에 놓인 플랫폼 노동자를 보호하기 위해서는 재정을 충분히 확보하면서 이에 대한 저항을 최소화할 수 있는 조세제도의 변화가 필요하다. 또한 이미 유연해진 노동시장에서 제약 없이 자신의 가능성을 키우고자 하는 청년 플랫폼 노동자가 원하는 형태의 지급 방안에 대해 보다 치밀한 연구가 필요하리라 여겨진다.

3부

일과 생활의 새로운 패러다임을 위한 과제

7장

노동시간의 정치경제학

1. 노동시간의 사회경제적 의미

1) 노동시간 규제의 역사

우리는 노동시간이 기술의 발전과 함께 점진적으로 줄어들어 왔다고 생각할 수 있지만, 실제로는 사회정치적인 요인에 의해 긴 정체기와 급진적 변화를 모두 겪으며 감소해왔다. 물론 국가마다 큰 차이가 존재하긴 한다. 산업화가 이루어지던 19세기 초기 노동운동은 노동시간의 감소를 위해 강력하게 투쟁했다. 여성과 아동도 예외 없는 하루 12시간이 넘는 가혹한 환경으로 노동자의 건강이 심하게 훼손되었고 정상적인 가정생활 역시 위협받았기 때문이다. 이런 맥락에서 시작된 하루 노동시간을 10시간으로 제한하자는 운동[1]을 계기로 영국의 공장법은 처음으로 최대 노동시간을 규제하기 시작했다(Figart and Golden, 1998).

20세기 초 수십 년간은 급격한 감소가 이루어진 시기인데, 공장 체제가 강요한 긴 노동시간에 저항한 노동운동의 확산이 큰 역할을 했다. 미국노동총연맹(American Federation of Labor)을 창립해 초대 위원장을 지낸 새뮤얼 곰퍼스(Samuel Gompers)는 한 명이라도 실업자가 있다면 그 나라의 노동시간이 너무 길기 때문이라며 기술 발전으로 인한 실업을 줄이고 충분한 여가 시간을 확보하기 위한 노동시장 규제를 주도했다. 미국의 노동운동은 1938년 미국 공정노동기준법(Fair Labor Standard Act)의 통과를 통해 주 40시간의 표준노동시간과 이를 초과할 경우 1.5배의 초과근무 수당을 받을 권리를 확보했다. 대공황 이후 확립된 이 주 40시간의 노동시간은 더 이상의 감소 없이 20세기 후반까지 큰 변동 없이 유지되었는데, 물론 휴일과 휴직제도의 확대로 실 노동시간은 계속 감소하는 추세를 보였다(Golden and Figart, 2000).

그러나 1980년대 이후 신자유주의가 등장하면서 표준노동시간의 의미는 크게 약화된다. 노동시장이 유연화되면서 노동시간 역시 장시간 노동과 초단시간 노동이 공존하는 양극화를 겪게 되었다. 이 시기에는 몇몇 국가나 산업에서 평균 노동시간이 오히려 늘어났다는 증거도 나타났다. 특히 미국에서는 공정노동기준법의 규제 대상이 아닌 고학력 고임금 노동자의 주당 49시간 이상 장시간 노동의 확산이 주목받았는데, 이들의 과잉 노동(overwork)은 불가피하게 다른 인구집단의 저고용(underemployment)을 유발했다. 주 7일을 모두 일하는 노동자와 주 5일을 모두 일하지 못하는 노동자가 함께 증가한 것이다. 같은 신자유주의의 영향하에서도 대부분의 유럽 국가는 단체교섭과 법적 규제를 통해 노동시간이 꾸준히 감소했다는 점에서 국가 내부적으로만이 아니라 국가 간 노동시간의 격차 역시 확대

1 'The Ten Hours Movement'를 의미한다.

된 시기였다(Figart and Golden, 1998). 이 시기 전 세계적 차원에서 전개된 노동시간의 양극화와 다양화, 그리고 일부 국가에서 전개된 노동시간 감소 추세의 침체 혹은 역전은 여러 차원에서 유추될 수 있다. 고용 불안정은 미래의 소득 감소에 대한 대비 차원에서 더 긴 노동시간을 감수하도록 만든다. 임금격차가 커서 불평등하며 노동시간에 대한 규제가 적을수록, 노동시간을 충성도와 몰입도를 증명하는 신호로 활용해 더 빠르게 승진하기 위해 더 많이 일할 수 있다.

피가트와 골든(Figart and Golden, 1998: 11)은 20세기 후반 노동시간의 변화에 영향을 준 요인을 다음 세 가지로 나누어 설명한다. 첫째, 유럽연합의 노동운동은 지속적으로 주당 표준노동시간의 감소를 위해 노력해 왔다. 이런 노력이 모여 21세기 프랑스에서는 일자리 나누기를 주된 목적으로 법정노동시간이 모든 기업에서 주당 35시간으로 단축되었다. 둘째, 새로운 제조업 기술의 발전과 24시간 서비스경제, 글로벌 아웃소싱으로 비표준적이며 유연한 노동시간에 대한 요구가 급증했다. 1996년 승인된 유럽연합 15개국 대상의 '노동시간 지침(Organization of Working Time Directive)'은 사용자의 재량으로 더 광범위한 노동시간 유연성을 확보할 수 있도록 했다. 이런 정책에는 노동시간의 연간화(annualization)가 포함되는데, 이는 1년에 걸쳐 주어진 노동시간을 넘기지만 않는다면 특정 주에 법적 한도를 넘는 초과 노동을 허용하는 제도이다. 셋째, 일과 생활의 균형, 그리고 성평등한 가정 내 분업을 촉진하고자 노동자의 수요와 재량에 따른 보다 유연한 노동시간 배치의 확산이 이루어졌다. 노동시간 단축이 어떻게 이루어지는가에 따라 전체적인 고용체제가 달라진다. 네덜란드와 같은 국가의 경우 시간제 노동의 증가가 노동시간 단축을 이끈 주된 동력인 반면, 독일, 프랑스, 북유럽 국가의 경우 조세제도와 교육훈련 등 일자리 창출을 위한 유인을 통해 주당 노동시간이 전반적으로 감소하며 전일제 고용이 증가했다.

2) 노동시간이 왜 중요한가?

한국 사회는 고도성장기를 거치며 경제의 활력과 근면함의 상징으로서 장시간 노동이 당연시되어왔다. 그러나 노동자 스스로의 결정이 아니라 저임금으로 더 일해야 하거나 더 나쁜 일자리로 밀려나지 않기 위해 불가피하게 택하게 되는 장시간 노동은 여러 차원에서 사회적 비용을 유발한다. 장시간 노동이 단기간에 성과를 낼 수는 있을지 몰라도, 장기적으로는 사회 전체가 장기적인 효율성과 형평성 측면에서 희생을 치르지 않을 수 없게 되는 것이다.

무엇보다도, 기업이 노동자의 장시간 노동에서 경쟁력을 찾다 보면 노동생산성이 점차 하락하고 노동자의 인적자원 투자를 저해시키게 된다. 또한 비록 실질임금이 일정한 상태에서 유급 노동시간의 증가가 가처분소득을 늘려 총수요를 촉진하는 효과가 있을 수 있지만, 이런 상황은 양육, 정치 참여, 자원봉사, 생애주기별 재교육 등 사회적 자본의 축적에 도움이 되는 생산적인 다른 활동 역시 제약한다는 점에 유의해야 한다. 이에 더해 소비에 기반한 여가 활동의 기회가 줄어들면 단순히 과로로 인한 삶의 질 하락뿐 아니라 전반적인 소비 침체로 경제에 악영향을 미칠 수 있다. 문제는 이미 앞에서 살펴본 바와 같이, 이런 장시간 노동이 노동시간의 양극화를 유발한다는 점이다. 장시간 노동자와 단시간 노동자가 공존하게 되면 불가피하게 소득의 양극화도 악화하며, 장시간 노동을 할 수 없어 가정 내 무급 노동에밖에 종사할 수 없는 노동자의 일자리 획득 기회도 사라진다. 이처럼 과소 고용된 단시간 노동자와 실업자가 늘어나게 되면 이 역시 가구소득과 총수요를 감소시킨다(Golden and Figart, 2000; Figart and Golden, 1998).

신자유주의가 초래한 극심한 경쟁하에 일자리 몰입에 대한 신호로서 작용할 수 있는 장시간 노동은 성별 형평성도 저해할 수 있다. 차영주와 위든(Cha and Weeden, 2014)은 1979년부터 2009년까지 미국 인구조사(CPS) 자료에 대한 분석을 통해 점차 감소하던 미국의 성별 임금격차가 1990년대에 그 속도가 줄어들고 2000년대에 정체한 원인을 미국 전문관리직의 초과 노동 및 그에 대한 보상 증가에서 찾았다. 사용자가 노동시간을 실제 생산성의 대리 지표로 여기는 경향은 고학력 전문관리직에 뿌리 깊게 내재한 특성으로, 이로 인해 노동자도 장시간 노동을 선호하게 된다. 여성보다 남성이 초과 노동에 종사하는 비율이 더 높은 만큼, 이러한 경향은 다른 평등에 도움이 되는 사회구조적 변화를 상쇄시킬 만큼 성별 임금격차에 부정적인 영향을 미쳤다. 이 연구에서 우리는 장시간 노동이 맞벌이 가구의 여성이나 여성이 가구주인 가족에 더 치명적인 영향을 끼친다는 점을 유추해볼 수 있다. 이 경우 남편의 장시간 노동을 지원하기 위해 부인은 주로 시간제로 일하게 되며, 이런 추세는 여성 가구주에게도 전일제로 일할 기회를 제한한다.

2. 노동시간 규제의 국제비교

1) 노동시간이 결정되는 세 가지 경로

버그 등(Berg et al., 2014)은 서구 발전된 국가에서 표준노동시간이 주 40시간 밑으로 단축되는 현상에 주목하며, 이러한 현상이 국가마다 다르게 전개되었음을 보여주었다. 주 표준노동시간 8시간은 남성에게는 충분한 휴식을 제공하고, 여성에게는 일할 필요를 덜어주었다. 그러나 기업 조직의 유연화와 노동자의 선호 변화가 맞물리며 노동시간 관행의 다양성이 확대되었다. 모든 국가에서 전반적으로 노동시간이 감축된 것은 사실이지만, 임금불평등도가 낮고 저임금 부문이 적은 국가의 노동시간이 적었다. 이러한 국가에서는 한계세율이 노동시간 증가에 따라 높아져서 일할 의욕을 낮추는 역할을 했다. 그들은 노동시간이 결정되는 세 가지 경로를 미국, 스웨덴, 프랑스의 사례에 비추어 다음과 같이 설명한다(〈표 7-1〉 참조).

미국은 사용자의 일방적인 결정으로 개별 기업 차원에서 노동시간이 정해진다. 공정노동기준법(Fair Labor Standard Act, FLSA)이 있긴 하지만, 다수 하위 감독직 노동자가 제외되어 전체 노동자에게 적용되지 않는다.

〈표 7-1〉 노동시간 결정 경로 및 결과 비교

	사용자의 일방적 결정 ***미국***	**노사 간 자율적 합의** ***스웨덴***	**법과 제도에 기반한 결정** ***프랑스***
결정 단위	미시적(기업)	다층적(국가-산업-기업)	국가
기제	사용자의 권한	단체교섭	법/단체교섭 확장
유연근무제도	노동시간의 예측 불가능성 증가	노동시간 선택 관련 분권화된 타협	노동자와 사용자의 시간 유연성 부족
비전일제 노동	시간제 노동에 대한 불이익	시간제 노동이 불이익 없는 선택으로 존재	시간제 노동에 대한 동일 처우 존재하나 비자발성 존재, 약간의 불이익
위기 시의 일자리 나누기	제한적으로 존재, 외부적 유연성이 압도적	단체협약으로 합의 가능, 적극적 노동시장 정책으로 뒷받침된 외부적 유연성	임시 대응책으로만 사용, 부분실업에 대한 보조금
표준 노동시간	*표준노동시간의 소멸과 노동시간 파편화/개별화*	*전 생애에 걸쳐 보다 유연한 표준노동시간*	*단축된 노동시간 표준화*

자료: Berg et al.(2014), p.814, Table 1과 p.830, Table 3 내용 저자 재구성.

노조에 의해 대표되는 노동자의 수도 적을 뿐 아니라 휴직, 휴가제도에 대한 연방 정부의 규제도 없어 저임금 노동자는 대부분 보장받지 못한다. 사용자가 기업의 이해에 따라 노동시간이 결정될 수 있으므로 노동자는 매우 불규칙한 노동시간을 감수해야 한다. 노동자의 필요에 의한 유연한 노동시간은 고기술 노동자에게만 한정되는 혜택이다. 단시간 노동자, 비정형 노동자는 더더욱 불리한 노동시간과 임금, 불규칙한 노동 일정을 감수할 수밖에 없다. 노조 조직률이 낮고 단체교섭구조가 분권화된 상태에서 사용자에게 해고의 자유가 보장되는 만큼 일자리 나누기의 관행도 자리 잡지 못했다. 결국 미국의 경우 표준화된 노동시간은 존재하지 않고, 노동시간 역시 개별 노동자의 교섭력에 따라 파편화되어 있다(Berg et al., 2014).

노사의 자율적 합의에 따른 노동시간 결정의 대표적인 사례는 스웨덴이다. 단체교섭에 대한 확고한 지지가 있는 환경 속에서 가능한 방식으로, 큰 틀에서의 노동시간 결정은 중앙 교섭에서 이루어지지만 정보권, 협의권, 공동결정권이 있는 노조 지부장이 구체적인 사업장에서의 노동시간과 운영 방식을 사측과 합의해 결정하게 된다. 스웨덴의 노동시간 규제는 미국과 달리 관리자를 포함한 거의 모든 노동자에게 적용된다. 실제로 산별 노조의 단체협약이 법을 완전히 대체해 작동하는데, 0.5%의 노동자 연간 소득을 노동시간 계좌에 저축하는 방식을 통해 여가 선택 기회를 늘려 연간 노동시간을 크게 단축한 바 있다. 이러한 결정 방식은 스웨덴을 유럽에서 가장 장시간 노동자가 낮은 국가로 만들어서, 2008년 기준으로도 주당 48시간 이상 일하는 장시간 노동자는 남성 1.7%, 여성 0.4%에 불과했다. 또한 노동자가 돌봄, 아동 양육, 교육 훈련을 위해 주당 노동시간 단축을 사용자에게 요구할 수 있는 만큼 일과 가정의 양립으로 인한 애로도 드물다. 이런 결정 방식을 통해 얻을 수 있는 또 다른 장점은 실업의 위기가 닥쳤을 때 단체교섭을 통해 노동자를 더 잘 보호할 수 있다는 점이다. 적극적 노동시장정책과 같은 국가 차원의 제도와 함께 산별 차원에서 일시해고 대상자를 줄이거나 이들의 소득을 보장해줄 수 있는 유연성이 존재한다(Berg et al., 2014).

버그 등(Berg et al., 2014)이 소개한 마지막 세 번째 경로는 법·제도에 기반한 노동시간 결정이다. 2000년 주 35시간 노동과 5주간 연간 휴가가 도입됨에 따라 프랑스는 가장 노동시간이 짧은 국가가 되었다. 저임금 노동자의 임금 부족분은 사회보장 기여금 지원 등을 통해 세금으로 보상했지만, 고기술 노동자의 노동시간이 저기술 노동자만큼 감소하지 않아 모든 노동자에게 노동시간 단축의 혜택이 돌아가지는 않았다. 초기 어려움을 극복하고 문화적으로 주 35시간에 적응된 이후에는 다수 기업에서 이 제도가 정착되었다. 유연한 노동시간 활용은 상대적으로 부진했던 반면, 개인적 교육 훈련을 위한 휴직은 관대하게 제공되었다. 프랑스의 경우 노조 조직률은 낮지만 단체교섭 확장 제도를 이용해 다른 미조직 노동자도 보호할 수 있었다. 프랑스는 경제 위기에 대응하기 위해 노동시간을 줄이고 실업급여 혜택을 제공하는 부분 실업이라는 일자리 나누기 프로그램을 도입한 바 있다. 하지만 제도 의존도가 높은 만큼 노사 자율적 합의에 따라 노동시간이 단축되는 국가와 같은 작업 시간의 유연한 활용은 상대적으로 뒤떨어져서 그렇게 많이 활용되지는 못했다.

이 세 경로 중 총 노동시간의 단축에 가장 효율적인 경로는 무엇일까? OECD 국가의 2022년의 연평균 노동시간을 보여주는 〈그림 7-1〉에서 가장 적은 시간 일한 국가들은 단체교섭을 통해 노사 간 자율적 합의로 노동시간을 결정하는 스웨덴, 독일, 덴마크 등이었다. 프랑스는 이들보다는 많은 시간 일했지만 사용자의 일방적 결정에 의해 노동시간이 결정되는 미국보다는 훨씬 덜 일하고 있었다. 그러나 한국도 프랑스와 같이 법과 제도에 의해 노동시간이 결정되는 국가이지만, 멕시코를 제외하고는 심지어

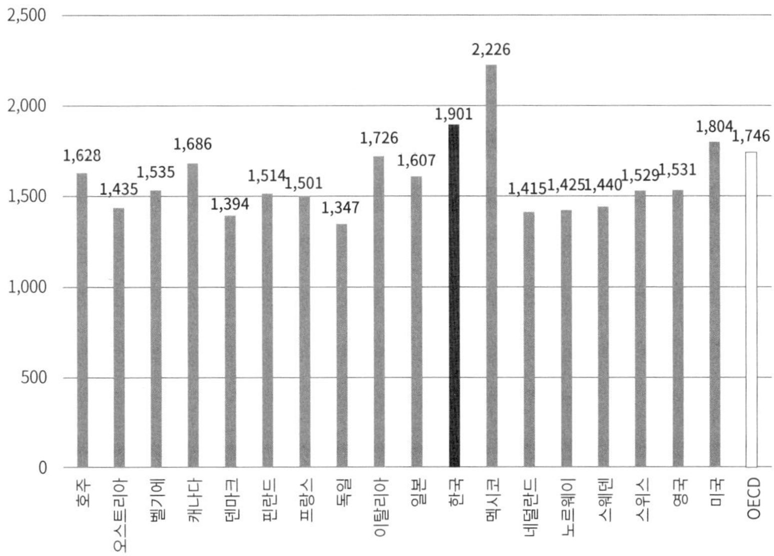

〈그림 7-1〉 2022년 평균 노동시간 국제비교

자료: OECD (http://www.oecd.org 〉 OECD 〉 Data 〉 Indicators, Hours worked)
(2024년 11월 20일 접속)

미국보다도 더 오래, 가장 길게 일하는 국가에 속한다. 법과 제도는 해당 국가의 전반적인 노동체제에 의존적인 만큼, 이런 경로로부터 노동시간의 수준을 추론하기는 어렵다. 그러나 〈표 7-1〉에서 우리는 단체교섭에 의한 결정이 사용자의 일방적 결정보다는 노동시간 단축에 더 유리한 경로라는 점은 확실하게 살펴볼 수 있다.

2) 시간제 노동의 국제비교

시간제 노동은 상품시장의 불확실성, 서비스업 증가, 여성 고용 증가, 노동유연성에 대한 수요 등 복합적인 요인에 의해 발생한다. 정부는 일자리 창출, 기업은 유연성, 노동자는 일과 생활의 균형을 원하는 등 노사관계의 세 주체가 시간제 노동을 통해 원하는 목표가 서로 다르다는 점도 시간제 노동의 다면성을 보여준다. 서구에서는 1980년대 이후 노동시장에서의 규제 완화 및 서비스직 확산 같은 시장적 요인이 크게 작용하면서 시간제 노동의 낮은 임금과 제한된 경력 개발 기회 같은 문제점이 나타나기 시작했다. 그러나 동시에, 비록 적은 수일지라도 노동시간의 가족 친화적 조종과 건강 등의 문제로 자발적으로 시간제 노동을 원하는 노동자의 편익도 부각되었던 만큼, 시간제 노동에 대한 적절한 규제를 통해 이를 노동시장 정책의 일부로 편입하려는 노력이 시작되었다. 1990년대 이후로 OECD 다수 국가에서는 시간제 노동의 임금과 노동조건을 전일제와 유사하게 규제하게 된다(OECD, 2010).

〈그림 7-2〉에서 OECD 국가 간 시간제 노동의 활용 수준에 차이가 있음을 살펴볼 수 있다. 시간제 노동을 많이 활용하는 국가일수록 남녀 간 격차도 컸다. 이는 높은 단시간 노동자 비율이 주로 여성 노동력의 활용을 통해 이루어졌다는 것을 의미한다. 압도적으로 시간제 노동의 비중이 높은 네덜란드의 경우 여성 노동자의 과반이 단시간 노동자이다. 조정시장경제와 자유시장경제 등 경제체제상의 차이는 시간제 노동의 비율과 무관했다. 스웨덴은 네덜란드와 같은 조정시장경제 국가이지만 시간제 노동의 활용 비중이 상당히 낮은 편이다. 자유시장경제 국가인 영국은 같은 영미권 국가인 미국보다 훨씬 더 시간제 노동의 비중이 높았다. 조정시장경제 국가 중에서는 독일, 노르웨이, 덴마크, 이탈리아 등이 OECD 국가의 평균을 상회했다. 자유시장경제 국가 중에서는 영국과 캐나다의 활용률이 평균을 웃돌았다. 한국은 단시간 노동자가 적은 국가였으나, 2000년대부터 빠르게 증가해 현재는 평균에 근접한다.

이러한 국가별 격차는 이들 국가에서 시간제 노동의 확산에 영향을 미

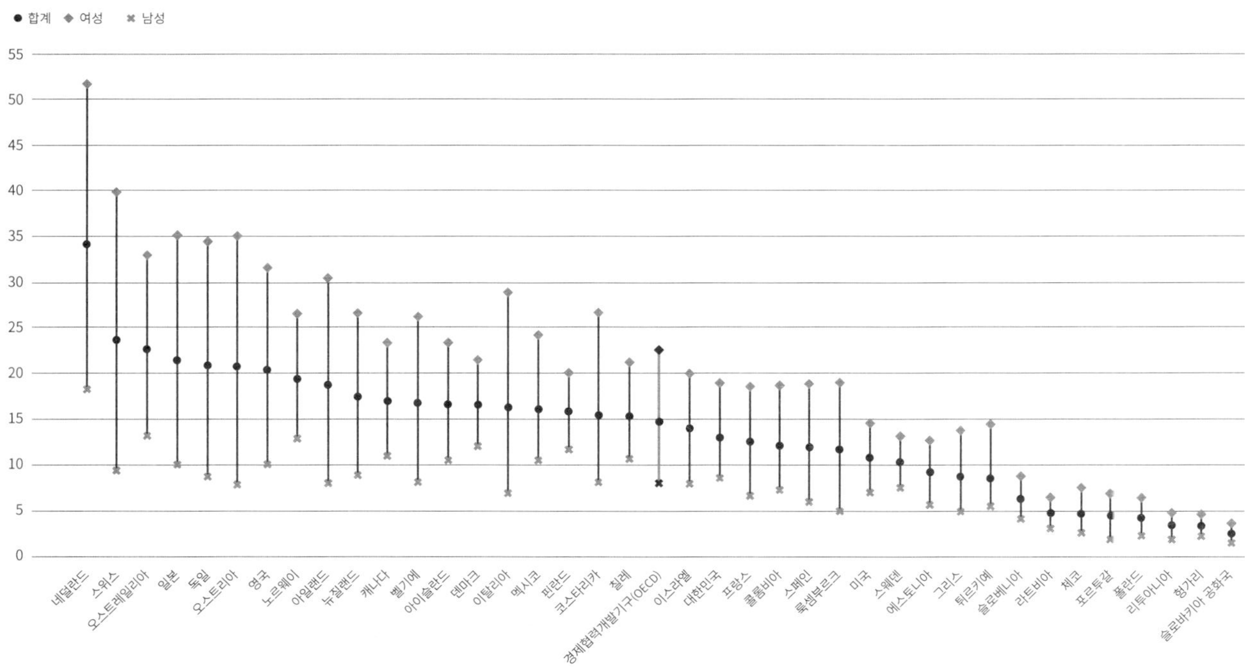

〈그림 7-2〉 2022년 OECD 국가 단시간 노동자 고용 비율 남녀 비교

자료: OECD (http://www.oecd.org 〉 OECD 〉 Data 〉 Indicators, Part-time employment) (2024년 11월 20일 접속)

친 요인이 서로 다르기 때문으로 보인다(이주희 외, 2010). 시간제 노동의 비율이 이례적으로 높았던 네덜란드에서는 '바세나르 협약'과 같은 사회적 타협이 결정적인 역할을 했다. 1980년대 초반 실업으로 총 조합원의 1/6을 잃은 네덜란드 노조는 적극적으로 시간제 노동의 확산에 관심을 가졌고, 여성은 노동시간이 줄더라도 노동시장에 계속 남기를 원했다(Visser et al., 2004). 시간제 노동의 확산이 일시적으로 빈곤을 악화시키긴 했지만, 네덜란드 노조가 남녀 모두 시간제 노동자로 일할 권리를 보장하고 시간제 노동과 전일제 노동의 노동조건과 사회보장권의 격차를 감소시키는 데 성공함에 따라 네덜란드는 시간제 노동의 확산을 통해 전체 노동시간을 줄일 수 있었다.

시간제 노동의 비율이 높은 영국과 일본은 사용자에게 낮은 임금의 유연한 노동력을 제공해주는 기능으로 인해 자연스럽게 수요가 형성된 사례이다. 영국은 이른 산업화와 함께 유연한 노동력에 대한 수요가 많은 서비스산업의 이른 성장이 가능했고, 노동시장에 대한 규제가 적어 임금이 낮은 기혼 여성인력에 대한 시간제 노동 수요가 점진적으로 상승했다. 일본은 종신고용을 보장하는 1차 노동시장의 경직성에 대한 보완재적 차원에서 기혼 여성에 특화된 시간제 노동시장이 형성되었다. 그러나 이들 국가에서도 시간제 노동에 대한 선호를 만들어낼 수 있는 성차별적 유인을 제공하거나 보호를 금지하는 방식의 제도적 개입이 존재했다. 일본의 경우 103만 엔과 130만 엔의 벽,[2] 영국의 경우 주당 16시간 미만 일하는 초단시간 노동자에 대한 고용보호법의 제한적 적용의 형태로 나타났다(이주희 외, 2010). 여성에 특화된 시간제 고용에 대한 이러한 유인책은 오히려 총

2 연 소득이 103만 엔을 초과하면 배우자 공제가 줄어들거나 없어질 수 있고, 130만 엔을 초과하면 배우자 사회보험의 피부양자 자격을 잃게 되는 등의 불이익을 발생시킴으로써 시간제 여성 노동자가 이 기준을 넘지 않도록 노동시간을 줄이게 되는 것을 의미한다.

노동시간을 줄이는 부작용을 발생시킨다. 양육기의 여성에게 시간제 노동의 기회가 제공되는 것은 이들의 노동시장 참여를 일시적으로 촉진할 수 있을지라도, 이런 부담에서 벗어난 40대 이상의 여성들도 특별한 사유 없이 시간제 노동에서 벗어나기 어렵게 되기 때문이다. 이는 여성의 경력 개발을 저해하고 은퇴 연령기에서의 빈곤을 유발할 수 있다(OECD, 2010).

시간제 노동의 비율이 OECD 국가의 평균보다 낮은 한국과 미국의 공통점은 기업의 유연하고 저렴한 노동력에 대한 수요에도 불구하고 노동시장의 유연성이 이미 충분히 확보되어 있어 시간제 노동까지 활용할 유인이 적었다는 점이다. 물론 해고 자체가 자유로운 미국에 비해 우리의 노동시장 유연성이 작다고 인식될 수는 있으나, 1990년대 말 외환위기를 계기로 급격하게 확산한 비정규직으로 인해 2차 노동시장의 유연성은 미국과 유사해졌다. 급격하게 증가한 전일제 임시 계약직이 기업의 비용 절감을 위한 수요에 부응했기 때문이다. 2022년 기준 미국의 시간제 노동 비중보다 한국의 비중이 더 높아진 것은 이명박 정부와 박근혜 정부가 시간제 노동을 고용률 향상을 위한 핵심적인 정책으로 추진했기 때문이다.

스웨덴은 단시간 노동자의 고용 비율이 미국보다도 낮을 뿐 아니라, 대부분의 시간제 일자리가 상용직이라는 점에서 바람직한 시간제 고용의 모델을 제시한다. 스웨덴의 단시간 노동은 정규직과 마찬가지이며, 철저한 시간 비례 보상 원칙에 따라 임금 손상을 유발하지 않는다. 이는 시간제 노동이 유발할 수 있는 여성 일자리 질의 저하 및 남녀평등의 악화를 우려한 스웨덴 정부와 노총(LO) 모두 전일제 노동을 주된 원칙으로 세우고, 노동자의 필요에 따라 시간제 노동을 선택할 수 있는 옵션으로 제공했기 때문이다(Eklund, 2004). 따라서 스웨덴의 노동자에게는 전 생애에 걸쳐 유연하게 노동시간을 사용할 수 있는 선택지가 있다.

스웨덴의 시간제 노동이 상대적으로 양질의 일자리가 된 이유는 적절한 법제적, 단체교섭상의 보호가 제공되기 때문이다. 같은 맥락에서, 그런 보호가 제공되지 않는다면 시간제 일자리는 좋은 일자리가 되기 어렵다. EU은 1997년 단시간 노동 지침(Part-time Work Directive, 97/81/EC)을 통해 단시간 노동자에게 동일하거나 유사한 노동에 종사하는 전일제 노동자와 비례 원칙에 따라 동등한 대우를 보장하고 사회보장 혜택을 제공할 것을 촉구한 바 있다. 이에 따르면 단시간 노동자도 전일제 정규직으로 전환될 기회를 제공받아야 하며, 그 반대도 마찬가지이다. 문제는 유사한 노동에 종사하는 전일제 노동자가 없거나, 전일제 노동자에 대한 보장 역시 미흡하거나, 노조를 통해 사용자에게 전환 기회를 요구할 수 있는 교섭력이 미흡할 경우, 이러한 법제의 효과는 매우 제한된다는 점이다. 이런 한계에 주목하면서, 보스코(Vosko, 2010)는 제대로 된 시간제 노동 보호를 위해 동등(parity)과 통합(inclusivity)을 제안한 바 있다. 단시간 노동자에게 전일제 노동자와 동일한 보호를 제공하기 위해서는 단순히 시간 비례 원칙에 따른 보호보다 여러 형태로 시간제 노동에 종사하고 있는 노동자의 다양한 필요와 욕구에 적극적으로 부응하도록 노력해야 한다. 일례로, 성별화된 노동시간 격차와 그에 따른 차별을 극복하기 위해 모든 노동자에게 전 생애 주기별로 노동시간을 감소시킬 수 있다. 통합 원칙의 실현을 위해서는 노동시간, 고용형태, 업종, 직종, 그리고 비교 가능한 유사 전일제 노동자의 존재 여부와 무관하게 모든 노동자에게 공통으로 적용되는 포괄적인 보호 기준을 마련해야 한다.

3. 한국의 노동시간 실태

한국의 법정노동시간은 1953년 주당 48시간으로 최초 제정되어 1989

년 주당 44시간으로, 다시 2003년 주당 40시간으로 단축됐다. 2003년의 개정은 주 5일 근무제 시대를 열었으나, 주 40시간은 월요일부터 금요일까지만 적용되었을 뿐, 주말 2일간 각 8시간씩 총 16시간의 추가 휴일노동이 연장근로 12시간 한도에 포함되지 않아 주 최대 노동시간은 68시간에 이르렀다. 이 초장시간 노동은 2018년 휴일 포함 최대 노동시간을 주 52시간으로 제한함으로써 일부 완화되었다. 주 최대 52시간제를 확립한 2018년「근로기준법」개정을 통해 기존 26개였던 노동시간 특례업종도 육상, 수상, 항공 운송업, 기타 운송 관련 서비스업, 보건업 등 총 5개로 축소되었으며, 이 특례제도를 도입한 사업주는 노동이 종료된 후부터 다음 노동 개시 전까지 최소 11시간 연속 휴식시간을 부여하도록 했다.

이러한 법정노동시간에 대한 규제로 총 노동시간이 점진적으로 단축되어온 것은 사실이나,[3] 한국은 아직도 장시간 노동 문제를 해결하지 못하고 있다. 가장 근본적인 원인은 노동시장 양극화로 인한 이중구조, 즉 불평등이다. 저임금 노동자는 생계비 부족으로, 고임금 노동자는 인력 부족으로 인한 문제 외에도 여가의 기회비용이 너무 높아져서 장시간 노동에 종사할 유인이 생긴다. 노동시장의 불평등을 악화시킨 요인에는「근로기준법」의 대상이 아닌 플랫폼 노동 등 오분류된 자영업자 문제도 있는데, 이러한 노동인구의 장시간 노동은 규제의 대상조차 되지 못한다. 노동시장에서의 성 불평등으로 인한 여성의 낮은 노동시장 참여율도 남성의 장시간 노동을 유발할 수 있다.

그러나 장시간 노동은 한국 남성만의 문제가 아니다. 여성이 주로 종사

3 고용노동부의『사업체노동력조사』각 호에 따르면 1988년 주당 근로시간은 51.1시간(소정실노동 43.9+초과 7.2시간), 2000년 47.5시간(소정실노동 41.6+초과 5.9시간), 2023년 37.7시간(소정실노동 35.8+초과 1.8시간)으로 점차 감소해왔다. 2000년 이전 자료는 10인 이상 사업체 기준, 2023년 자료는 1인 이상 사업체 기준이다(KLI, 2024).

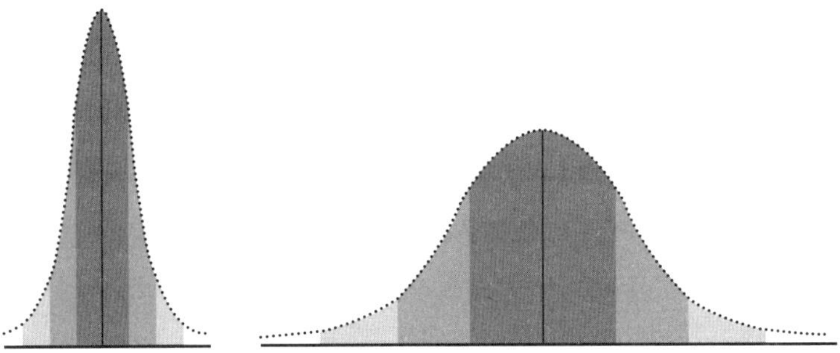

〈그림 7-3〉 평균 노동시간의 함정

하는 육아, 간호, 요양 등 유급 돌봄노동의 경우, 노동시간의 시작과 끝을 알기 어려우며, 다층적 고용관계하에 주로 영세업체에 종사하는 만큼 법으로 정한 휴게시간조차 사용이 힘들다. 여성 돌봄노동자는 사용자(가족)의 정해진 업무 이외의 무리한 요구로 인한 과다한 업무에 시달릴 뿐 아니라, 돌봄 시간이 지난 후에도 보호자가 귀가하지 않는 경우 불가피하게 초과 노동을 할 수도 있다. 남성은 초과 노동시간에 대한 할증 수당으로 보상받을 수 있지만, 이러한 여성의 그림자 노동은 종종 금전적으로 보상받지도 못한다(Lee, 2023).

노동시간과 소득의 양극화와 관련해 유의할 점은 노동시간의 경우 평균 노동시간 못지않게 표준편차도 중요하다는 점이다. 〈그림 7-3〉의 예시에서 살펴볼 수 있듯이, 평균 노동시간은 두 국가 모두 주 35시간으로 낮은 편이지만, A국가보다 B국가의 노동시간의 편차가 훨씬 커서 주 15시간 미만으로 일하는 초단시간 노동자와 주 52시간 이상 일하는 초장시간 노동자의 규모가 A국가보다 B국가가 훨씬 크다. 장시간 노동이 균등하게 분포되지조차 못하다면 소득 불평등과 실업 악화가 심화할 수 있다. 단순히 시간당 임금이 얼마나 높은가가 아니라 임금이 얼마나 불평등한가가 더 긴 시간 유급 노동을 공급할 유인으로 작용할 수 있는 만큼, 노동시간의 불평등은 소득 불평등과의 상호작용을 통해 상황을 더욱 악화시키는 것이다.

〈표 7-2〉는 실제 한국 노동시장에서 이러한 문제가 존재함을 보여준다. 5인 미만 사업장의 경우 주당 노동시간이 34.3시간으로 가장 짧지만, 주당 52시간을 초과하는 노동자 비중이 9.3%, 15시간 미만으로 일하는 노동자의 비중이 12.6%로, 초장시간 노동자와 초단시간 노동자가 모든 사업장 규모를 통틀어 가장 높다. 문제는 이런 영세사업장 종사자가 극소수가 아니라 370만 명을 넘는다는 점이다. 반면 300인 이상 사업장의 경우, 주당 노동시간은 39.7시간으로 5인 미만 사업장보다 5시간 이상 높지만, 초장시간 노동자와 초단시간 노동자 비중은 가장 낮은 편에 속한다. 5인 미만 사업장의 장시간 노동은 이들 사업장의 「근로기준법」 적용 제외와 긴밀하게 관련되어 있는 만큼, 노동시간과 소득의 양극화를 제어하기 위

〈표 7-2〉 사업장 규모별 노동시간 분포(2021년)

사업장 규모	주당 노동 시간	노동자 수 (천 명)	비율(임금노동자=100, %)				
			일시 휴직	15시간 미만	15~35 시간	36~52 시간	52시간 초과
1~4인	34.3	3,716	1.4	12.6	28.7	47.9	9.3
5~9인	37.2	3,589	1.5	7.4	21.3	61.4	8.4
10~29인	38.3	4,716	1.6	5.5	17.2	68.9	6.9
30~99인	38.7	3,938	2.4	3.2	15.6	73.4	5.4
100~299인	40.3	1,977	2.1	1.3	13.0	77.6	5.9
300인 이상	39.7	2,816	2.5	1.5	13.0	79.1	3.9
전 규모	37.8	20,753	1.9	5.7	18.7	66.9	6.8

자료: 통계청 경제활동인구조사, 2021년, 김유선(2023) 표 재구성.

해서는 무엇보다도 「근로기준법」을 5인 미만 사업장에도 확대 적용해야 한다.

한국의 장시간 노동 관행 뒤에는 이 외에도 다양한 제도적 문제점이 존재한다. 사무직 등 비제조업의 일부 직종에서 장시간 연장 노동시간을 모두 보상하지 않고 일부만을 보장하거나 이를 포함해 연봉을 책정하는 식으로 활용되는 포괄임금제도는 장시간 노동을 유도하는 편법에 속하므로(배규식, 2012), 이 제도의 남용을 제어하는 것이 중요하다. 「근로기준법」 시행규칙이 정하는 '특별한 사정'이 있는 경우 한시적으로 1주 최대 64시간까지 근무가 가능한 특별연장근로의 대상 선정이 행정부의 의지로 가능해[4] 이 역시 계속 확대 중인 만큼 특별연장근로 인가 사유를 대폭 제한, 혹은 점진적으로 철폐할 필요가 있다. 근로시간특례업종제도가 2018년 제도 개편으로 대폭 축소된 것은 사실이나, 선진국에서는 특례업종에 포함되지 않는 업종이 상당 부분 남아 있는 것이 현실이다. 따라서 아직 남아 있는 5개 근로시간특례업종에 대한 지속적인 축소 조정이 후속 조치로 이어져야 한다. 이와 더불어, 경비 등 감시단속적 노동자에 대한 「근로기준법」상 노동시간, 휴게, 휴일 적용 제외 문제도 검토하고 개선되어야 할 것이다.

그러나 이러한 제도개선 대신 윤석열 정부는 현행 주 단위로 관리되는 연장노동 12시간을 월, 분기, 반기, 연 단위로 확대해 주당 노동시간을 최대 69시간으로 늘리는 방안을 고려한 바 있는데, 이는 노동시간 단축에 역행하는 시도로 허용되어서는 안 된다. 서구 선진국의 경우, 노동시간의 연간화(annualization)는 노동시간이 이미 충분히 감축된 이후, 단체교섭의

4 2018년 주 52시간제를 도입한 문재인 정부는 그 보완 대책으로 특별연장근로 인가 사유를 대폭 확대해 2019년 900여 건에서 2021년 6,000건 이상 폭증했다. 이에 이어 윤석열 정부도 신청되는 특별연장근로를 거의 다 승인해 2022년 초부터 9월까지 이미 7,000여 건 연장근로가 승인되었다.

방어막하에 체계적으로 도입되었다. 우리나라와 같이 노조 조직률이 낮고 노동시간이 긴 국가에서 도입을 고려할 수 있는 제도가 아니다. 이는 노동시간 선택권 확대라는 미명하에 초장시간 노동을 "유연화"로 포장해 추진하려는 시도에 다름 아니다. 지금도 후진적인 장시간 노동 관행을 완화하는 대신 오히려 늘리겠다는 것으로, 일자리 감소, 노동자 건강 악화, 시간별 실질임금 하락 등의 문제가 예상된다. 윤석열 정부의 노동시간 유연화 전략에 대항하는 방향에서 주 4일제 논의가 본격화되고 있는 것은 바람직한 현상이나, 법정노동시간 단축 이전에 노동시간의 양극화 완화와 「근로기준법」에서 제외된 노동인구에 대한 규제력 확보가 더 시급한 과제일 수 있다. 물론 이와 함께 지불능력이 충분한 대기업에서 단체교섭을 통해 자율적으로 노동시간 단축을 실시하는 작업은 병행 가능하다.

4. 노동시간 단축(주 4일제)의 노동생산성 효과

한국 사회의 노동시간 단축에 대한 논의는 주 52시간제의 도입을 계기로 촉발되어, 2022년 20대 대선 이후부터는 주 4일제 도입의 필요성으로 이어지고 있다. 여러 지자체에서 저출생 대책의 일환으로 대상 공무원을 대상으로 한 주 4일 출근제를 실시한 바 있고, 경기도의 경우 2025년도부터 주 4.5일제 시범사업도 준비 중이다. 민간 기업에서도 격주로 주 4일제를 시범 실시하는 경우가 증가하고 있다. 그러나 생산성 저하와 그로 인한 기업 부담을 이유로 한 제도 도입에 대한 저항도 존재한다. 그렇다면 과연 노동시간 단축은 노동생산성에 부정적인 영향만 미치는 것일까?

1) 노동시간과 노동생산성의 비선형적 관계

직관적으로, 사용자가 노동시간을 실제 노동생산성의 대리 지표로 여기는 경향으로 인해 우리는 장시간 노동과 노동생산성이 정(+)의 관계를 갖는다고 상정하기 쉽다. 산업혁명 이후 설비 가동률을 극대화하기 위해 장시간 노동이 일반화된 상태에서, 노동운동의 강력한 저항과 함께 영국이 1919년 도입한 주 48시간 근무제는 종종 노동생산성을 낮춰 산업경쟁력을 악화하는 주요 원인으로 지목되어왔다. 그러나 곧 이런 주장은 다양한 반론에 부딪혔다. 노동시간 단축은 단기적으로는 생산량 감소를 가져올 수 있으나, 장기적으로는 생산성 향상, 노동자 건강 개선, 결근율 감소 등의 긍정적 효과를 가져오기 때문에 그런 부정적 영향은 미미했다는 것이다.

실제로 노동시간과 생산성과 관련된 많은 연구가 노동시간 단축이 노동생산성의 즉각적인 저하로 이어지지 않으며, 노동시간이 일정한 임계값을 초과하면 생산성 증가율이 둔화된다는 점을 밝히고 있다. 1차 세계대전이 시작된 1914년 영국은 전쟁 발발의 여파로 군수공장에서 노동시간에 대한 규제가 해제되어 초장시간 노동이 만연했다. 1915~1916년 영국 군수산업 노동자의 노동시간 및 주간 생산성 데이터를 분석한 연구(Pencavel, 2015)에 따르면, 주 48시간 이하가 가장 생산성이 높은 구간이며, 연속 7일 근무 및 이전 주에 53시간을 초과한 근무는 그다음 주의 생산량에까지 부정적인 영향을 미쳤다. 즉, 주당 근무시간이 증가하면 생산성도 증가하지만, 그 증가율은 노동시간이 더 늘어남에 따라 점점 감소하며 더 심한 초과근무가 이어지면 생산성 증가 효과가 사라지거나 감소하게 되는 것이다. 심지어 2주 전(t-2)의 장시간 노동이 현재 주(t)의 생산성에도 부정적인 영향을 미치는 것으로 드러났는데, 이는 장시간 노동이 누적될수록 피로가 축적되고, 결국 생산성이 장기적으로 하락할 가능성이 높다는 것을 의미한다(Pencavel, 2016).

노동시간과 노동생산성 간 비선형적 관계는 미국을 대상으로 한 연구에서도 확인된 바 있다. 미국의 1929년 당시 평균 주당 노동시간은 48.6시간이었고, 1957년에는 39.8시간으로 감소했다. 데니슨(Denison, 1962, 재인용: Leveson, 1967)의 연구에 따르면, 이처럼 노동시간 단축이 이루어졌음에도 노동생산성은 증가해서 노동시간 단축으로 인해 연평균 0.5%의 노동생산성 증가가 이루어졌는데, 이는 노동시간 단축이 전체 실질국민소득 증가의 약 20%를 차지했음을 의미한다. 즉, 노동시간은 줄어들었지만 노동자 1인당 시간당 생산성이 증가하면서 전체적인 경제 성장에 미치는 부정적인 영향을 상당 부분 상쇄할 수 있었다. 데니슨은 노동시간 단축이 생산성에 미치는 영향을 노동자의 피로 감소로 인한 개인적 효과(personal effect)와 사용자가 시간당 생산성을 향상하기 위해 생산방식을 조정하는 제도적 효과(institutional effect)로 나누어 살펴보았다. 개인적 효과는 노동 속도와 품질 향상, 사고율, 질병, 결근 감소를 통해 나타난다.[5] 특히 노동자가 작업 속도를 상당 부분 자율적으로 조절할 수 있는 경우, 신체적으로 힘든 노동일 경우, 성과급처럼 보상이 노동강도와 연계된 경우 이 효과가 두드러졌다. 제도적 효과는 사용자가 생산성 기준을 유지하기 위해 기계화를 가속화하고 생산 조직을 개선하거나 재구성함으로써 생산성 향상을 유도할 때 나타난다. 노동시간이 생산성 증가에 이처럼 긍정

5 1987년부터 2000년까지 미국 청년층 패널조사(National Longitudinal Survey of Youth)에 포함된 1만 명 이상의 노동자를 분석한 결과, 다른 변수를 통제한 상태에서도 매일 최소 12시간 이상 근무하거나 주당 60시간 이상 근무한 노동자는 그렇지 않은 노동자보다 각각 37%와 23% 더 높은 산업재해 위험률을 보였다(Vegso et al., 2007, 재인용: Pencavel, 2015).

적인 영향을 미치는데도 사용자가 자발적으로 노동시간을 단축하지 않는 이유는 사전적 불확실성뿐 아니라, 노동자가 단축된 노동시간체제에 적응하는 동안 발생하는 전환 비용을 고려해야 하기 때문이다(Scott and Spadavecchia, 2011). 이런 전환 비용을 없애기 위해서는 단체교섭이나 법을 통해 전체 산업에 적용되도록 노동시간 단축이 이루어지는 것이 바람직하다.

2) 생산성 관점에서 본 주 4일제: 해외사례 분석

주 4일제는 주당 노동시간까지 단축하면서 시행되는 경우와 주당 노동시간을 유지하면서 벨기에처럼 하루 노동시간을 9시간 30분으로 바꾸어 실행하는 방식으로 나누어 살펴볼 수 있다. 주당 노동시간이 38시간인 벨기에는 이미 2022년에 주 5일의 업무를 주 4일로 축약해서 일할 수 있는 노동자의 권리를 확립하고, 곧 법제화했다 노동시간 단축의 효과는 저해되지만, 주 4일제에 대한 저항을 최소화하는 방안으로서의 의의가 있다. 주 4일제는 실제로 오래전부터 실험적으로 운영되어온 제도이다.

미국에서도 20세기 후반부터 근무일 단축과 노동생산성 간의 관계에 대한 논의가 꾸준히 이루어져 이 시기 미국의 여러 도시가 공공서비스의 효율성을 높이기 위해 근무형태를 변화시키는 실험적인 정책을 실시했다. 그중 앤더슨(Anderseon, 1980)이 정리한 미국 미주리주 글래드스톤(Gladstone)의 수도 및 하수관리 부서에서 수행된 주 4일제가 바로 이처럼 근무시간 자체는 변동이 없는 사례였다. 글래드스톤은 1970년대 급격한 인구 증가의 여파로 기존의 초과근무 체제로는 대응하기 어려운 긴급출동 요청, 특히 토요일 요청이 급증했다고 한다. 이를 해결하기 위해 1970년대 후반 수도 및 하수관리 부서는 주 5일 하루 8시간 근무체제에서 하루 10시간 근무하는 주 4일체제로 전환하고, 월요일부터 토요일까지 운영 시기도 재조정했다. 기존 체제에서는 추가 초과근무가 필수적이었지만, 운영 시기가 확대됨에 따라 긴급출동 요청이 감소했으며, 시민의 공공서비스 접근성도 개선되었다. 기존 주 5일제에서 불가피했던 차량 및 장비 운용의 비효율성도 개선되어 활용도가 증가한 것도 장점으로 꼽힌다. 1978년 5월부터 8월까지는 초과근무가 481시간에 이르렀지만, 주 4일제가 도입된 1979년 같은 시기 초과근무는 153시간으로 68%가 감소했다. 1978년 같은 기간 병가 사용 시간은 122시간이었으나 1979년에는 5.5시간으로 96%가 줄어들었다. 글래드스톤의 주 4일제 도입은 생산성을 증가시킨 명백한 사례였다. 직원이 3일 연속 휴식을 취할 수 있게 되면서 스트레스가 감소하고 업무 집중도도 나아져 작업 완료 시간이 단축되었다. 출퇴근 시간, 점심시간, 비효율적인 대기 시간 등 불필요한 업무 공백도 줄어들었다. 연속 휴일로 개인적인 업무를 더 효율적으로 관리할 수 있게 되면 장기적으로 조직 충성도가 높아지고 이직률이 낮아질 수 있다.

최근 실시된 주 4일제 실험 중 가장 성공적인 성과를 거둔 국가는 아이슬란드이다. 2015년과 2019년 사이에 실시된 두 차례의 대규모 실험에서 주당 40시간씩 일했던 아이슬란드의 공공부문 직원들은 임금 삭감 없이 주당 35~36시간을 일했다. 이 임상시험에는 당시 아이슬란드 노동인구의 1%가 넘는 2,500명이 참여했는데, 일과 삶의 균형을 개선하면서 생산성을 유지하거나 높이는 것이 이 실험의 목적이었다. 실험에 참여한 대부분의 직장에서 생산성이 동일하게 유지되거나 개선된 한편, 인지된 스트레스와 과로 수준, 건강 및 일과 삶의 균형에 이르기까지 다양한 지표에서 노동자의 복리가 극적으로 증가했다. 주 4일제의 생산성 효과는 2023년 아이슬란드 경제가 5% 성장했다는 점에서 간접적으로 확인할 수 있다. 이는 2006년부터 2015년 사이 평균 성장률이 2% 수준이었다는 점에서 크게 개선된 수치이다.[6] 이런 긍정적인 결과에 힘입어, 2022년도에 이미 아이슬란드 노동인구의 86%인 17만 4,000명이 주 4일제로 전환했거나 노동시간을 단축할 권리를 얻었다.[7]

영국도 사기업을 중심으로 다양한 주 4일제 시범 사업이 도입된 바 있다. 2025년 『인디펜던트(Indepenent)』의 보도[8]에 따르면, 다양한 업종의 200여 개 기업, 총 5,000명 이상의 직원이 임금 삭감 없는 주 4일제를 영구적으로 도입했다. 200개 참여 기업 중 런던에 본사를 둔 기업이 59개로 가장 많았다. 2024년 여름에 실시된 조사에 따르면, 영국의 약 6%의 전일제 노동자, 즉 150만 명이 이미 주 4일제의 혜택을 누리고 있는 것으로 나타났다. 또한 여론조사회사인 서베이션(Survation)에 따르면, 조사대상자의 58%는 2030년까지 3일의 주말 휴일을 보내는 것이 "정상적인 업무 방식"이 될 것이라고 말했으며, 그렇지 않을 것이라고 믿는 사람은 22%에 불과했다고 한다. 영국 최초로 주 4일제를 시행한 지방자치단체인 사우스케임브리지셔 지역의회(South Cambridgeshire District Council)에서도 600명 이상의 직원이 주 4일제로 일하고 있다.

주 4일제 실험을 하는 국가는 이 외에도 상당히 많다. 스페인은 발렌시아 지방정부가 약 36만 명에게 혜택을 제공한 것으로 알려져 있으며, 일과 삶의 질, 공기질 개선 등 환경적 효과도 보고된 바 있다. 이 외에도 덴마

---

6 https://edition.cnn.com/2024/10/25/business/iceland-shorter-working-week-economy/index.html. CNN. "Iceland embaced a shorter work week. Here's how it turned out," 2024/10/25. (2025년 3월 24일 접속)

7 https://qz.com/work/2029888/icelands-four-day-workweek-trial-bodes-well-for-productivity Quartz, "Iceland's four-day work week trial was a triumph for all," 2022/11/8. (2025년 3월 24일 접속)

8 https://www.independent.co.uk/news/uk/home-news/4-day-work-week-uk-companies-b2687392.html Independent. "Two hundred UK companies sign up for permanent four-day working week," 2025/1/28. (2025년 3월 24일 접속)

크, 아일랜드, 호주, 미국, 캐나다 등 여러 국가에서도 주 4일제를 시범 운영하거나 도입을 논의 중이다. 주 4일제는 노동자의 삶의 질은 물론, 생산성을 유지, 향상하는 것으로 평가받고 있다.

3) 주 4일제의 한국 도입을 위한 제언

4차 산업혁명 시대에 걸맞은 혁신에 장시간 노동은 걸림돌이다. 주 4일제가 생산성을 저하시킬 것이란 인식은 해외 사례에서 충분히 반박되고 있다. 짧은 노동시간은 기업으로 하여금 생산성 향상을 위한 기술 혁신에 매진하도록 할 유인을 제공할 수 있다. 우리만 선진국과는 다른 방향으로 가면서, 영감(inspiration)이 아닌 땀(persperation)에 기댄 경제 운용을 하다가는 그야말로 경쟁에서 도태될 수 있음에 유의해야 한다. 우리 사회에도 대기업에서는 격주 4일제가 점차 확산되고 있고, IT기업과 스타트업에서 주 4일제를 도입해서 실험적으로 운영 중이다. 세브란스 병원의 경우는 단체협약을 통해 시범사업을 진행했다는 점에서 의의가 크다. 주 32시간 근무를 하며, 일부 임금 삭감이 있었지만 이직률이 크게 감소했고 간호사의 만족도뿐 아니라 환자의 만족도도 증가한 것으로 나타났다. 한국의 경우 가능하면 산업 전체의 노동자가 균등하게 혜택을 볼 수 있도록 산별노조의 단체교섭을 통해 주 4일제 관행을 확립해나가는 것이 중요하다. 또한 노동시간의 형평성 있는 감소를 위해서는 5인 미만 사업장에 대한 「근로기준법」 확대, 노동법의 보호에서 제외된 비정형, 비임금 노동자의 노동시간 축소, 최저임금 및 한계세율 인상을 통한 임금불평등 완화 등이 필요하며, 보다 장기적으로는 성평등한 복지국가로의 패러다임 전환도 이루어져야 한다.

8장

일과 생활의 균형, 그 어렵고도 쉬운 길

1. 유연근무제와 일-가족 갈등

1) 유연근무제는 과연 일-생활 균형을 촉진하는가?

일과 생활의 균형을 위한 가장 기본적인 제도 중 하나로 인식되는 유연근무제는 노동자가 정해진 시간과 장소에 구애받지 않고 업무를 수행할 수 있도록 도와주는 제도이다. 즉, 일하는 시간이나 장소에 대해 노동자가 통제권을 가지는 것을 의미한다. 일하는 시간 통제와 관련된 유연근무는 정해진 노동시간을 준수하면서 출퇴근 시간을 조정하거나 주당 일하는 시간을 조정해 필요할 때 휴가일을 사용할 수 있도록 저장하는 유연시간제(flexitime)가 대표적이다. 일하는 시간 자체를 노동자가 완전히 자유롭게 정할 수 있는 근무시간 자율성(working time autonomy)도 유연근무제의 일종이다. 이 외에도 시간제 노동, 일자리 나누기, 일시적 노동시간 단축 등도 유연근무제에 포함될 수 있다. 장소와 관련된 유연근무는 정보통신기기 등을 활용해 주거지나 사무실이 아닌 장소에서 활용하는 원격근무가 있다. 주거지에서 활용하는 경우 재택근무로 불리기도 한다. 2015년 유럽에서 실시된 노동조건 조사자료 분석에 따르면, 시간 통제와 관련된 유연근무제를 활용한 노동인구는 약 25%에 달하며, 약 12%의 노동자가 지난 1년간 한 달에 여러 번 재택근무를 한 것으로 드러났다. 국가 간 사용추이의 편차는 무척 큰 편으로, 북유럽에서는 유연근무가 이미 보편화되어 있었지만, 남유럽과 동유럽에서는 드물게 사용되었다. 또한 약간의 성별 차이가 있어 남성은 시간에 대한 통제를, 여성은 장소에 대한 통제, 즉 재택근무를 더 많이 한 것으로 나타났다(Chung and Van der Lippe., 2020a).

1970년대부터 시작된 초기 원격근무는 주로 비서가 하는 데이터 입력 등 반복적이고 단순한 업무에 한정되었다. 여성에게 일과 가정을 병행할 수 있는 기회로 제시되었지만 결국 여성의 경력 발전 가능성을 제한하는 요인으로 작용하게 되며, 남성은 주로 관리직에서 제한적으로 참여했다. 1980년대와 1990년대에는 개인용 컴퓨터, 인터넷과 이메일, 광케이블 등 더 빨라진 네트워크 기술에 힘입어 이러한 근무 방식이 대중적으로 확산했고, 유럽연합(EU)은 원격근무 기본협정을 통해 법적 기반을 제공했다. 그러나 이 시기에도 여성은 원격근무를 가사 및 육아 역할과의 연관성 속에서 사용했다. 현재는 스마트기기의 확산으로 어디서든 원격근무가 가능하며, 코로나19는 이러한 추세를 더욱 가속화했지만, 이런 젠더화된 패턴과 성별 격차는 여전히 지속되고 있다. 가정과 일을 병행하기 위해 활용되는 여성의 재택근무는 덜 생산적이라 여겨지지만, 남성의 재택근무는 더 높은 업무 효율성과 더 높은 직업적 지위를 얻는 데 활용되는 이점을 누리게 된다. 즉, 재택근무는 여성과 남성에게 다른 방식으로 작동하는데, 이는 성별에 따라 업무와 가사노동이 여전히 불평등하게 배분된다는 것을 나타낸다(Homberg et al., 2023).

그렇다면 과연 유연근무제는 일-가정 갈등을 줄여 일-생활 균형을 이루는 데 긍정적으로 작용할까? 이론적으로는 유연근무제가 그런 기능을 해서 삶의 질을 높일 수 있다고 여겨진다. 예를 들어, 노동시간 조정 권한은 가정과 직장의 경계를 넘나들 수 있는 통제권을 부여해 갈등을 완화할 수 있다. 그러나 실증연구의 결과는 일관적이지 않다. 유연근무제가 일-가정 갈등을 줄이지 못하는 이유는 '유연성'이라는 사용자의 호의에 대한 보상으로 더 열심히 일하게 되거나, 혹은 사용자가 유연성에 대한 대가로 업무량을 증가시킬 수 있기 때문이다. 더 주목해야 할 변수는 유연근무제가 실시되는 사회적, 조직적 맥락이다. 즉, 남성은 생계부양자, 여성은 돌봄제공자라는 사회적 성별 분업이 엄격하게 이루어지는 상황에서 유연근무를 하게 되면 여성은 일과 가사 및 돌봄노동을 병행하도록 요구받는다. 이러한 여성의 유연근무에 대한 선입견에 더해 가정보다 조직을 우선시하는 조직문화는 노동시장에서의 성 불평등을 악화할 수 있다(Chung and Van der Lippe., 2020).

스웨덴과 폴란드의 유자녀 맞벌이 가구 대상으로 유연근무에서의 성별 차이가 일-생활 균형에 미치는 영향을 비교한 연구(Kurowska, 2020)는 특히 재택근무가 남성과 여성에게 어떤 방식으로 영향을 미치는가를 중점적으로 분석했다. 재택근무는 물리적인 출퇴근 시간을 절약할 수 있는 장점이 있지만, 여성의 경우 가사와 육아에 추가적으로 투입되는 시간이 늘어나면서 개인적인 여가나 휴식을 위한 시간을 감소시킬 수 있다. 성평등 수준이 높은 스웨덴의 경우, 재택근무를 하는 남녀 노동자는 직장에 출근해 일하는 남녀 노동자에 비해 일-생활 균형을 이루기가 더 어려웠는데, 그런 어려움은 여성에게 더 큰 것으로 나타났다. 그러나 성평등 수준이 낮은 전통적인 국가인 폴란드에서는 이런 부정적 효과가 오직 여성 노동자에게만 통계적으로 유의했다. 이는 폴란드의 남성은 재택근무가 초래할 수 있는 유급 노동과 무급 돌봄노동의 병행이라는 이중의 의무로부터 별 영향을 받지 않는다는 것을 의미한다.

유럽 9개국의 259개 조직 및 그 종사자를 대상으로 재택근무가 일-가정 갈등에 미치는 영향을 조사한 연구(Van der Lippe and Lippényi, 2020)는 재택근무가 노동자의 일-생활 균형을 제고할 수 있으리라는 가정에 반해, 특히 다중 역할을 가진 노동자의 경우 일과 사적인 삶의 경계를 모호하게 만듦으로써 오히려 갈등을 키울 수도 있음에 주목한다. 실제로 업무와 가사 이 두 영역에서 더 장시간 일하게 될 수도 있으며, 일로부터 얻게 된 부정적 감정이 가정생활에 영향을 미치게 되어 일-가정 갈등을 더 유발하게 한다는 연구도 축적되고 있다. 이 연구의 분석 결과, 재택근무는 일-가정 갈등을 약간 증가시켰는데, 이러한 갈등은 특히 여성이 더 많이 경험했다. 재택근무를 많이 할수록 일과 가정의 경계가 모호해져 갈등이 심화되었다. 이 과정에서 조직문화의 영향도 발견되었다. 가정보다는 조직에 장시간 노동을 통해 몰입하는 것을 기대하는 이상적 노동자 문화가 강한 조직에서는 재택근무가 남녀 모두에게 일-가정 갈등을 더 심화시켰다. 반면 팀 내 동료가 재택근무를 많이 할수록 여성의 일-가정 갈등이 줄어드는 것으로 나타났는데, 이는 동료 간 상호 이해와 지원이 여성에게 더 큰 영향을 미친 결과로 이해된다.

이러한 조직문화와 조직적 맥락의 영향을 좀 더 면밀하게 살펴보기 위해 정희정(Chung, 2020)은 영국 노동시장에서의 유연근무제에 대한 낙인과 성별 및 부모 여부와의 연관성을 조사했다. 유연근무제는 여성의 노동시장 참여를 증진한다고 알려졌지만, 정작 유연근무제를 사용하는 노동자는 생산성이 낮고 헌신이 부족하다는 유연성 낙인(flexibility stigama)을 경험할 수 있다. 특히 영국은 장시간 노동 관행과 가족보다 일에 몰입하는 것을 우선시하는 이상적 노동자 규범이 강한 국가라 유연근무제가 그러한 낙인의 원인으로 작용할 가능성이 크며, 부모, 특히 유자녀 여성은 전통적인 성별 역할에 대한 기대 때문에 유연성 낙인의 영향을 더 받을 수 있다. 이 연구는 유연근무제와 관련된 낙인을 조사 대상 노동자의 35%가 찬성한 '유연근무 노동자는 다른 사람들에게 더 많은 일을 하도록 한다'와, 32%가 찬성한 '유연근무를 하면 승진 기회가 줄어든다'로 나누어 살펴보았다. 남성이 여성보다 이 두 가지 주장에 모두 동의할 가능성이 높았지만, 다른 요인을 통제했을 때 특히 유자녀 여성이 승진 기회가 낮다는 의견에 더 동의하는 경향을 보였다. 실제로 시간제 노동과 같은 노동시간 단축 방식은 이런 낙인의 주요 원인으로 나타났고, 이는 유자녀 여성이 유연근무를 할 때 부정적인 경력 경험을 하는 이유를 부분적으로 설명할 수 있다. 이 연구는 유연성 낙인조차 성별화되어 있음을 보여준다. 즉, 남성은 유연근무 노동자를 차별할 가능성이 높으며, 유자녀 여성은 이런 차별로 인한 부정적 영향을 받을 가능성이 더 높다.

유연근무제는 또한 유형에 따라 일-생활 균형에 미치는 순기능에 차이가 날 수도 있다. 독일의 사례에 기반해 유연한 근무시간 제도가 업무 영역에서 발생한 스트레스가 가정에서의 스트레스를 유발하는 상황을 의미하는 일-가정 침투(cognitive work-to-home spillover)에 미치는 영향을 조사한 연구(Lott, 2020)에 따르면, 노동자의 결정권이 없는 사용자 중심의 유연한 일정은 이런 침투와 관련된 것으로 드러났다. 이러한 시간 예측의 어려움이 가져오는 부정적 효과는 특히 여성에게 뚜렷했다. 긴장, 스트레스, 피로와 같은 부정적 감정이 가정에까지 흘러가서 직원이 업무에서 완전히 분리되지 못하는 경우 직무 소진과 우울증 등이 발생할 수 있다. 어려운 처지의 여성 노동자가 이런 갈등을 많이 겪는 것은 예측 불가능한 근무시간에 대처할 수 있는 재정적 자원이 부족한 상태에서 일과 가정의 이중 부담을 떠안기 때문이다. 남성의 경우 여성과는 달리 초과 노동과 업무 중의 시간 압박 등 매개변수가 추가되었을 때 이 변수는 통계적으로 유의미하지 않았다. 반면 노동자가 주어진 노동시간 내에서 업무의 시작과 종료 시간을 결정할 수 있는 적정한 수준의 시간 조정권을 가진 경우 그런 침투를 경험할 가능성이 상대적으로 낮아졌는데, 남성보다 여성에게서 이런 긍정적 효과가 더 컸다. 이 연구는 서로 다른 유형의 유연근무제가 일-가정 침투에 기여하는 방식과 젠더 불평등을 강화하는 방식을 보여주는 증거를 제공한다.

그렇다면 과연 유연근무제는 총 노동시간을 감소시킬까? 이 역시 유형에 따라 차이가 있었다. 유연근무제와 영국 노동자의 무급 초과 노동시간 증가와의 관련성을 분석한 결과, 유연시간제와 재택근무는 초과 노동을 유의미하게 증가시키지 않았지만, 주로 고성과 전략의 일환으로 도입된 노동시간 통제는 이를 증가시키는 것으로 밝혀졌다. 장시간 일하는 현상은 특히 전문직 남성과 자녀가 없는 여성에게서 두드러져서, 전일제로 일하는 유자녀 여성에게는 이런 추가적인 시간 헌신이 상대적으로 어려운 것으로 나타났다. 성과에 초점을 맞춘 유연근무제는 남성에게 더 많은 업무 시간을 헌신할 수 있게 함으로써 성별 불평등을 악화할 수 있다(Chung and Van der Horst, 2020). 이런 연구 결과는 일-생활 균형을 위해서는 노동시간의 보편적 감축이 유연근무제 도입의 중요한 선행 조건일 수 있음을 시사한다.

종합하자면, 유연근무제는 일관성 있게 일-생활 균형을 촉진하지는 않았다. 성차별적 규범이 가정과 조직에 존재하는 상황에서의 유연근무제는 더 전통적인 방향으로 남녀 분업을 강화하고, 성평등을 방해하며, 성별 임금격차와 여성의 승진 지체를 악화했다. 또한 유연근무제의 유형별로도 그 효과가 달랐다. 노동자가 통제 가능한 유연시간제의 효과가 더 긍정적이었던 반면, 사용자에게 주도권이 있는 유연근무제나 재택근무, 성과에 초점이 맞추어진 완전한 자율적 통제권의 효과는 일관적이지 않거나 부정적이었다. 이런 문제를 완화하기 위해서는 남녀가 모두 동등하게 보편적으로 유연근무제를 활용하는 것이 중요하다는 점을 인식하고, 지나치게 업무를 우선시하는 조직문화를 개선하며, 유연근무제를 설계할 때부터 모든 노동자의 선호가 반영되도록 고려해야 할 것이다.

2) 한국의 유연근무제 실태 및 전망

한국의 유연근무제는 외환위기를 계기로 경제 위기 극복을 위한 노동시장 유연성 확보 차원에서 1990년대 후반부터 논의되기 시작해, 2000년대 초반 전후로 완성되었다. 유연근무제는 유연시간제에 해당하는 시차출퇴근제, 1개월, 혹은 신기술 연구개발 업무의 경우에는 3개월 이내 정산기간을 평균해 1주의 소정 노동시간이 40시간을 초과하지 않는 범위에서 1주 또는 1일 노동시간을 조정하는 선택적 근로시간제, 재택근무제, 원격근무제 등으로 구성되어 있다. 선택적 근로시간제와 유사하게 운영되는 탄력근로제도 유연근로제의 일종이나, 주로 사용자의 필요에 따라 최대 6개월 단위로 법정 근로시간을 준수하면서 근무시간을 배분한다는 점에서 중요한 차이가 있다. 임신, 육아 등 가족돌봄의 사유로 소정 노동시간을 단축하는 근로시간 단축제 등 시간선택제도 유연근무제에 포함된다.

유연근무제는 코로나19 시기를 거치며 급격하게 확산해, 2021년 8월 말 기준 전체 노동자의 16.8%가 활용하고 있었다. 2017년에 단 5.2%의 노동자만이 활용했다는 점에 비추어 거의 세 배 이상 증가한 것이다. 2021년 8월 말 자료를 유형별로 분석해본 결과, 재택 및 원격근무제 5.4%, 시차출퇴근제 5%, 탄력근로제 4.6%, 선택적 근로시간제 3.9%, 근로시간 단축제 1.7%, 기타 1.5%로, 비교적 고르게 활용하고 있는 것으로 나타났다. 그러나 사업체 규모별로는 큰 편차를 보여서 300인 이상 사업체 노동자의 42.6%, 100~299인 사업체 노동자의 28.4%, 30~99인 사업체 노동자의 22.6%, 10~29인 사업체 노동자의 15.2%, 5~9인 사업체 노동자 중에서는 단 1.6%만이 유연근무제를 활용한 것으로 나타났다. 남성 노동자 중에서는 18.2%, 여성 노동자 중에서는 15.2%가 사용해 여성보다는 남성이 더 많이 사용하고 있었다. 또한 정규직, 유노조기업 노동자, 관리직, 사무전문직 등 상대적으로 고용조건이 좋은 노동자의 활용도가 높았다(정경은, 2022).

이처럼 한국의 노동자에게 유연근무제는 아직 보편적으로 적용되고 있지 못하다. 이는 우리의 기업이 소수의 핵심 인력만을 남겨 최대한 장시간 노동에 종사하도록 하고, 주변적인 업무는 비정규직화하거나 외주화해 충분한 수량적 유연성을 확보했기 때문으로 여겨진다. 따라서 앞으로는 유연근무제의 내용을 노동자의 입장에서 적극적으로 재정의해 유연하면서도 안정적이며 좋은, 새로운 형태의 일자리의 가능성을 열어갈 준비를 해야 한다. 유럽의 한 노동법 학자는 노동법의 미래를 논하면서 '노동시간'에서 '노동자의 시간'으로 발상의 전환을 촉구한 바 있다(Supiot, 2001). 노동시간이나 노동이 이루어지는 장소는 그것을 실제로 수행하는 노동자와 분리해서 생각해서는 안 된다. 노동자의 충만한 생애를 위한 시간이나 장소가 어떻게 구성되며 또 보호되어야 하는가를 생각할 때, 우리는 비로소 육아와 양육 등 돌봄노동, 자기 개발을 위한 재교육과 훈련, 자원봉사와 시민자치활동 등 사회적 활동을 유연하게 일과 조화시키면서도 노동시장에서의 적절한 보호와 보편적 사회권의 침해에 대한 우려를 불식시킬 수 있는 진정한 '유연근무제'의 시대를 맞이하게 될 것이다.

2. 성평등한 육아휴직제도

1) 성평등한 육아휴직제도의 조건: 서구의 경험을 중심으로

일과 생활의 균형은 그 자체로 한 사회가 추구해야 할 중요한 목표이지만, 사회의 다른 목표들과도 양립되어야 하며, 더 나아가 다른 목표의 성공에도 도움이 되는 방식으로 진행되는 것이 바람직할 수 있다. 다양한 성별 분업이 돌봄, 일과 생활의 균형, 젠더 관계에 미치는 영향을 살펴보면서, 고닉과 메이어스(Gornick and Meyers, 2008)는 일과 생활의 균형은 부모가 자녀와 함께하는 시간을 충분히 보장하는 것과 노동시장에서의 성평등이라는 다른 목표와 조화를 이루며 추구되어야 한다고 주장한다.

〈표 8-1〉에서 살펴볼 수 있듯이, 전통적인 가정은 남성이 생계부양자가 되고 여성이 가사와 육아를 전담하는 곳으로, 이 모델은 2차 세계대전 이후 발전된 선진국을 중심으로 여성이 노동시장에 본격적으로 진출하면서 갈등을 유발하게 된다. 부모가 전반적으로 시간이 부족해지면서 아동을

〈표 8-1〉 성별 분업유형이 돌봄, 일-생활 균형, 젠더관계에 미치는 영향

	남성 생계부양자/여성 돌봄자	보편적 생계부양자/여성 부분적 돌봄자	보편적 생계부양자/국가 돌봄 혹은 시장 돌봄	보편적 생계부양자/보편적 돌봄자
자녀돌봄시간	강조됨	강조됨	-	강조됨
일-생활 균형	-	강조됨	강조됨	강조됨
노동시장 성평등	-	-	강조됨	강조됨
국가 사례	-	영국 및 네덜란드	사회주의 국가/미국	북유럽 국가

자료: Gornick and Meyers, 2008, p.321 Figure 1 일부 수정 및 국가 사례 추가.

돌볼 시간이 너무 감소한 것이다.

이미 사라져가고 있는 남성 생계부양자와 여성 돌봄자 모델은 여성은 물론 남성의 일-생활 균형에도 맞지 않는 유형으로, 여성의 노동시장 참여를 저해하기 때문에 노동시장에서의 성 불평등을 유지, 존속하는 경향이 있다. 보편적 생계부양자 모델이긴 하지만, 여성에게 시간제 노동을 유도함으로써 가정에서 부분적 돌봄노동을 병행해서 수행하도록 하게 되면 아동을 위한 돌봄 시간이 확보될 수는 있으나 노동시장에서의 성 불평등은 줄이지 못하게 된다. 보편적 생계부양자 모델을 유지하면서 돌봄을 국가나 시장으로 외주화하는 방법도 있다. 이 경우 여성이 돌봄으로부터 해방될 수는 있으나, 아동을 위한 돌봄 시간을 확보할 수 없게 되면서 돌봄의 가치는 점점 더 하락하게 된다. 국가든 시장이든 외주화된 돌봄노동에 종사하는 노동자는 압도적으로 여성이라는 점에서 여성의 저임금을 유발하고, 노동시장에서의 성평등도 결국은 훼손될 수 있다. 이처럼 돌봄을 국가든 시장이든 외주화하는 모델의 가장 큰 문제점은 노동시장과 가족에서의 남성의 전통적 역할의 변화를 도모할 수 없다는 것이다(Gornick and Meyers, 2008).

일-생활 균형과 함께 충분한 자녀 돌봄 시간, 그리고 노동시장에서의 성평등까지 모두 이룰 수 있는 성별 분업의 유형은 남녀가 동시에 보편적 생계부양자와 돌봄자가 되는 모델이 유일하다. 고닉과 메이어스(Gornick and Meyers, 2008)는 노르웨이, 스웨덴, 덴마크, 핀란드, 벨기에, 프랑스 등 여섯 유럽 국가에 대한 분석에 기반해 이런 모델을 가능하게 하는 특성으로 일하는 부모가 출산 및 육아를 위해 휴직할 수 있는 권리, 노동시간을 단축하기 위한 규제, 양질의 보육서비스 제공 등을 강조한다. 이 중에서도 육아휴직은 노동자가 어린 자녀를 일정 기간 양육한 후 다시 직장으로 복귀할 수 있도록 지원하는 것으로, 전 생애 과정 내에서 일과 생활의 균형을 이루게 할 수 있는 중요한 제도이다. 그들이 조사한 유럽 국가들이 공유하는 정책적 특성은 소득대체율이 80~100%에 이르는 법으로 보장된 육아휴직제도, 성평등을 촉진하기 위한 남성의 육아휴직에 대한 추가적인 장려 정책, 육아휴직으로 인한 사용자의 부담을 덜어주기 위한 사회보험 원칙에 의한 지원 등이다.[1] 사용자와 노동자 모두 공동으로 기여하며, 필요할 경우 조세에 의한 지원도 제공된다. 이들 국가의 평균 노동시간은 35~39시간이었으며, 4~5주의 유급휴가를 법적으로 보장해주고 있었다. 또한 파트타임 일자리의 질을 높이기 위해 차별 없는 보수와 함께 전일제 노동자에게 시간제로 전환할 수 있는 권리도 부여한다.

여성에게만 배타적으로 주어지는 육아휴직 등 가족을 위한 휴직제도는 성평등을 지연시키는 대표적인 제도이다. 성평등한 육아휴직제도가 필요한 이유는 육아휴직의 기회가 여성에게만 주어지면 사용자가 남성에 비해 돌봄 부담이 더 많은 여성을 차별하는 것을 합리화할 수 있기 때문이다. 현실의 노동시장에서는 아직도 고용 기회가 불평등하며, 성별 임금격차를 낳는 차별적 관행이 남아 있다. 이는 소비를 공동으로 하는 가족이 가계 소득 극대화를 위해 임금수준이 더 높은 남성이 더 장시간 유급 노동에 종사할 유인으로 작용하게 된다. 적절한 육아휴직제도와 공보육이 없다면 이러한 유인을 개인 차원에서 극복하기 매우 어렵다. 결국 여성이 더 많은 시간을 돌봄에 종사함에 따라 여성의 돌봄 역량이 남성보다 높아지게 되

1 사용자의 부담을 덜어주는 제도는 성평등한 효과를 얻기 위해 필수적이다. 예를 들어, 시장경제가 확산하면서 중국에서 여성에 대한 고용차별이 악화되고 있는 현실은 여성을 고용할 때 기업의 부담이 늘어나도록 기획된 출산 및 육아휴직제도로 설명이 가능하다. 현행 중국의 출산보험제도는 기업이 노동자 임금 총액의 일정 비율에 따라 납부하게 되어 있고 노동자는 납부의 의무가 없다. 출산휴가 시 임금을 기업이 부담하게 됨에 따라 기업은 의도적으로 여성의 고용과 승진을 기피하는 일이 자주 발생한다(호몽요 · 이주희, 2023).

는데, 이는 다시 성별 분업에 대한 일반적인 기대와 규범을 강화하는 악순환으로 이어지며 성평등으로의 변화를 가로막게 된다.

브릭하우스와 라이트(Brighouse and Wright, 2008)는 배우자의 미사용 휴가를 다른 배우자가 사용하지 못하게 하는, 고닉과 메이어스(Gornick and Meyers, 2008)에 의해 제안된 성별과 무관하게 개인별로 할당된 육아휴직제도가 성평등을 촉진하는 제도로 인정하지만, 고착화된 성별 역할 분담을 개선하기 위해서는 여성이 사용할 수 있는 육아휴직 기간을 남성 배우자가 사용한 육아휴직 기간을 일치시키는 더 급진적인 육아휴직제도가 필요하다고 주장한다. 그것은 여성이 출산에서 회복하기 위해 1개월의 유급 휴직을 받은 이후, 한 가정의 어머니와 아버지가 모두 개인별로 최대 6개월까지 육아휴직을 똑같은 기간 동안 사용하게 하는 것이다. 이는 어머니의 유급 육아휴직을 보장하기 위해 아버지가 양육의 초반부에 집중적으로 참여해야 함을 의미하며, 부부가 총 13개월의 유급 육아휴직을 사용하게 됨을 의미한다. 저자들은 그들이 제안한 제도가 여성이 과도하게 부담하고 있는 돌봄을 이유로 여성을 통계적으로 일반화해 차별[2]하고자 하는 사용자의 욕구를 제거하기 위해 불가피한 제도라고 주장한다. 젠더 관계에 뿌리 깊게 내재한 불평등의 근원을 제거하기 위해서는 가정 내 돌봄 노동상의 성별 분업이 평등해져야 하기 때문이다. 물론, 현실적으로 받아들여지기에는 어려운 수준의 급진적인 제안이지만, 빠르게 성평등을 정착시키기 위해서는 가능한 한 많은 남성이 돌봄에 직접 참여할 수 있도록 고

2 완전한 정보가 없고, 또 정보를 얻기 위해 불가피하게 비용이 들어가는 상황에서 사용자는 해당 개인이 속한 인종이나 성별에 따른 통계적 일반화를 통해 교육과 경력 등 명백한 척도에서 얻어낼 수 있는 정보를 보완하려 하는데, 통계적 차별은 바로 이렇게 특정 소수자집단에 대한 스테레오 타입에 의존하고 또 이를 재생산해내는 과정에서 발생하게 된다.

안된 정책이 필요하다는 점을 설득력 있게 제시하고 있다.

2) 한국 육아휴직제도의 현황 및 문제점: 스웨덴과의 비교

한국의 육아휴직제도는 일과 가정의 양립을 지원하기 위해 1987년에 제정되었다. 신설 당시에는 여성만이 대상자였지만 1995년부터는 남성도 사용할 수 있게 되었다. 2001년부터는 무급 휴직으로 실효성이 없었던 제도의 한계를 극복하기 위해 육아휴직급여 20만 원을 지급하기 시작했다. 그 이후 급여액이 꾸준히 증가하다가 2011년부터는 정액제가 정률제로 바뀌어 하한 50만 원, 상한 100만 원 안에서 통상임금의 40%까지 지급할 수 있도록 했다. 2010년대 이후에 일어난 가장 중요한 변화는 남성의 육아휴직 사용을 증진하기 위한 제도가 도입되기 시작했다는 것이다. 2014년부터 부모가 순차적으로 육아휴직제도를 이용할 수 있는 아빠 육아휴직 보너스제가 도입되었는데, 이 제도는 동일 자녀에 대해 두 번째로 사용하는 대상자, 즉 주로 남성이 여성에 이어 육아휴직을 사용할 경우, 첫 1개월 육아휴직 급여를 일정한 상한액 내에서 통상임금의 100%까지 지급하는 제도이다. 2016년에는 급여 인상 지급 적용 개월이 1개월에서 3개월로 늘어났다. 남성의 사용률을 높이기 위해 육아휴직 급여의 소득대체율을 높이는 것이 중요했기 때문에 도입된 제도는 맞지만, 그 일정한 상한액이 150만 원 수준이라 제대로 기능하기는 어려웠다. 육아휴직의 대상자도 도입 초기의 만 1세 미만에서 2004년 만 3세 미만, 2010년 만 6세 미만 자녀를 둔 노동자로 확대되다가, 2014년에는 만 8세 이하 또는 초등학교 2학년 이하의 자녀를 둔 노동자도 사용할 수 있게 되었다(곽은혜 · 김민희, 2023).

한국의 육아휴직제도는 출산율이 2024년 0.7명대로 하락하면서 2025

년부터는 그 혜택이 더욱 확대되었다. 육아휴직급여는 육아휴직 개시일 기준 통상임금의 100%를 첫 6개월, 그리고 80%를 나머지 6개월간 지급하는데, 상한액은 첫 3개월간은 월 최대 250만 원, 그다음 3개월은 200만 원, 나머지 6개월은 160만 원으로 책정되었다. 또한 육아휴직 급여의 25%를 복직 후 6개월 이상 근무하면 받을 수 있던 사후 지급 방식이 폐지되어 급여를 휴직 중 모두 받을 수 있게 되었다. 또한 2024년까지는 육아휴직을 최대 1년까지 사용할 수 있었지만, 2025년부터는 생후 18개월 이내의 자녀를 둔 부모가 3개월 이상 동시, 혹은 순차적으로 육아휴직을 사용할 때 최대 1년 반, 즉 부부 합산 3년까지 필요에 따라 4번에 나누어 사용하는 것이 가능해졌다. 이러한 특례제도의 급여는 일반 육아휴직제도보다 높아 첫 6개월간 상한액이 250만 원에서 450만 원까지 점차 증가한다. 7개월 이후의 급여는 일반제도와 동일하다. 배우자 출산휴가는 10일에서 20일로 늘어났고, 육아기 근로시간 단축 대상자도 8세에서 12세까지의 자녀를 둔 노동자로 확대되었다(고용노동부, 2024).

2010년대부터 이어져온 제도 개선이 남성 육아휴직 확대에 초점이 맞추어진 것은 사실이지만, 이 시기에 실시된 연구는 제도의 목표가 제대로 달성되었는가에 대해 의문을 제기하고 있다. 남성 육아휴직에 미치는 조직문화의 영향을 살펴본 연구는 육아휴직을 사용한 남성 노동자가 여성 노동자와 유사하게 복직 후에 업무 배치, 승진이나 인사고과에서 부정적인 영향을 받았음을 보여준다(홍승아, 2018). 2010년대 중반 이후 육아휴직을 사용한 남성을 심층면접한 연구에 따르면, 대다수 참여자는 부부 모두 유급 노동에 참여하고 있었고, 아내의 소득은 대상자보다 더 많거나 비슷한 수준이었다. 연구 참여자 중 상당수는 휴직 종료 후에는 자녀 돌봄을 병행하지 못했고, 업무 복귀 후 인사고과에서 불리한 평가를 받는 경우가 많았다. 돌봄의 경험이 보편적 돌봄자로서의 정체성 재구성을 이어지지 못했다는 점에서 이 연구는 돌봄을 평등하게 나누는 새로운 남성성의 등장 가능성을 회의적으로 바라본다(정수빈 · 배은경, 2022).

한국 육아휴직제도의 더 근본적인 문제점은, 좋은 직장과 안정적인 지위에 있는 남녀 노동자의 육아휴직 사용을 확대하고 급여를 인상하는 과정에서 적용 대상이 전체 노동자에게로 확대되지 못했다는 점이다. 육아휴직 급여가 고용보험에서 지급되는 만큼, 제도의 혜택은 고용보험에 가입한 노동자로 제한되어 급증하고 있는 종속적 자영업자나 특수고용 노동자는 거의 혜택을 받을 수 없다. 성차도 존재한다. 남성 육아휴직자가 점차 증가하는 것은 사실이나, 2022년 기준 20~49세 고용보험 가입자 수에 대비해 비교하면 여성은 남성보다 3배 이상 더 많이 육아휴직을 사용했으며, 이런 격차는 기업 규모가 적은 곳에서 가장 커서, 30인 미만 기업에 종사하는 남성 노동자의 육아휴직 사용자는 여성 육아휴직 사용자의 20%에 불과했다. 전반적으로 육아휴직은 대기업일수록 더 쉽게 사용할 수 있었던 반면, 소규모 기업은 성별과 크게 상관없이 육아휴직 사용이 어려웠다. 그리고 출산 후 여성과 남성의 노동 공급 및 소득 격차가 크게 증가하는 등 여성에게 부정적인 결과가 나타나서, 성평등한 육아휴직제도가 정착했다고 보기 어렵다. 남성 육아휴직 사용자가 적을수록, 여성 사용자에게 미치는 부정적 인식이 커질 수 있다(곽은혜 · 김민희, 2023).

〈표 8-2〉에 나타난 스웨덴 육아휴직제도와의 비교를 통해 한국 육아휴직제도가 가진 문제의 원인을 면밀하게 살펴볼 수 있다. 스웨덴에서 한국처럼 육아휴직이 대기업 종사자에게 한정되어 사용되지 않는 이유는 대다수 노동자가 조직화되어 있어 사용자의 육아휴직 제공 거부를 노동조합이 용납하지 않기 때문이다. 2019년 스웨덴의 한 소도시에서 남성 육아휴직 참여자를 면담한 강수돌(2020)의 연구에 인용된 한 사례에는 작은 민간기업에서 육아휴직 사용을 승인하지 않던 한 관리자가 나오는데, 그는

〈표 8-2〉 한국 육아휴직제도의 문제점: 스웨덴과의 비교

	스웨덴	한국
적용대상	보편적 적용	중소영세업체, 비정규직, 특수고용직, 프리랜서, 플랫폼 노동자에는 제한적 적용
휴직 기간	총 480일(남녀 각 240일, 이 중 90일은 양도 불가능)	2년: 육아휴직 사용 가능한 소수 정규직에 모든 혜택 집중(맞돌봄 시 육아휴직 기간 3년으로 연장)
보상수준	휴직 기간 중 390일은 출산 전 임금의 80% 보장, 나머지 90일은 고정된 일일수당 지급	월 상한금액 존재
관련 휴직제도	관대한 유급 자녀질병간호휴직제도(120일, 급여의 80% 지급)	없음

LO(스웨덴 노동조합 총연맹) 산하 금속노조 조합원의 자격으로 사례자가 노조에 이를 알리자 즉시 육아휴직 사용을 허용해주었다. 스웨덴의 육아휴직제도는 1974년 도입되어 여러 차례 개정을 거쳤다. 가장 중요한 변화는 1995년에 만 12세 이하 아동의 부모가 사용 가능한 육아휴직 480일 중 남녀 각각에 양도 불가능한 30일을 적용했다는 점이다. 이 제도의 긍정적 효과를 확인한 스웨덴 정부는 양도 불가능한 기간을 2002년에는 60일, 2016년에는 90일까지 확대했다. 또한 제도상 보장되는 금액은 통상임금의 80%이지만, 단체협약에 따라 회사에서 추가 보전을 받는 경우 임금의 90%에 해당하는 급여를 받을 수도 있다. 더 중요한 특성은 스웨덴에서는 육아휴직에 들어가는 직원이 있으면 즉시 대체 인력을 써야 하므로, 육아휴직을 쓰는 동료에 대한 불만이나 불평이 있을 수 없다는 점이다(강수돌, 2020).

이러한 스웨덴의 사례는 한국의 육아휴직제도가 나아갈 방향에 의미 있는 시사점을 제공한다. 무엇보다도, 모든 일하는 국민에 대한 보편적인

육아휴직 지원이 이미 육아휴직을 사용할 수 있는 대기업의 안정된 정규직에게 주는 혜택과 육아휴직 기간 확대보다 우선시되어야 한다. 고용보험에 가입할 수 있는 노동인구가 제한된다는 점에서 조세에 기반한 지원이 필요할 수 있다. 스웨덴에서조차 부모 합산 480일밖에 사용하지 않는데, 한국의 육아휴직 기간은 부모 합산 700일이 넘는다. 물론 남성의 사용률이 저조하고, 적용이 제외되는 노동인구가 너무 많아 실제로 이를 사용할 수 있지도 못하다. 실제로 너무 긴 육아휴직 기간은, 특히 이를 여성이 중점적으로 사용할 때 여성의 경력 개발에 장애가 된다. 조세 기반한 제도가 현재 적용 제외된 노동인구에 제공될 경우, 육아휴직 기간은 스웨덴 수준으로 단축해도 무방하며, 초기 6개월은 상한 없이 통상임금의 100%를 지급하되, 남은 2개월은 최소한도의 수당만 지급해 남녀 모두 6개월씩 육아휴직을 사용할 유인을 제공해야 한다. 또한 스웨덴에 있는 관대한 유급 자녀질병간호휴직제도도 마련할 필요가 있다.

3. 돌봄의 외주화: 한계와 문제점

외환위기를 겪으며 한국 기업은 인력을 비정규직화하기 시작했다. 「비정규직 보호법」으로 정규직 전환 의무가 발생한 이후부터는 더 나아가 본격적으로 인력을 외주화하는 편법을 활용했고, 이는 종종 하청 노동자를 산업재해와 사망으로 이끈 위험의 외주화로 이어지기도 했다. 이런 전례를 볼 때, 저출생 현상이 악화되는 최근 한국의 현실에 맞추어 돌봄서비스에 외국인 노동자를 활용하자는 정책이 본격적으로 논의되기 시작한 것은 어쩌면 당연한 수순으로 여겨지기도 한다.

2023년부터 이 제도의 도입을 가장 먼저 주장하고, 필리핀 가사관리사

사업을 추진했던 서울시는 제도 도입의 사유로 저출생과 여성 경제활동 참가율을 언급했고, 주무 부처인 고용노동부는 맞벌이 부모의 가사와 돌봄 부담 경감을 위해 필요하다는 의견을 제시했다. 그러나 이미 이런 제도를 사용했던 싱가포르와 홍콩 등의 국가에서 외국인 노동자의 활용이 출생률 제고나 여성 경제활동 참가율 제고에는 효과가 없다는 것이 증명되었다. 아마도 돌봄을 이런 식으로 손쉽게 타국의 여성에게 떠넘기겠다는 정부의 태도 자체가 본질적인 문제를 해결하지 못하기 때문에 효과가 없는 것일 수도 있다. 또한 맞벌이 부부에는 여러 유형이 있다. 그중 월 200만 원 이상을 지불하고 외국인 가사도우미를 고용할 수 있는 부부는 상대적으로 상황이 나은 유형에 속한다. 정부는 시범 서비스 제공기관에 사업 준비를 위한 초기 운영비까지 일부 지원할 계획임을 모집 공고를 통해 밝히기도 했다. 국민의 세금을 이처럼 중산층 이상의 제한된 인구집단을 위해 선별적으로 사용하는 것은 보편적 복지국가의 발전을 저해할 수 있다.

무엇보다도, 이 제도는 윤리적으로 바람직하지 않다. 에렌레이히와 혹실드(Ehrenreich and Hochschild, 2023)는 그들의 저서, 『글로벌 우먼(*Global Woman*)』에서 발전 중인 국가에서 온 외국인 보모는 아주 공적인 문제에 대한 사적인 해결책일 뿐으로, 돌봄의 가치를 더욱 낮추고, 이주 노동자가 가족 간 유대를 유지하고 살 권리를 훼손하는, 즉 몇몇은 선진국의 외국인 보모가 되기 위해 자신의 아이를 더 어려운 국가에서 온 보모에게까지 맡기는 그런 일들이 벌어지고 있음을 지적한 바 있다. 마치 전통적인 남녀 관계에서 남성이 여성을 착취한 것처럼, 이제 선진국 가족이 개발도상국의 여성을 착취하는 그런 구조가 형성되는 것이다. 이런 취약한 지위의 외국인 노동자가 사업장 변경에 제한이 있는 E-9 비자로 한국에 온다면, 각종 차별과 학대 등 인권 침해에 무방비로 노출될 위험이 크다.

이런 국제적인 노동력 이동은 또한 내국인 노동자의 일자리를 없애고,

이에 종사하는 노동자의 임금과 근로조건을 낮추는 실질적이고 치명적인 결과를 가져올 수 있다. 가사노동과 육아는 여성이 '자발적으로 기꺼이 할 수도 있는 일'이라는 왜곡된 가정 아래 그 가치가 항상 저평가되어온 일이다. 가사노동자에게 최소한도의 근로기준이 적용되도록 한 「가사노동자법」이 시행된 지 겨우 1년 남짓 지났을 뿐이다. 외국인 가사노동자의 유입은 돌봄노동의 저가치화(devaluation) 현상을 더욱 악화하고, 일자리의 질을 하락시켜 생계를 위해 괜찮은 일자리를 찾는 내국인 노동자의 유입을 막을 수 있다. 그렇게 되면 더 많은 외국인 가사노동자가 필요하게 되는 악순환이 계속된다. 지금은 외국인 가사노동자가 이런 최소한도의 기준마저 벗어난 채 일할 수 있는 방도를 연구할 시기가 아니라, 이용자 가족의 책무를 명시하는 등, 내국인 일자리를 위한 이 법의 내용을 보완, 발전시킬 때이다.

외국인 가사노동자 도입은 유급 노동을 과대평가한 기존의 가치를 그대로 답습하는, 기존의 저출생을 발생시킨 구조를 그대로 강화하는 정책이다. 자본주의 사회에서 무보수로 가정 내 돌봄노동을 하게 되면 시장 소득을 얻을 수 없고, 유급 노동에 종사한다 해도 그 소득은 감소한다. 얼마나 소득과 재산을 늘리는가의 관점으로 한 사람의 노동의 가치를 평가한 탓에, 우리 생활의 질을 높이고 공동체의 장기적인 발전에 기여하는 여러 다른 형태의 노동, 즉 돌봄노동과 자원봉사, 지역사회운동 등의 가치는 항상 저평가되어왔다. 외국인 가사노동자에게 지급할 돈을 벌기 위해서라도 한 가구의 남녀 모두 더 장시간 일할 유인이 강화되고, 돌봄은—돈을 번다는 더 가치 있는 일을 하기 위해—아무리 200만 원이라도 최저임금에 불과한 저임금을 주는 다른 노동자에게 맡겨버릴 수도 있는 그런 일로 더욱 더 평가절하될 수 있다.

정부가 저출산과 맞벌이 가구의 지원에 관심이 있다면 돌봄과 공동체를 위한 활동보다 유급 노동에 쓰이는 시간의 가치가 늘 필요 이상으로 과대평가되어 온 현재의 지형을 바꿔야 하며, 그러기 위해서는 복지국가의 패러다임 자체가 변해야 한다. 이미 앞 장에서 살펴본 바와 같이, 저출생의 원인은 복합적이지만 일과 생활의 균형을 이루지 못하게 하는 장시간 노동도 핵심적인 원인 중 하나이다. 조직이 장시간 노동을 선호하면, 가사와 육아의 부담을 더 지고 있는 여성은 승진하기 어렵거나 심지어 경력 단절이 되기 쉽다. 만일 경력 단절이 된다면 남성보다 훨씬 덜 일하는 불안정한 시간제 일자리밖에 재취업할 기회를 얻지 못할 수도 있다. 이런 상황이 발생하는 것을 막기 위해 여성은 자녀를 낳지 않을 가능성이 커진다. 남성 생계부양자 모델을 보편적 생계부양자 및 돌봄자 모델로 전면 개편하고 남성과 여성 모두 일과 돌봄을 병행할 수 있게 하려면 노동시간 단축이 필수적이다.

물론 고소득을 올리는 맞벌이 전문직, 관리직 부부의 경우는 외국인 가사노동자를 고용해 여성이 좀 더 용이하게 일하게 될 수도 있다. 그럼에도 외국인 가사노동자 도입이 남성 생계부양자 모델의 전면적인 개편이 아닌 이유는, 이미 언급한 대로 외국인 가사노동자를 고용할 수 있을 만큼 경제적인 여유가 있는 가구가 극히 제한적이기 때문이다. 사회 전체적으로는 그렇지 못하겠지만, 소수의 고소득 혹은 고학력 여성만이 일할 수 있는 자유를 얻게 되는 것이다. 이 소수의 고소득, 고학력 여성이 속한 가구조차 남성 생계부양자 모델이 깨졌다고 보기는 어렵다. 아무리 외국인 가사노동자가 있어도 가사와 양육의 주된 책임자는 여성이라는 관념 자체가 사라지지는 않을 터이므로 여성이 남성보다 조금이라도 더 많은 시간을 여기에 쏟게 될 것이기 때문이다.

따라서 외국인 가사노동자의 도입은 국가가 책임져야 할 돌봄서비스를 시장에 맡기고 지불능력이 있는 소수 가정에만 혜택(장기적으로는 혜택이라

볼 수 없을지도 모르지만)을 주는 무책임하고 근시안적인 정책일 수 있다. 대다수 다른 가정은—똑같은 시민이라도—이런 제도의 혜택을 받을 수 없다. 성평등한 복지국가로의 패러다임 전환은 성별과 무관하게 모든 시민이 일과 돌봄을 병행할 수 있도록, 남성의 돌볼 수 있는 자유와 여성의 일할 수 있는 자유를 동시에 제고해야 한다. 그런 면에서 질 높은 공보육 시설을 확대해 가정 내 모든 여성이 과다하게 지고 있는 육아 부담을 덜어주는 것이 정책의 최우선 순위에 놓여야 한다. 질 높은 보육을 위해서는 그만큼 이에 종사하는 노동자에게 지불하는 임금과 처우가 개선되어야 한다. 이와 더불어, 여성은 물론 남성에게도 유급 돌봄 휴직의 기회가 제공되고 실제로 남성이 조직 내에서 제약 없이 쓸 수 있어야 한다. 이런 맥락에서, 충분한 공보육 서비스와 함께 도입된다면, 기본소득과 같은 제도도 도움이 될 수 있다. 남성에게는 유급 노동시간을 줄이고 가정에서의 돌봄을 택하게 할 수 있고, 여성에게는 소득이 없거나 적은 여성의 가정 내 교섭권을 높여 유급 노동과 돌봄 사이의 선택의 자유를 확장할 수 있기 때문이다.

돌봄의 외주화, 특히 외국인 노동자를 통한 외주화는 정부가 아이를 돌보고 일하는 여성과 남성을 지원하는 책임을 방기하는 것이다. 장시간 노동의 관행을 깨고, 복지국가의 패러다임을 성평등하게 바꾸는 꼭 필요한 기획을 하는 것보다 외국인 가사노동자 제도를 도입하는 것이 훨씬 쉬운 일이기 때문이다. 그러나 이 제도는 우리 사회가 나아갈 방향에 완전히 역행한다.

9장

차별 극복을 위한 적극적 조치와 다양성 관리

1. 젠더화된 조직에서의 간접 차별

1) 젠더화된 조직에서의 성과 평가

우리 사회의 조직은 돌봄을 부분적으로 국가나 시장과 나누고, 주로 남성이 생계부양자 역할을 하는 모델에 기초해 운용된다. 이런 보편적 생계부양자 모델이 여성의 유급 노동을 가능케 하는 것은 사실이지만, 이미 살펴본 바와 같이 유급 시장노동과 무급 돌봄노동에 투입하는 남녀 간의 큰 시간 격차의 문제를 극복하기 어려운 문제를 안고 있다(Lewis, 2009). 이러한 한계를 인식한 학자들은 고용과 돌봄 양 차원에서 여성과 남성의 평등을 추구하는 보편적 생계부양자/보편적 돌봄자, 혹은 시민-노동자-돌봄인(citizen-worker-carer) 모델을 가장 유토피아적인 해결책으로 제안한다(Fraser, 1994; Lister, 2002). 이 모델을 정착시키기 위해서는 이미 살펴보았던 남성의 돌봄을 가능하게 하는 휴직제도 외에도, 여성의 조직 내 평등을 확보할 수 있는 제도가 필수적으로 수반되어야만 한다. 왜냐하면 적절한 제도의 개입 없이는 여성은 적은 임금을 주는 낮은 직급에 집중되게 되는데, 이런 상태는 가정에서 여성의 교섭력을 약화해 돌봄노동을 평등하게 나누지 못하게 만들며, 이는 다시 여성의 조직 내 지위와 임금을 낮추는 악순환을 유발하기 때문이다.

현대의 조직에서 문제가 되는 것은 고용상의 반차별 법제의 도입에 따라 개선된 직접 차별보다는 표면적으로는 중립적인 관행이나 제도가 성별, 인종, 연령 등 특정 소수자집단에 불리한 영향을 미치는 간접 차별이다. 물론 한국에서도 「남녀고용평등법」의 개정으로 2007년부터 간접 차별의 개념이 도입되기는 했으나 아직 대다수 조직에서 이러한 개념을 이해하고 시정하는 단계에까지는 이르지 못했다. 특히 차별적 관행이 조직문화와 운영 체제 모두에 각인된 젠더화된 조직(Acker, 1990)에서는 간접 차별을 식별해내기조차 어려운 상황이다. 조직은 간접 차별을 은폐하는 젠더화된 장소로, 성별은 아직도 조직 구성의 기본 원칙으로 작동하며 직무평가가 성별에 따라 다르게 이루어진다(Williams, 2012). 실제로, 조직 내 여성에 대한 차별은 미묘하게 진화해왔다. 소수자의 고위직 진출을 비가시적으로 막는 유리천장(Glass Ceiling)을 어느 정도 극복한 선진국에서는 소수자가 실패 가능성이 높은 상황, 즉 기업 실적이 악화할 때 유독 더 최고경영자 지위에 오르는 '유리절벽(Glass Cliff)' 현상에 주목한 바 있다. 이미 어려운 상황이었으므로 여성 최고경영자는 제대로 된 성과를 내기 힘들며, 그래서 실패하면 여성 리더십에 대한 폄하로 이어진다. 이런 현상의 원인에 대한 평가는 복합적이다. 여성이 남성보다 위기관리에 더 적합하다는 판단 때문이라는 의견도 제기될 수 있지만, 유능한 남성이 위험한 상황에 놓이는 것을 막으려는 조직에서의 성차별이라는 해석도 가능하다.

남성에게는 그다지 좋지 않은 기회라 하더라도, 워낙 기회가 제한된 여성에게는 그런 기회나마 주어지는 것이 주어지지 않는 것보다는 나은 일이라는 것이다. 이는 노골적인 성차별은 아니지만 여성에게 평등해질 기회를 제한한다는 점에서 시정이 필요하다(Ryan and Haslam, 2007).

능력주의에 기반한 현대 조직의 직무평가는 외견상 엄격한 중립성을 표방하기 때문에 성별화된 결과를 보여주는 것이 쉽지는 않다. 하지만 그런 만큼 조직의 블랙박스를 열어 이 과정을 탐구하는 작업은 젠더화된 조직에서의 공정한 평가를 가능케 하는 기초 작업으로서의 중요성을 지닌다. 조직의 관료적 절차가 아무리 세밀하게 마련되어도, 애매한 조직적 상황에 놓였을 때 젠더 프레임이 활용되어 편향(bias)을 발생시키게 되며, 투명성이 부족한 조직에서 이런 편향은 더욱 커지기 때문이다. 코렐 등(Correll et al., 2020)은 『포춘(Fortune)』지 선정 미국 500대 기업에 속하는 실리콘 밸리의 한 기술회사에서의 성과 평가 데이터 분석에서 형식적으로는 공정한 평가 절차도 성별 편향이 개입될 가능성이 있음을 잘 보여준 바 있다. 저자들이 분석한 것은 여성 80명이 포함된 208명의 기술직 직원에 대한 관리자의 서면 평가 내용으로, 평가 문장에서 사용된 언어를 분류해 성별에 따라 어떤 언어가 사용되었으며, 그것이 평가에 어떤 영향을 미쳤는가이다. 분석을 통해 저자들은 여성은 공동체적이거나 협조적이라는 언어로 묘사되는 한편, 남성에게는 탁월하다거나 천재적이라는 표현이 더 많이 사용되었다는 점을 밝혔다. 주도적이라는 평가는 여성과 남성에게 유사하게 나타났으나, 성과 평가에서는 이러한 기여가 서로 다른 영향을 미쳤다. 남성이 주도적인 리더십을 발휘하면 긍정적으로 인정되지만, 같은 평가를 받은 여성에게는 남성만큼 높은 점수가 주어지지 않았다. 여성의 협력적이거나 배려적인 태도는 긍정적인 평가는 받지만, 승진에 도움이 될 만큼의 높은 점수를 받는 데는 한계가 있었다. 즉, 여성은 같은 수준의 리더십을 발휘해도 그러한 평가가 승진과 보상으로 연결되지는 않았다는 것이다. 이는 여성의 경력 발전을 방해하는 중요한 요인으로 작용할 수 있으며, 성별 임금격차 등 시정하기 어려운 구조적 차별을 발생시키는데, 이는 적극적 조치와 같은 외부적 자극과 개입에 의해서만 시정될 수 있다.

2) 간접 차별과 성별 임금격차

OECD 국가의 성별 임금격차는 남성 중위임금 대비 여성 중위임금의 차이를 남성 중위임금으로 나눈 비율로 구해진다. 대체로 이 중위임금의 기준은 전일제 노동자의 총 임금이다. 따라서 불안정한 저임금 시간제 노동자 중 여성이 더 많다는 것을 점을 고려한다면 보수적으로 측정된 수치일 수 있다. 〈그림 9-1〉에서 살펴볼 수 있듯이, 2023년 기준 한국의 성별 임금격차는 OECD 국가 중 가장 큰 차이를 보여준다. OECD 평균은 11.9%, 즉 여성의 임금이 남성 중위임금의 약 88.1%이었는데 반해, 한국은 29.3%, 즉 남성 중위임금의 70.7%에 불과했다. 상당수의 선진국, 즉 이탈리아, 노르웨이, 뉴질랜드 등에서 성별 임금격차가 5% 미만이라는 것과 비교한다면 한국의 상황은 매우 심각하다.

한국의 성별 임금격차와 관련된 최근 연구보고서(권혜원 외, 2024)에 따르면. 2023년 기준 저학력층에서의 성별 임금격차 감소 추세가 관찰되는 한편, 대졸 여성의 학력 가치 절하 현상이 두드러져서, 고졸 여성의 임금을 100으로 했을 때 대졸 이상 여성은 158, 남성 전문대졸은 178의 임금격차를 보였다. 같은 연구는 성별 임금격차가 정규직, 특히 300인 이상 대규모 기업에서 가장 크게 개선된 것으로 보고했는데, 대규모 기업에서의 간접고용 활용 비중이 더 높다는 점을 감안한다면 이는 착시 현상에 불과할 가능성이 있다. 실제로 비정규직의 성별 임금격차는 2015년 이후 오히

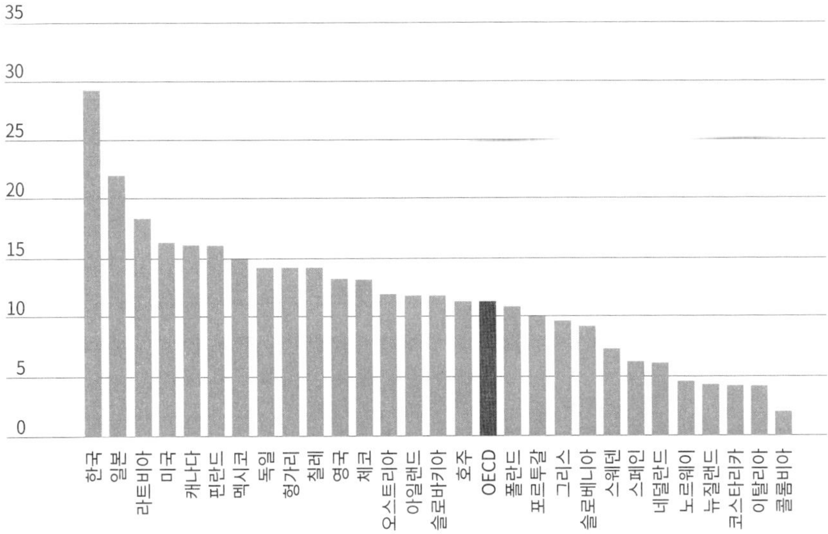

〈그림 9-1〉 OECD 국가의 성별 임금격차 (2023년)

자료: https://www.oecd.org/en/data/indicators/gender-wage-gap.html (2025년 4월 29일 접속)

려 심화되어 2023년 64% 수준으로 하락했다. 여성의 경우 특히 파견, 용역, 특수고용 등 더 불안정한 비정형 노동자가 급격히 증가했다. 산업별로는 보건업 및 사회복지 서비스업 등 여성 종사자의 비중이 높은 산업을 포함, 여성 고용이 집중된 서비스업에서 성별 임금격차가 더 큰 현상이 관찰되었다.

이 연구가 실시한 집단별 분해분석의 결과, 성별 임금격차는 관찰 가능한 인적자본 변수로 약 50% 정도밖에 설명되지 못했다. 차별의 혐의가 있는 설명되지 못한 격차가 여전히 50%를 넘었으며, 특히 청년층과 고학력층에서 설명되지 못한 격차가 더 높은 수준이었다. 설명되지 못한 성별 임금격차의 상당 부분은 차별을 행한다는 의도와 차별적 행위 자체에 대한 인식이 전혀 없어도 조직 내부에 자리 잡은 관행과 문화 그 자체가 문제가 되어 표면상 중립적인 기업의 정책이 차별적 효과를 낳게 되는 간접 차별에 기인한 것으로 추정된다. 적절한 시정 조치가 없다면, 기술의 급격한 발전으로 인해 한국의 성별 임금격차는 앞으로 더 심화될 우려가 있다. 20여 개 유럽 국가를 대상으로 2006년부터 2014년까지 로봇 사용과 관련된 성별 임금격차를 분석한 연구에 따르면, 여성 일자리가 더 자동화가 쉬운 루틴한 업무로 이루어진 만큼 10%의 로봇화 증가가 1.8%의 성별 임금격차를 발생시키는 것으로 나타났는데, 이러한 경향은 이미 성별 임금격차가 컸던 국가에서 더 두드러졌다(Acksoy et al., 2020).

성평등 수준이 높은 선진국에서는 성별 임금격차를 줄이기 위해 성별 임금공시제를 활용해왔다. 독일에서는 2017년 「남녀 임금 투명성 증진에 관한 법률」이 통과되어, 노동자의 임금과 관련된 개별적 정보청구권이 보장되었고, 200명 이상을 고용한 사용자는 임금 책정 기준과 절차, 정보를 요청한 노동자와 동일한 임금군에 속한 다른 성별 노동자의 임금 등과 관련된 정보 제공의 의무를 가지게 되었다. 500인 이상을 고용한 사용자는 이에 더해, 동일임금원칙 준수 여부에 대해 정기적으로 감사해야 하며, 남녀평등과 동일임금 조성을 위한 조치를 포함한 동일임금 관련 보고서도 작성해야 한다. 연방정부도 이 법의 효과에 대해 평가한 후 매 4년마다 결과를 공표해야 한다. 영국도 2017년부터 250명 이상 고용 민간 및 공공부문 사용자 모두에게 남녀의 평균 및 중위 임금과 상여금 등의 격차를 공시할 의무를 부여했다(진명구, 2020). 그러나 이 두 국가 모두 공시 결과에 따른 제재나 의무적인 개선 조치가 없어 개선을 이끌어낼 추진력은 부족한 것으로 평가된다.

프랑스는 이들 두 국가보다 상대적으로 늦은 2019년 성별임금공시제가 도입되었지만, 임금격차를 점수화한 체계적인 지수 공개 및 제재 체계의 확보를 통해 가장 강력한 개선 가능성을 가진다. 공시 의무 역시 직원

50명 이상의 기업에게 부과되어, 적용 범위 역시 가장 포괄적이다. 총점 100점을 기준으로 남녀 간 임금격차가 없으면 40점, 해당 연도에 같은 수준의 임금 인상 혜택을 받은 여성과 남성 노동자의 비율이 같으면 20점을 받게 된다. 해당 연도에 같은 수의 여성과 남성 노동자를 승진시키면 15점을 받을 수 있는데, 이 점수는 250인 이상 기업에만 해당하며, 이보다 소규모 기업의 경우 임금인상률 점수에 합산된다. 또 출산휴가로 복귀한 직원에게 급여 인상을 제공하면 15점을 받는다. 마지막으로, 상위 10명의 고액 연봉자 중 여성이 최소 4인 이상이 되면 10점을 받을 수 있다. 대상 기업이 3년 이후에도 75점에 미달하게 되면 총 임금의 1%에 달하는 재정적 처벌을 받을 수 있다(OECD, 2020).

한국의 경우 문재인 정부가 2018년까지 성평등 임금공시제를 시행할 것을 발표한 바 있지만, 공공기관에 한해 임금공시제를 시행할 수 있는 법적 근거가 「공공기관의 운영에 관한 법률」의 일부 개정을 통해 확보되었을 뿐, 민간기업과 관련된 여러 입법 노력은 성공적이지 못했고, 서울시 등 특정 지자체에서 제한적으로 실시되고 있을 뿐이다(이은주, 2020).

2. 적극적 조치의 한계와 가능성

1) 한국의 적극적 고용개선조치(AA)

적극적 조치는 역사적으로 차별을 받아온 소수자집단의 기회를 보장하기 위한 제도이다.[1] 특히 이 제도는 앞에서 살펴본 간접 차별의 시정에 효

1 한국에서도 공공부문에서의 성별 균형 채용 목표제, 공직선거법상의 여성 할당제 및 공

과적이다. 간접 차별을 증명하기 위해서는 (1) 장애 여부, 인종, 국적, 성별, 가족 상황 등 차별로부터 보호받아야 하는 집단에 속해야 하고, (2) 중립적인 고용 관행이 존재함을 보여준 후, (3) 그 중립적 관행이 본인이 속한 소수자집단에 불균등하게 더 부정적인 효과가 컸음을 증명해야 한다. 시간적, 재정적 제약하에 있는 피해자가 이러한 내용을 항상 증빙할 수는 없다. 적극적 조치는 간접 차별을 발생시키는 구조적 원인에 개입해 단순한 사후 구제를 넘어 사전적 예방과 실질적인 평등 실현을 가능하게 할 수 있다.

고용과 관련된 적극적 조치가 한국에 도입된 것은 노무현 정부 시기인 2006년으로, 정부 산하 및 투자기관, 종업원 1,000인 이상 민간기업을 대상으로 실시되었고, 2008년 500인 이상까지 확대되었다. 현재 적용 대상 조직에는 이에 더해 공공기관, 지방공사 및 지방공단, 상시 노동자 수 300인 이상 공시대상 기업 집단까지 포함된다.[2] 이미 1987년에 제정된 「남녀고용평등법」은 제2조 3항에서 "현존하는 차별을 해소하기 위해 국가, 지방자치단체, 또는 사업주가 잠정적으로 특정 성의 근로자를 우대하는 조치를 취하는 것은 이 법에서 말하는 차별로 보지 않는다"라는 규정이 있었지만, 이 적극적 고용개선조치제도(AA)의 도입[3] 이전까지는 유명무실한 조항이었다.

한국의 적극적 고용개선조치(AA)는 미국의 연방 계약준수제(Federal

무원 고위직 및 공공기관 임원 여성비율 확대 목표 설정, 장애인 의무고용제도, 국가유공자 및 고령자 등 취약계층 고용을 위한 적극적 조치 등이 도입되어 있다.

2 https://aa-net.or.kr/user/about/operatingprd (2025년 2월 7일 접속). 적극적 고용개선조치 홈페이지.

3 AA제도의 도입 이후 이 조항은 "'적극적 고용개선조치'란 현존하는 남녀 간의 고용차별을 없애거나 고용평등을 촉진하기 위해 잠정적으로 특정 성을 우대하는 조치를 말한다"로 수정되었다.

Contract Compliance Program)를 참고해 도입되었다(이주희 외, 2003). 계약준수제는 1941년 방위산업의 정부조달기업에 인종, 종교, 국적 등으로 인한 차별 금지를 요청하는 조항을 포함한 루스벨트 대통령의 행정명령 8802호로부터 시작되었고, 케네디 대통령 시기에는 모든 정부조달기업에 적극적 조치의 이행을 강제할 권한을 확립했다. 존슨 대통령은 1965년 행정명령 11246을 통해 계약준수제의 감독업무를 노동부로 이관해 계약준수국(the Office of Contract Compliance)을 설치하면서 전체적인 정책의 집행기관을 확고히 구축했다. 미국 연방정부와 일정 금액 이상의 계약을 체결한 사업자와 그 산하 사업장에서 여성과 유색인종, 소수민족 등에 대한 고용 기회를 확대하도록 요구하고, 해당 기업이 이러한 적극적 조치의 이행에 실패했을 때 계약된 자금의 지급을 보류하거나 계약을 취소하는 방식으로 제재하는 것이 계약준수제도의 핵심적인 내용이다. 여성 등 소수자집단이 단순히 특정 직무에 과소 대표되었다는 것 자체가 이들의 저활용을 직접적으로 의미하지는 않는다. 예를 들어, 여성 인력의 저활용은 '가용 가능성 분석(availablity analysis)'을 통해 판단되는데, 통근 가능한 지역에서 필요한 기술이나 기술을 갖춘 여성 등 소수자 인구에 대한 정보에 근거해 이루어진다. 만일 조달기업이 가용 가능한 인력의 80% 정도를 고용 혹은 승진시켰다면("80% 규칙 혹은 4/5 규칙") 인력을 어느 정도 올바르게 활용한 것으로 간주한다. 혹은 2 표준편차 이상 실제 고용한 인력과 가용 가능한 인력이 차이 난다면 인력을 "저활용(underutilization)"한 것으로 간주한다. 그 외에도 미국에서는 많은 통계적 기법을 통해 가용 가능 인력과 실제 고용 인력의 차이를 검토했다(U.S. Department of Labor, 1998).

미국의 제도를 참고해 유사하게 제안되었는데도 불구하고, 정부에 의해 도입된 AA제도는 계약준수제와는 다른 여러 정책적 특징을 보인다. AA제도는 대상기업의 여성 노동자 및 관리자 비율이 동종 업종 및 규모별 평균의 70%에 미치지 못할 때만 시행계획서와 이행실적 보고서를 제출하게 되어 있다. 여성 노동자 및 관리자 비율의 평균 자체가 이미 과거 차별의 결과를 담고 있을지도 모르는 현재의 시정 가능성을 제한하는, 지나치게 완화된 규제이다. 업종이 지나치게 세분된 상태에서, 동종 업종의 평균 자체가 바로 그 해당 업종의 차별적 관행으로 인해 여성 인력이 제대로 대표되지 못한 상태를 의미할 수 있다. 또한 이 동종 업종의 기업들이 유사하게 낮은 수준의 여성 인력만을 고용하고 있다면, 즉 이들의 평균이 거의 비슷해 표준편차가 거의 없다면, 동종 업종 내에 70%에 미달하는 기업 자체가 없을 우려도 존재한다. 평균이 유사하게 낮은 업종의 경우 대상 기업 전체의 여성 고용 상황이 전혀 개선되지 않을 수 있는 것이다. 더 큰 문제는 단지 여성의 고용률만 보고하도록 할 뿐, 한국 노동시장의 가장 큰 문제인 여성의 비정규직 고용과 관련된 세부 내용이 전혀 보고되지 않는다는 점이다. 여성의 고용률이 높다 해도 이들이 비정규직에 과대 대표되고 있다면 적극적 조치의 취지에 어긋나며, 이 제도의 실효성을 담보할 수 없다.

AA제도에서 사용되는 관리자의 개념이 모호하다는 점도 실질적인 개선을 가로막는 요인이다. 제출해야 하는 자료에 직급별 남녀 비율이 포함되어 있지만,[4] 조직마다 직급 체계가 다른 만큼 업무지위 및 감독권, 인사고과권, 결재권의 유무로 관리자 여부를 판단한다. 관리직 비율을 높이기 위해 기존에는 관리직으로 포함되지 않는 직무의 일부를 관리자의 업무로 만드는 경우도 가능한데, 특히 단기간에 여성 관리자의 수가 많이 늘어난 경우는 대부분 이러한 작업에 의해 그렇게 된 것이라 여겨진다. 이들의 임금이나 처우가 이전과 거의 달라지지 않는 경우 이 역시 여성 고용의 양과

4 1직급은 대표이사를 제외한 임원급 이상, 2직급은 과장급 이상, 3직급은 과장급 미만이다.

질의 변화를 정확히 파악하는 데 큰 장애로 작용한다. 특정 기업의 여성 관리자 비율을 해당 기업의 여성 고용률과 상호 연관해서 평가하는 대신, 동종 업종 평균이라는 기준에 의해 평가하는 것도 심각한 제도적 맹점이다. 여성 관리자의 비율이 평균적으로 워낙 낮다 보니, 여성 고용률이 높은 기업에서 그에 현저히 미치지 못하는 여성 관리자 비율을 가지고 있다 하더라도 동종 업종 유사 규모 기업 평균 관리자 비율의 70%만 넘게 되면 관리자 비율을 개선할 필요가 없어지게 된다.

제도적으로 가장 미국과 다른 점은 AA제도를 이행하지 않더라도 실질적인 제재 수단이 없다는 것이다. 이는 한국의 AA제도가 고용상의 성평등을 개선하지 못하게 만드는 가장 중요한 원인이기도 하다. 이 제도가 제안되었을 당시에는 정부 조달 계약상의 이익 혹은 불이익을 부여하거나, 고용노동부 내에 계약준수국과 유사한 기능을 하는 고용평등이행 평가기관을 신설하도록 했으나(이주희 외, 2003), 정부는 노사발전재단에 이 제도의 집행을 이관하면서 어떤 제재 방안도 마련하지 않았다. AA제도의 대상기업 중 고용 기준에 3년 연속 미달하고, 시행계획의 이행을 촉구받았음에도 이에 따르지 않았을 경우 명단 공표의 대상이 될 뿐이다. 대상이 된다고 모두 공표가 되지도 않는데, '중대한 경영상의 이유'나 '시행계획의 이행을 위해 실질적인 노력을 하고 있는 경우'라는 애매한 사유로도 명단 공표의 대상에서 제외될 수 있다. 물론 미국 역시 정권의 의지에 따라 계약준수제의 집행 수준은 큰 차이를 보여준다. 원칙상 미국 정부와 계약을 맺는 기관, 기업, 하청기업은 조달계약준수 보고서를 제출해야 하고, 만일 평등한 고용 기회와 관련된 조항을 위반하게 되면 계약 전체 혹은 계약의 일부를 취소, 해지, 보류될 수 있다. 카터 대통령의 집권 시기 연방 차원의 계약준수국에 의해 적극적으로 실시되었던 이 제도는 레이건 행정부의 규제완화 조치에 의해 후퇴해 목표비율의 설정과 실행계획서는 권고 수준으로 완화되었다가 클린턴 행정부에 의해 다시 강화되기 시작했다. 그 이후에도 여러 부침을 겪다가 적극적 조치에 적대적이었던 트럼프 행정부에 의해 크게 약화했다. 비록 일관적이지 못했다 해도, 이와 관련해서 적극적인 제재가 가해졌던 경험은 미국 기업이 고용상의 성평등과 관련된 부서를 설립하고 유지하는 데 긍정적인 영향을 미쳤다(Kelly and Dobbin, 1998).

OECD 국가 중 가장 큰 성별 임금격차 국가인 한국에서 이와 관련된 시정조치를 찾아볼 수 없다는 점은 한국의 AA제도를 불완전하게 만드는 중요한 특성이다. 고용 현황을 제출할 때 남녀 임금수준과 격차와 관련된 내용도 보고해야 하지만, 이는 시행계획서 제출 의무와 무관한 단순 임금분포 보고 사항[5]에 머물러 있다. 성별임금공시제가 해외 선진국에서 유의미한 성과를 거두었다고 해도, 기업규모 및 고용형태별로 임금과 노동조건의 차이가 현격한 한국에서 동일한 성과를 내리라 예단하기 어렵다. 또한 AA제도 외에 성별임금공시와 같은 다른 규제가 더해진다면, 규제에 대한 순응도가 더욱 낮아질 우려도 발생한다. AA제도의 대상기업을 상시 300인 이상 기업으로 확대해서 현재 상시 300인 이상 사업장을 대상으로 시행 중인 고용형태공시제도와 연동한다면 이 제도의 확대 개편을 통해 성별임금공시제의 효과를 함께 얻어낼 수 있을 것이다. 300인 기준 대상기업은 향후 100인 이상으로 점차 확대해나가야 한다. 현재의 AA제도는 윤리경영 가이드라인, ESG 공시 의무화 등과 같이 행위자 스스로 규칙을 만들고 책임을 지도록 하는 대표적인 반사법(reflexive law)의 사례이다. 그러나 이렇게 불평등한 권력관계를 그대로 둔 채 행위자에게만 차별의 시정을 맡기게 되면 효율성만 강조되며, 조직 내에서 권력이 큰 집단,

---

5 임금 평균값, 1분위(낮은 보수 25%), 2분위(25%~50%), 3분위(50%~75%), 4분위(75%~100%)를 남녀 구분해 보고하게 되어 있다.

즉 경영진의 의사만 관철되기 쉽다. 법은 권력 균등화를 통해 문제가 실질적으로 해결될 수 있도록 해야 하는 만큼, 대상 기업에 최소한도의 강제력을 행사할 수 있는 방안이 마련되어야 한다. 예컨대, 공공 조달을 활용해 중앙정부 및 지방정부와 계약을 맺는 AA제도 대상 기업에 일정 비율의 여성 정규직 및 간접고용직을 포함한 비정규직 비율을 유지하도록 계약의 조건으로 제시하는 것도 고려해볼 수 있다.

2) 기업의 여성이사 할당제 국제비교

한국의 적극적 조치인 AA제도의 미흡한 효과는 낮은 여성 임원 비율을 통해서도 증명된다. 고용노동부가 각 기업이 제출한 2021년 3월 기준 고용 및 임금 현황 자료를 취합한 내용에 따르면, 주요 업종별로 선택된 잘 알려진 대기업 100곳 중 여성 임원이 한 명도 없는 기업이 33곳이나 되었고, 임원이 있다고 해도 대다수가 10% 미만이었다. 여성 비율이 높은 업종에서도 예외가 아니었다. 금융 및 보험업에 속하는 국민은행의 경우 전체 직원 중 여성 직원이 53%였으나 임원급 이상에 속하는 1직급은 4%만이 여성이었다.[6] 2020년 자산 총액 2조 원 이상 기업에서 여성이사를 1인 이상 선임하도록 의무화하는 자본시장법 개정안이 통과됨에 따라 여성이사 비율이 약간 개선되긴 했지만, 점진적인 확대와 권고 중심의 정책으로 AA제도처럼 어떤 제재도 수반되지 않는 만큼 향후 큰 변화를 기대하기 어렵다. 여성 임원과 관련된 이러한 한국의 상황은 강력한 할당제를 시행 중인 여러 선진국과 크게 대비된다.

---

6 변진경, "귀하의 남녀임금격차를 소개합니다", 『시사IN』 788호, 2022년 10월 24일. http://www.sisain.co.kr/news/articleView.html?idxno=48739 (2025년 2월 10일 접속)

세계 최초로 여성이사 할당제를 도입한 국가는 노르웨이로, 2003년 기업법 개정안을 통해 공공 및 상장기업 이사회에 여성 임원을 최소 40% 임명하도록 했다. 2006년에는 이 제도가 2년의 경과 기간 부여 후 모든 주식회사에 적용되기 시작해 2008년부터는 전면적으로 시행되었으며, 이를 준수하지 않을 시 회사 해산에까지 이를 수 있도록 강력하게 규제했다. 프랑스는 2011년에 상장기업과 500인 이상을 고용한 대기업에 대해 여성 임원 비율 40%를 의무화했다. 법률 발표 3년 후인 2014년까지는 최소 20%의 여성 임원을, 발표 6년 후인 2017년까지는 40%의 여성 임원을 임명하도록 단계적으로 시행되었다. 미이행 시 기업의 이사회 임명은 무효가 되며 보수 지급이 중단된다. 이 법의 도입 이후 노르웨이와 비슷하게 프랑스 기업의 여성이사 비율이 크게 증가했다. 이탈리아도 2011년 상장 및 국영기업에 대해 이사회 여성 비율 33%를 의무화했다. 최초 3년간은 20%로 목표 설정했고, 그 이후 33%로 상향 조정하였다. 준수하지 않을 경우 벌금이 부과되며, 최종적으로 이사회가 해산될 수도 있다. 이원화된 이사회 구조를 가진 독일은 2015년 상장기업의 감독이사회에 여성 비율 30%를 의무화했는데, 대상은 감독이사회에서 공동결정을 실시하는 기업으로 그다음 해부터 시행되기 시작했다(정성숙, 2016).

엄격한 제재 없이 권고 형태로 여성 임원 비율을 높이려는 국가 사례도 상당수 존재한다. 스페인은 2007년 상장기업 및 대기업 이사회에 여성 임원 최소 40%를 권고했다. 법적 강제력 없이 이행 기업에 세제 혜택 등의 유인을 제공한다. 영국도 강제력 없이 2011년 자율적으로 이사회 여성 비율 33%를 설정했는데, 제재 수단이 없음에도 기업의 자율적 참여가 높은 것으로 드러났다(정성숙, 2016). 일본도 직접적으로 여성 임원을 할당하는 법을 도입하지는 않았다. 단, 2016년 시행된 「여성의 직업생활에 있어서 활약의 추진에 관한 법률(여성활약추진법)」이 2019년 개정되면서 지금까지 기업의 자발성에 의존하던 제도를 약간 수정해 종업원 수 101명 이상 300명 이하의 기업에 대해서는 여성이사 할당 책정 및 신고가 의무적으로 요구되었다. 또한 일본 내각부는 2023년부터 프라임시장 상장기업에 대해 2025년을 목표로 여성 임원을 1명 이상 선임하고, 2030년까지 여성 임원 비율을 30% 이상으로 할 것을 목표로 행동계획을 책정하도록 권장했다(김환일 · 김동근, 2023).

여성이사 할당제와 관련된 가장 핵심적인 논란은 이러한 제도의 도입이 과연 기업에 어떤 영향을 미칠 것인가이다.[7] 코미 등(Comi et al., 2020)은 프랑스, 이탈리아, 스페인에서 도입한 기업 여성이사 할당제가 기업 성과에 미치는 효과를 분석해 그 효과가 국가별로 이질적이었음을 밝힌 바 있다. 차별적 관행으로 이사회에 진입할 수 없었던 여성이사 비율의 확대는 새로운 재능과 기술, 다양하고 비전통적인 관점의 도입을 의미하며, 이는 다양한 젠더로 구성된 시장 상황에 대한 빠른 이해에 기반해 회사의 가치를 높일 수 있다. 반면 이사회의 다양성은 원활한 의사소통과 응집력을 감소하고, 이사회 내부의 갈등을 유발할 수 있다. 만일 기존 경영진이 필수적인 내부 정보를 여성 임원과 공유하기를 싫어한다면 기업 경영에 부정적인 영향을 미칠 수도 있을 것이다. 이런 점들을 고려한다면 성별 할당제는 기업 내에 더 큰 차별과 비효율성이 존재했을 경우 더 효과적일 수 있으며, 이런 할당이 비교적 적은 수의 기업에만 적용될 경우 고도의 자격을 갖춘 여성의 참여를 유도해 그 효과가 극대화될 수 있으리라 예측할 수

7 한국의 경우, 제도 도입 이전인 2018~2020년 사이 한국거래소에 상장된 3,845개 기업을 대상으로 분석한 바에 따르면, 전체 이사회의 성별 다양성은 기업 성과와 유의미한 관계가 없었으나, 사내이사 집단에서 성별 다양성이 높을수록 기업성과(ROA)가 유의미하게 증가하는 것을 발견했다. 이는 단순히 여성이사의 수를 늘리는 것이 아니라, 실질적인 의사결정 권한을 부여하는 것이 중요함을 시사한다(Kim, 2021).

있다. 저자들은 2004년부터 2014년간 유럽 기업의 재무 정보와 기업 성과를 제공하는 기업 자료(Bureau Van Dijk의 Amadeus) 분석을 통해 자신들의 가정을 증명했다. 성별 할당제는 이 세 국가 중 가장 이사회에서의 성 불평등이 심했던 이탈리아에서만 유의미한 생산성 향상 효과를 보여주었는데, 할당제가 소수의 기업에만 적용되고 엄격한 제재가 뒤따라 높은 자질을 가진 여성 후보의 참여가 장려되었기 때문이다. 이탈리아는 성별 할당제를 통해 평균적인 이사회 구성원의 특성과 역량을 이전보다 나은 형태로 재구성할 수 있었다. 반면 스페인은 강제력이 없어 여성 임원 비율 자체의 큰 변화가 없었으며, 프랑스에서의 일부 기업 성과에 미치는 영향은 부정적이었다. 향후 여성이사 할당제가 기업 성과에 미치는 영향은 보다 많은 국가를 대상으로 더 긴 시기에 걸친 자료 분석을 통해 정밀하게 실시될 필요가 있다.

3. 다양성 관리, 미래를 위한 전략: 조직 내 세대 갈등을 중심으로

1) 다양성 관리를 도입해야 하는 이유

다양성 관리(diversity management)는 조직 내 성별, 연령, 인종, 국적, 장애 여부, 성적 지향 등으로 인한 다양성을 차별 없이 인정하고, 더 나아가 이를 조직의 경쟁력을 높이기 위해 적극적으로 활용하는 경영 전략을 일컫는다. 미국 기업이 다양성 관리를 도입하게 된 데에는 적극적 조치의 영향력이 컸다. 신자유주의적 경제기조가 시작된 1980년대 레이건 정권부터는 연방정부의 적극적인 규제 완화로 적극적 조치가 크게 위축되었지만, 미국 주요 대기업의 다수 경영자가 여성과 흑인 등 소수자집단의 진입을 높이기 위한 수량적 목표 추구를 지속할 의사를 밝혔는데, 그 이유는 적극적 조치가 능력에 기초한 합리적인 인사고과 시스템을 구축해 인력 활용에 긍정적인 영향을 미쳤기 때문이다. 적극적 조치로 인해 주요 기업의 인사 부서에 이러한 전략을 추구할 기반이 구축된 것도 1990년대부터 다양한 인적 구성이 가져오는 경쟁력 효과를 극대화할 수 있는 다양성 관리를 도입할 수 있었던 중요한 원인 중 하나이다(Kelly and Dobin, 1998).

기존의 적극적 조치가 법적으로 특정 소수자집단의 기회를 보장하는 데 초점이 맞추어졌다면, 다양성 관리는 조직의 문화 자체를 변화시키는 더 포괄적이고 전략적인 조직 변화 방식이다. 다양성 관리를 하려면 공식적인 다양성 추진 기구와 함께 조직문화에서 다양성을 적극적으로 인정하면서, 채용, 승진, 보상 등 인사관리의 단계마다 다양성이 반영될 수 있는 방향으로 제도를 마련해야 한다. 즉, 다양성 관리는 단순히 몇몇 정책이 아닌, 조직문화와 성과에 실질적인 영향을 미치는 새로운 패러다임으로 이해할 수 있다(Gilbert et al., 1999). 이는 다양성이 조직 정체성의 일부로 통합된다는 것을 의미하는데, 이처럼 기업의 비전과 핵심 가치에 다양성이 포함되면 외부적으로 기업의 사회적 정당성을 강화하는 효과도 갖게 된다(Cole and Salimath, 2013). 기업 내부적으로는 직원 만족도가 높아져 이직률과 인건비를 낮출 수 있고, 다양한 배경의 우수한 인재 유치가 가능하며, 다문화 고객층에 대한 이해에 기반해 효과적인 마케팅 전략을 구상할 수 있게 된다. 다양한 경험과 시각을 가진 조직은 더 창의적인 혁신 역량과 변화하는 환경에 더 빠르게 적응하는 구조를 갖출 수 있다. 이러한 이유로 기업은 점점 더 소수자를 포용해 다양성을 확보하려고 노력하며, 단순한 법적 준수를 넘어 자발적으로 다양성 관리 전략을 활용하고 있다(Gilbert et al., 1999).

그러나 다양성 관리의 긍정적 효과는 조직적 맥락과 조직의 접근 방식에 따라 차이가 난다. 사회범주화 이론에 따르면 인구통계적 다양성은 갈등을 증폭하고 조직의 응집력을 약화할 수 있다. 그러나 정보처리적 관점에서 보면 다양한 관점과 아이디어가 창의성을 높이고 더 나은 의사결정을 유도할 수 있다. 즉, 조직이 어떻게 다양성 관리를 하는가가 핵심 변수가 될 수 있다는 것이다. 이런 전제하에, 올센과 마틴스(Olsen and Martins, 2012)는 조직이 다양성을 조직문화에 통합할 때 소수자집단이 다수 문화에 동화하기를 요구하는 동화 전략보다 상호 적응하며 다양성을 존중하고 활용하는 통합 전략이 더 나은 결과를 가져오며, 이런 전략은 조직이 다양성을 조직의 성과와 목적 달성에 필요한 도구로 간주하기보다는 이런 도구적 가치 외에도 다양성 그 자체를 중요한 목표로 간주하는 근본적인 가치체계를 확립할 때, 즉 이러한 이중 가치를 인정하고 통합을 추구할 때 가장 나은 성과를 얻을 수 있다고 주장한다. 유사한 맥락에서, 조직이 다양성을 형식적으로만 포함하고, 실질적인 정책 실행이 부족할 경우 내부 직원, 특히 소수자집단에 속하는 직원의 신뢰가 하락하고 냉소주의를 유발하며, 정당성이 위협받을 수도 있다. 다양성을 지나치게 강조할 때도 조직 내 다른 정체성과 충돌해 안정성을 해칠 수 있는 만큼, 조직의 다른 요소들과 조화를 이루는 방식으로 적절하게 이루어지는 것이 바람직하다(Cole and Salimath, 2013).

미국 연방기관에서의 다양성 관리가 직무 만족과 팀 성과에 미치는 영향을 조사한 연구(Pitts, 2009)는 이런 다양성 관리의 효과를 입증해주었다. 미국 연방 인적자원 조사 데이터에 기반해 약 14만 명의 연방정부 정규직 공무원의 응답 내용을 분석한 바에 따르면, 다양성 관리는 직무 만족과 팀 작업의 성과에 유의미하게 긍정적인 영향을 미쳤는데, 특히 그 영향력은 유색인종 직원에게 더 컸다. 즉, 유색인종 직원은 다양성 관리가 잘 이루어질 때 백인 직원보다 더 높은 직무만족도와 성과 인식을 보였지만, 다양성 관리가 부족한 경우에는 더 부정적으로 영향을 받았다. 이런 분석 결과는 연방정부 기관이나 유사 조직이 단순히 채용을 통해 인적 구성의 다양성을 제고하는 것을 넘어 멘토링 프로그램이나 관리직 교육, 포용적 조직 문화 구축 등 보다 실질적인 성과를 낼 수 있는 다양성 관리 전략을 도입하는 것이 중요함을 시사한다.

2) 한국 사회의 연령 차별과 세대 갈등: 다양성 관리의 역할

다양성 관리의 대상에는 여러 소수자집단이 포함되지만, 인종 문제가 상대적으로 덜한 현대 한국 사회의 조직에서 성별과 함께 특히 주목해야 할 대상은 연령이다. 저출생 현상과 급속한 인구 고령화로 고연령자가 급격하게 증가하면서, 차별의 대상으로뿐 아니라 조직 내 세대 갈등을 유발할 수 있는 요인으로 여겨지고 있다. 한국의 생산가능인구 중 65세 이상이 차지하는 비중은 2022년 17.4%에 이르렀으며, 2030년에는 25.3%, 2070년에는 인구의 과반에 가까운 47.5%가 될 것으로 추계된다(한국노동연구원, 2024). 2024년 기준 60세 이상 고용률은 42.6%, 65세 이상은 33.8%로, 상당수의 고령인구가 일하고 있다(통계청, 2025). 한국인의 실질 은퇴 연령은 2021년 기준 OECD 국가 중 가장 높은 평균 72.3세로, 법정 정년보다 12.3세가 더 높다. 이는 고령자가 여러 이유로 계속 일하는 사회임을 의미한다.[8]

연령주의는 고령자에 대한 부정적인 고정관념에 근거한 차별과 편견을

8 김정환, "“이러려고 은퇴한 것 아닌데”…‘일하는 노인’ 한국이 OECD 1위", 『매일경제』, 2023년 10월 25일. http://www.mk.co.kr (2025년 2월 25일 접속)

의미한다. 1991년 정년을 60세 이상으로 규정한 「고령자고용촉진법」의 도입 이후 2009년 「연령차별금지법」이 도입되긴 했으나, 심지어 법에서조차 연령에 따른 차별적 처우를 쉽게 발견할 수 있다. 「연령차별금지법」상 고령자 기준은 55세로, 이에 따라 55세 이상 노동자는 고용의 유연성 확보를 통한 고용 촉진이 강조됨에 따라 「비정규직 보호법」상 보호에서 제외된다. 고용보험법은 65세 이후 고용되거나 자영업을 개시한 노동자에게는 적용 제외 규정을 두고 실업급여나 육아휴직급여를 적용하지 않는다(이수연, 2024). 법정 정년 60세의 연장이 논의되고 있는 현실에서 기존 법의 수정과 관련된 논의가 시급하다고 할 수 있다.

고령자에 대한 고용차별은 경제적 타격뿐 아니라 자존감을 낮추어 삶의 질을 저해한다. 고령자 고용 비율은 중소기업이 높다는 점에 착안해 2011년 300개 제조업 및 비제조업 중소기업의 인사 담당자에 대한 조사를 시행한 한 연구(김동선·모선희, 2012)에 따르면, 이들의 고령자에 대한 고용차별 인식은 가장 차별적인 5점 만점에 3.23점으로 평균 이상으로 나타났다. 고령자 고용 비율이 높을수록, 조직이 비민주적이고 위계적일수록 고용차별 인식이 높아졌는데, 흥미롭게도 차별의 사유로 자주 언급되는 연공제는 통계적으로 유의미한 영향력이 없었고 대신 고령 노동자에 대한 고정관념은 차별 인식을 높였다. 신연수와 김기연(2023)은 노인실태조사 자료 분석을 통해 일터에서의 연령 차별을 경험한 고령 노동자는 모두 그런 경험이 없는 고령 노동자보다 우울 수준이 높았다는 점을 밝혔다. 특히 저임금의 불안정한 주변부 노동에 종사하는 여성 고령 노동자에게서 그러한 경향이 더 뚜렷했다. 이들이 주로 종사하는 돌봄 등 대인 서비스에서 차별을 경험할 가능성이 더 크다는 점도 이에 영향을 미친 것으로 보인다.

그러나 연령 차별은 고령 노동자뿐 아니라 청년 노동자에게도 발생할 수 있으며, 이는 조직 내 세대 갈등으로 이어질 수 있다. 2020년 금속노조의 만 19세부터 39세까지의 청년 간부와 조합원을 대상으로 한 심층 면접조사 분석 결과(김우식·김경근, 2020), 이들은 자신이 속한 조직의 나이에 따른 서열과 권위주의 문화로 인해 기성세대 조합원으로부터 동등한 주체로 인정받지 못하고 있다는 인식을 하고 있었다. 세대에 따라 차별적으로 형성되어 있는 임금체계와 단체협약은 이러한 세대 갈등을 더욱 악화했다. 외환위기 이후 금속노조 소속 대다수 제조업체는 정규직 노동자를 채용하는 대신 비정규직과 사내하청 노동자로 이들의 업무를 대신했는데, 이는 신규 채용 및 중간 세대 노동자 규모의 급격한 감소로 이어졌다. 연공을 중시하는 노동조합의 특성과 함께 청년 세대 노동자가 수적으로 열세에 몰리며 세대 간 분배의 공정성 문제가 대두하기 시작한 것이다.

조직이 연령 다양성 관리를 해야 하는 이유는 고령화 사회가 되어가면서 이처럼 다양한 연령의 직원 간 갈등이 유발될 수 있기 때문이다. 연령은 다른 소수자성과는 달리 외모적 차이보다 세대별 태도와 가치의 차이가 더 큰 문제가 될 수 있는 만큼, 연령 다양성 관리에는 연령에 따라 다른 가치 지향까지 포함되어야 한다. 예를 들어, 미국의 경우 베이비붐 세대는 대면 회의나 긴 근무시간, 강의식 교육을 선호하지만, 그보다 더 젊은 세대는 자율성, 일과 생활의 균형, 짧은 근무시간, 온라인 교육 등을 선호할 수 있는데, 이런 차이를 이해하고 조율하는 것이 조직 관리에서 중요하다는 것이다. 이는 단순한 비율적 다양성 관리에서 벗어나 직원들의 다양한 가치가 존중받을 수 있는 실질적인 포용이 어떻게 이루어져야 하는가에 대한 문제를 제기한다(Hudson-Ward, 2014).

다양한 연령으로 구성된 조직이 연령 다양성 관리를 소홀히 한다면, 오히려 연령 차별 분위기로 인해 조직의 성과를 해칠 수 있다는 연구 결과도 존재한다. 연령 차별이 있다면 직원이 조직을 공정하지 않다고 인식하게 되고, 이는 조직 몰입 감소로 이어질 수 있다. 직원이 조직에 정서적인 애착을 느낄 때, 더 높은 성과 창출이 가능하기 때문이다. 2008년 독일 내 128개 기업의 총 8,651명의 직원을 대상으로 실시된 조사(Kunze, et al., 2011)에서는, 연령 다양성이 증가할수록 조직 내에서 연령과 관련된 차별적 분위기가 증가하고 정서적 몰입이 낮아지는 것으로 나타났다. 이처럼 연령 차별이 조직 몰입과 성과에 미치는 부정적 영향이 크므로, 기업은 이를 줄이기 위해 연령에 따른 고정관념을 줄이고, 새대 간 협력을 촉진하는 조직문화를 형성해야 한다. 그러기 위해서는 단순히 연령 다양성을 확보하는 것을 넘어 공정한 기회 제공과 세대 간 협력을 촉진하는 정책이 필요하다.

또한 이러한 정책은 일관성 있게 지속되어야 한다. 2010년 독일 내 244명의 현재 재직 중이지만 미래에 구직할 가능성이 있는 노동자들을 대상으로 실험 설문을 진행한 연구(Rabl and Triana, 2014)에 따르면, 조직이 연령 다양성을 얼마나 중시하는가가 직원의 만족도와 조직 몰입에 영향을 미쳤다. 독일의 경우, 60~64세까지의 노동자가 1999년부터 2009년까지 두 배 증가해, 이 시기 연령 다양성에 대한 관심이 고조된 상태였다. 분석 결과, 조직이 연령 다양성을 갖추고 있거나 연령 다양성 관리 정책을 적극적으로 시행하면 미래의 지원자가 그 조직을 더 매력적으로 평가했고, 이러한 조직에서는 연령 차별이 적을 것이라 예상했다. 단, 지원자의 개인적 태도가 중요한 조절 변수였다. 연령 다양성에 대해 긍정적인 태도를 가진 응답자는 조직이 연령 다양성이 낮더라도 연령 다양성 관리 정책이 강하거나, 아니면 관리 정책이 미약해도 연령 다양성이 높다면 해당 조직에 대해 호의적인 반응을 보였다. 즉, 한 요소가 긍정적이면 다른 요소의 부족을 보완할 수 있다고 평가한 것이다. 하지만 부정적인 태도를 가진 응답자는 조직이 연령 다양성과 다양성 관리 정책을 일관되게 시행하는지를 중요하게 봤으며, 모순된 신호가 있을 경우, 즉 다양성을 강조하지만 실제 정책은 미흡한 경우 더욱 비판적으로 반응했다. 이는 정책과 실제 조직 환경이 일치하지 않을 경우, 일부 지원자에게 조직이 위선적으로 보일 수 있음을, 그래서 조직이 이와 관련해 일관성 있는 메시지를 전달해야 하는 한편, 사회 전반적으로도 다양성을 인정하는 분위기를 확산해야 함을 시사한다.

참고문헌

강성태. 2007. “특수고용직의 노동법적 보호”, 『노동정책연구』, 7(3): 93-117.

강수돌. 2020. “스웨덴 남성의 육아휴직 경험과 윤리경영”, 『윤리경영연구』, 20(1): 33-66.

강신준. 2004. “한국의 노동: 기업별 협약의 산별 협약으로의 이행 방안”, 『산업노동연구』, 10(2): 183-216.

고용노동부. 2020. 「ILO 핵심협약 비준과 노동관계법 개정안—팩트체크: 핵심협약 비준, 사실은 이렇습니다」

________. 2021. 『2020 전국노동조합 조직현황』.

________. 2022a. 『노동통계연감』.

________. 2022b. 『2021 전국노동조합 조직현황』.

________. 2023. 「2023년 고용형태공시 결과 발표」 보도자료. 2023. 9. 7.

________. 2024. 『2023 전국노동조합 조직현황』.

________. 2024. 「고용노동부, 2025년부터 이렇게 달라집니다」 보도참고자료. 2024. 12. 31.

국민권익위원회. 2013. 『특수형태근로종사자 권익보호 방안』. 국민권익위원회.

금융산업노조. 2003. “조흥은행 일괄매각과 관련한 재경부와 금융노조의 입장 비교 자료,” 전국금융산업노동조합 내부자료. 2003. 5.

금재호. 2002. 『여성노동시장의 현상과 과제』. 한국노동연구원 연구보고서.

________. 2012. “자영업 노동시장의 변화와 특징”. 『노동리뷰』 10월호: 57-75.

곽은혜 · 김민희. 2023. 『육아휴직 사용에 관한 연구』. 한국노동연구원 연구보고서.

권오성. 2022. “초기업별 교섭 촉진을 위한 단체교섭 법제도 개선방안,” 『노동연구』,

45: 129-152.

권현진. 2021. “근로시간면제 운영에 관한 연구”. 고려대학교 노동대학원 노동법학과 석사학위논문.

권혜원·신희주·권현지·남우근·김진·우세름·손명은·송정연·기호운. 2021. 『성별임금 격차 현황 및 해소방안 실태조사』. 국가인권위원회 인권상황 실태조사 연구용역보고서.

김동선·모선희. 2012. “연령주의 관점에서 바라본 고령자 고용차별 인식,” 『사회과학연구』, 충남대학교 사회과학연구소, 23(4): 93-112.

김명환·김기승. 2014. “비정규직보호법이 소규모 기업의 고용에 미치는 영향,” 『산업관계연구』, 24(3): 23-43.

김범진. 2023. “산별교섭 전진을 위한 단절적 계기가 필요하다,” 〈불평등 양극화 해소를 위한 산별(초기업) 교섭 활성화 방안〉 토론회 토론문. 2023. 5. 4. 민주노총.

김상만. 2014. “국제노동기구(ILO)의 핵심협약과 FTA 협정상의 노동 조항(노동 장)에 대한 고찰,” 『법학연구』, 17(2): 219-243.

김성훈. 2011. “간접고용 결정요인: 거래비용 이론과 비용우위 이론을 중심으로,” 『사회과학연구』, 35(1): 1-28.

김영두. 2006. “동향과 쟁점: 불안정 노동의 보호를 위한 새로운 교두보?—ILO 고용관계 권고가 국내 특수고용 논의에 주는 함의,” 『노동사회』, 112권: 4-23.

________. 2007. “배움터: 특수고용직 종사자 실태조사 결과분석,” 『노동사회』, 119권: 102-126.

김영미·한준. 2007. “금융위기 이후 한국 소득불평등구조의 변화,” 『한국사회학』, 41(5): 35-63.

김우식·김경근. 2020. 『청년 조합원의 경험과 노동조합의 다음과제: 세대별 노조활동 인식조사 및 청년 조합원 노조 참여 활성화 방안』. 전국금속노동조합 노동연구원 보고서.

김유선. 2001. “비정규직 규모와 실태: 통계청 ‘경제활동인구조사 부가조사’(2000. 8) 결과,” 『노동사회』, 55: 72-87.

________. 2007. “한국의 노동시장: 진단과 전망,” 한국사회포럼 주최 토론회, 〈외환위기 10년, 그 야만의 시대〉 발표문. 2007. 7. 7.

________. 2009. “최저임금 수준과 최저임금법 개정안,” 『노동리뷰』 1월호: 81-85.

김인재. 2008. “근로자의 이질성과 자영업 선택에 관한 실증분석—임금근로에서 자영업으로의 진입을 중심으로,” 『노동경제논집』, 36(2): 1-36.

________. 2009. “고용형태의 다양화와 노동기본권,” 『노동법학』 28: 213-247.

김종진. 2007. “국내외 유통서비스산업 현황과 특징”, 이주희 외, 『유통업 비정규직 차별 및 노동권 실태조사』. 국가인권위원회 인권상황실태 연구용역 보고서.

________. 2012. “쟁점과 대안: 특수고용노동자 산재보험 적용의 현실과 문제점,” 『노동사회』, 164: 100-114.

김재훈. 2002. “특수형태근로 종사자에 관한 법적 보호방안,” 『노동법연구』, 13: 147-172.

김준. 2012. “산업화 이후 노동의 역사,” 『산업사회의 이해』, 비판사회학회 엮음. 서울 및 파주: 한울.

김준영 · 장재호 · 김강호 · 황광훈 · 정연정 · 박상현 · 장진희. 2022. 『플랫폼 종사자 직종별 근무실태와 정책과제』. 한국고용정보원 보고서.

김호원 이종구. 2006. “정규직 노동자의 인적특성에 따른 비정규직 조직화 의지 차이에 관한 실증연구”, 『산업노동연구』, 12(2): 57-87.

김홍영. 2024. “제6장: 초기업별 단체교섭과 단체협약의 촉진,” 박수근 외 저, 『노동시장 이중구조 원인과 대책 연구보고서』. 민주노총 총서 2023-08.

김환일 · 김동근. 2023. “일본의 여성이사할당제에 관한 연구,” 『기업법연구』, 37(4): 81-107.

남재량 · 박기성. 2010. “비정규직법의 고용효과 연구,” 『노동정책연구』, 65-99.

노상헌. 2013. “고용차별금지법과 차별시정제도의 법적 쟁점,” 『서울법학』, 20(3): 37-77.

도재형. 2013. “사법과 입법의 사각지대, 특수형태근로종사자,” 『노동법연구』, 34: 197-244.

문지선. 2018. “2018년 최저임금 인상의 계층별 임금 상승 효과,” 『경제와 사회』, 128: 266-311.

박경진 · 윤자호 · 이주희. 2022. “청년 플랫폼노동자의 일경험과 사회보험에 대한 태도,” 『사회복지정책과 실천』, 8(3): 45-87.

박나리 · 김교성. 2022. “문재인 정부 시기의 노동정책 변화와 임금 불평등 분해,” 『비판사회정책』, 75: 33-59.

박보람. 2024. “플랫폼 노동시장의 변화와 시사점: 2023년 플랫폼 종사자 규모추정과 근무실태 조사 결과를 중심으로,” 『계간 고용이슈』 봄호: 5-19.

박지순. 2009. “비정규직법의 쟁점과 입법정책적 과제,” 『산업관계연구』, 19(2): 27-65.

박현미. 2008a. “금속노조, 보건의료노조, 금융노조의 인력운영 현황: 중앙단위를 중심으로,” 『노동저널』. 한국노총 중앙연구원. 2008. 2.

________. 2008b. “금속노조, 보건의료노조, 금융노조의 재정운영 현황: 중앙단위를 중심으로,” 『노동저널』. 한국노총 중앙연구원. 2008. 4.

박희준. 2018. “직무급이 임금의 연공성에 미치는 영향,” 『산업관계연구』, 28(1): 117-134.

방하남. 2007. 『고용의 질: 거시, 기업, 개인수준에서의 지표개발 및 평가』. 한국노동연구원.

방하남 · 이상호. 2006. “‘좋은 일자리’(Good job)의 개념구성 및 결정요인의 분석,” 『한국사회학』, 40(1): 93-126.

배규식. 2012. “한국 장시간 노동체제의 지속요인,” 『경제와사회』, 95: 128-162.

송성수. 2022. “인공지능은 인간의 일자리를 얼마나 대체할 것인가: 인공지능 시대의 기술과 노동에 관한 시론,” 『코기토』, 96: 7-37.

신연수 · 김기연. 2023. “한국 노인이 일터에서 경험하는 연령차별과 우울 간 관계: 성별의 조절효과를 중심으로,” 『한국노년학』, 43(2): 139-156.

유규창. 2014. “한국기업의 임금체계: 직무급이 대안인가?,” 『노동리뷰』 2월호: 37-54.

윤애림. 2004. “특수고용노동자의 근로자성과 입법의 방향,” 『서강법학』, 6: 251-273.

________. 2012. “산재보험법의 특수형태근로종사자 특례제도의 문제점과 대안,” 『노동법연구』, 33: 47-91.

________. 2023. “ILO 핵심협약과 결사의 자유 위원회 권고, 노조법상 근로시간면제제도 문제점,” 〈기자간담회: 노사자치 · 노동3권 침해 근로시간면제제도 근로감독 문제점과 개선과제〉 발표문. 민주노총 중회의실. 2023. 12. 13.

이광택. 2013. “노동법 60년의 회고와 전망,” 『노동법논총』, 29: 493-540.

이병훈 · 신재열. 2009. “자영자의 계층의식에 관한 연구,” 『경제와사회』, 92: 247-274.

이병희. 2008. “저소득 노동시장의 실태와 동태적 변화,” 『동향과 전망』, 73: 204-230.

이병희 · 황덕순 · 강병구 · 강성태 · 김홍영 · 도재형. 2012. 『비공식 취업연구』, 한국노동연구원.

이상헌. 2005. “Decent work: 무엇을 어떻게 측정할 것인가?,” 『국제노동브리프』, 3(7): 4-11.

이상희. 2005. “60년대 경제개발기 노동입법의 변천과 성질 규명,” 『산업관계연구』, 15(2): 105-129.

이수연. 2024. “초고령 사회와 연령차별주의에 따른 고용상 연령차별: 고령자 고용안정과 분쟁해결 방안을 중심으로,” 2024년 한국고용노사관계학회 동계학술대회 발표 논문집. 237-263.

이승욱·김영두·김승호·김종진. 2006. 『특수고용직 노동권 침해 실태조사 보고서』. 국가인권위원회 인권상황실태조사 연구용역보고서.

이시균. 2006. “비정규노동의 나쁜 일자리에 관한 실증연구,” 『노동정책연구』, 6(2): 29-74.

이은주. 2020. “성별임금격차 해소를 위한 임금분포공시제 논의와 사례: 프랑스 ‘남녀평등지수공시제’를 중심으로,” 『노동법학』, 76: 59-89.

이주호. 2023. “왜 초기업 산별교섭 활성화, 제도화인가?: 보건의료노조 사례와 경험을 중심으로,” 민주노총 주최, 〈불평등 양극화 해소를 위한 산별(초기업) 교섭 활성화 방안〉 토론회 토론문. 2023. 5. 4.

이주희. 1998. “IMF 위기에 대한 정치경제학적 해석: 초국적 자본 이동과 한국 국가의 과제,” 『경제와 사회』, 38: 49-72.

________. 2004. 『보건의료산업 교섭실태와 개선방안』. 노동부 정책보고서.

________. 2005a. “산별교섭실태와 개선방안,” 『복수노조와 산별교섭시대의 단체교섭구조 개선방안』. 한국노동사회연구소 편.

________. 2005b. “산별교섭에 대한 평가 및 만족도의 영향요인 분석,” 『노동정책연구』, 5(2): 87-118.

________. 2006a. “산별노조 조직화의 딜레마: 보건의료노조의 사례,” 『산업노동연구』, 12(1): 33-63.

________. 2006b. “스웨덴 금속노조(Metall)의 부문별 계급타협 사례연구: 집단 이기주의 혹은 합리적 선택?,” 『한국사회학』, 40(4): 132-163.

________. 2008. “직군제의 고용차별효과,” 『경제와 사회』, 80: 165-194.

________. 2009. “한국의 단체교섭구조,” 『산업관계연구』, 19(1): 65-86.

________. 2010. “비정규직과 노동정치: 산업부문간 비교연구,” 『한국사회학』, 44(1):

26-59.
________. 2012. “비교노사관계: 노사관계체제의 다양한 유형,” 『산업사회의 이해』, 파주: 한울.
이주희·김영미·우명숙·전병유·최은영·소마 나오코. 2010. 『여성 고용률 제고를 위한 선진국 시간제근로자 실태 연구』. 노사발전재단 연구보고서.
이주희·장지연. 1999. 『임시 일용 등 불완전한 근로형태 확산과 우리의 정책방향』. 노동부 정책용역보고서.
이주희·황혜정·노수경. 2003. 『고용차별 개선을 위한 적극적 시정조치 도입방안』. 노동부 정책용역보고서.
이창순. 2007. “한국사회 임시직의 분화와 이질성,” 『한국사회학』, 41(1): 94-123.
이효주·이선호·김영미. 2022. “직무급 도입과 조직 내 임금격차의 변화: 기업사례연구,” 『경제와 사회』, 136: 235-265.
임현진·김병국. 1991. “노동의 좌절, 배반된 민주화,” 『계간 사상』, 11: 109-168.
전병유. 2003. “자영업 선택의 결정 요인에 관한 연구,” 『노동경제논집』, 26(3): 149-179.
정경은. 2022. 『노동시간 실태분석: 장시간 노동과 유연근무제 현황』. 민주노동연구원. 이슈페이퍼 2022-06.
정성숙. 2016. “유럽과 우리나라에 있어서 기업여성임원할당제의 법적 동향에 관한 연구: 노르웨이의 입법례를 중심으로,” 『경제법연구』, 15(1): 259-288.
정이환. 2007. 『현대노동시장의 정치사회학』, 서울: 후마니타스.
정주연. 2008. “산별교섭으로의 전환의 장애물들: 국제비교적 시각의 분석,” 은수미 외 저, 『산별노사관계, 실현가능한 미래인가?』, 87년 이후 노동 20년 연구시리즈. 한국노동연구원.
정재훈·김수현·오주연. 2011. “특수고용형태업무종사자 산재보험 적용방안,” 『산업관계연구』, 21(3): 153-177.
정형옥. 2007. “성차별적 노동현실과 법의 실효성,” 『한국여성학』, 23(3): 43-77.
조경배. 2004. “독립노동과 유사근로자 그리고 위장자영인,” 『민주법학』, 25: 298-335.
________. 2005. “독립노동(특수형태근로)의 법적 규율에 관한 연구,” 『노동법연구』, 19: 151-198.
________. 2006. “노동3권의 주체로서 근로자개념과 특수고용노동자,” 『노동법학』,

22: 419-447.
조상균. 2010. "비정규직 관련법의 문제점과 개선방안," 『산업관계연구』, 20(1): 111-134.
조순경. 1990. "남녀고용평등법의 한계와 과제," 『한국여성학』, 6: 105-127.
________. 1999. "구조조정의 성별 불균등 구조," 『산업노동연구』, 5(2): 123-147.
조용만. 2003. 『특수고용관계 종사자의 근로자성 인정 여부에 관한 노동법적 접근』. 한국노동연구원.
조임영. 2007. "비정규직 시행령 등의 제 개정 관련 주요 쟁점과 입법방향," 『비정규직 보호법 시행에 따른 이슈와 과제』. 노동관련 3대학회 공동정책토론회 발제문.
조효래. 2007. "단체교섭과 노사관계: 노동조합 내부정치와 토의 민주주의," 『산업노동연구』, 13(1): 209-239.
정수빈·배은경. 2022. "남성의 육아휴직 사용은 돌봄의 탈젠더화를 촉진할 것인가?: 2010년대 중반 이후 남성 육아휴직자의 경험을 중심으로," 『한국여성학』, 38(1): 111-146.
지은정. 2012. "경기변동이 자영업이행에 미치는 영향의 연령집단별 차이—구축가설과 유인가설을 중심으로," 『사회복지연구』, 43(2): 141-178.
진명구. 2020. "성별임금격차 완화를 위한 입법 · 정책과제: 임금분포공시제 도입 논의를 중심으로," 『노동정책연구』, 20(3): 27-49.
최문경·이명진. 2005. "자영업, 선택인가? 한국과 미국," 『한국사회학』, 39(1): 21-51.
최저임금위원회. 2023. 『2023 임금실태 등 분석』. 한국노동연구원 작성.
통계청. 2025. 「2024년 12월 및 연간 고용동향」 통계청 보도자료. 2025. 1. 15.
한국노동연구원, 1993. 『분기별노동동향분석』 2/4분기. 제6권 제2호.
________. 2015. 『KLI 노동통계』.
________. 2024. 『KLI 노동통계』.
________. 2023. 『KLI 비정규직 노동통계』.
한광수. 2022. "제4차 산업혁명의 디지털 경제하에서 노동유형다양화에 따른 노동개념의 재검토," 『사회법연구』, 46: 251-294.
허익수. 2009. "노동위원회 비정규직 차별시정절차의 문제점과 개선방안," 『법학연구』, 12(3): 299-338.
호몽요·이주희. 2023. "중국의 두 자녀 정책이 고용상의 성차별에 미친 영향," 『젠더와 문화』, 16(1): 117-152.

홍민기. 2009. “경기변동과 성별 고용변화,” 『노동리뷰』 5월호: 60-69.

홍승아. 2018. “남성 육아휴직과 기업의 조직문화,” 『젠더와 문화』, 11(1): 145-183.

황순욱. 2005. “ILO의 ‘일나운 일(decent work)’에 내한 발전적 논의,” 『노동리뷰』 4월호: 21-34.

Acker, Joan. 1990. “Hierarchies, Jobs, Bodies: A Theory of Gendered Organizations,” *Gender and Society*. 4(2): 139-158.

Acksoy, Cevat Giray, Berkay Őzcan and Julia Philipp. 2020. “Robots and the Gender Pay Gap in Europe,” *Discussion Papers Series*. No. 13482. IZA Institute of Labor Economics.

Aerts, Monique. 2005. The Dutch social-insurance system for self-employed. *WZB Discussion Paper*. No. SP I 2005-111, Social Science Research Center Berlin.

Anderson, David C. 1980. “Will the Four-Day, 40-Hour Work Week Replace the Five-Day 40-Hour Work Week?,” *Journal(American Water Works Association)*. 72(3): 128-130.

Anker, Richard, Igor Chernyshev, Philippe Egger, Farhad Mehran and Joseph Ritter. 2003. “Measuring Decent Work with Statistical Indicators,” *International Labour Review*, 142(2): 147-178.

Arestis, Philip and Frank Skuse. 1990. “How the British Labour Party Would Cure Thatcheritis,” *Challenge*. 33(4): 43-48.

Baker, John. 1992. “An Egalitarian Case for Basic Income,” in Philippe van Parijs, ed., *Arguing for Basic Income*. London: Verso. 101-127.

Barbash, Jack. 1967. “John R. Commons and the Americanization of the Labor Problems,” *Journal of Economic Issues*, 1(3): 161-167.

Barron, Myra H. 1999. “Who’s an Independent Contractor? Who’s an Employee?,” *The Labor Lawyer*, 14(3): 457-473.

Becker, Gary. 1971. *The Economics of Discrimination*. Chicago: University of Chicago Press.

_______. 1985. "Human Capital, Effort, and the Sexual Division of Labor," *Journal of Labor Economics*. 3(1): S33-S58.

_______. 1993. *Human Capital: A Theoretical and Empirical Analysis with Special Reference to Education*. Chicago: University of Chicago Press.

Berg, Peter, Gerhard Bosch and Jean Charest. 2014. "Working-Time Configurations: A Framework for Analyzing Diversity across Countries," *ILR Review*. 67(3): 805-37.

Böheim, Rene and Ulrike Muehlberger, 2006. "Dependent Forms of Self-employment in the UK: Identifying Workers on the Border between Employment and Self-employment." *SSRN Working Paper Series*.

Bosch, Gerhard. 2004. "Towards a New Standard Employment Relationship in Western Europe," *British Journal of Industrial Relations*. 42(4): 617-636.

Braverman, Harry. 1974. *Labor and Monopoly Capital: The Degradation of Work in the Twentieth Century*. New York: Monthly Review Press.

Brighouse, Harry and Erik Olin Wright. 2008. "Strong Gender Egalitari-anism," *Politics & Society*. 36(3): 360-372.

Bujol, Charles and Genevieve Fournier. 2008. "Occupational Represen-tations of Workers in Nonstandard and Precarious Work Situations," *Journal of Career Assessment*. 16(3): 339-359.

Burgess, Peter. 1996. *European Management Guides: Industrial Relations and Collective Bargaining*. Institute of Personnel and Development.

Cameron, David R. 1984. "Social Democracy, Corporatism, Labour Quiescence and the Representation of Economic Interest in Advanced Capitalist Society," in John. H. Goldthorpe, ed., *Order and Conflict in Contemporary Capitalism*, Oxford: Clarendon Press.

Calmfors, Lars and John Driffill. 1988. "Bargaining Structure, Corporatism and Macroeconomic Performance," *Economic Policy*. 3(6): 13-61.

Camara, Javier Arribas and Luis Cardenas. 2022. "Trajectories of Liberalization on the European Industrial Relations Systems," *Work Organization, Labour & Globalization*. 16(2): 21-39.

Casassas, David, Daniel Raventos, and Maciej Szlinder. 2019. "Socialist Arguments for Basic Income," in Malcolm Torry, ed., *The Palgrave International Handbook of Basic Income*. Switzerland: Palgrave Macmillan. 459-476.

Cha, Youngjoo and Kim A. Weeden. 2014. "Overwork and the Slow Convergence in the Gender Gap in Wages," *American Sociological Review*. 79(3): 457-484.

Chrisp, Joe and Luke Martinelli. 2019. "Neither Left Nor Right" in Malcolm Torry, ed., *The Palgrave International Handbook of Basic Income*. Switzerland: Palgrave Macmillan. 477-492.

Chung, Heejung. 2020. "Gender, Flexibility Stigma and the Perceived Negative Consequences of Flexible Working in the UK." *Social Indicators Research*. 151(2): 521-545.

Chung, Heejung and Tanja van der Lippe. 2020. "Flexible Working, Work-Life Balance, and Gender Equality: Introduction." *Social Indicators Research*. 151(2): 365-381.

Chung, Heejung and Mariska van der Horst. 2020. "Flexible Working and Unpaid Overtime in the UK: The Role of Gender, Parental and Occupational Status." *Social Indicators Research*. 151: 495-520.

Clark, Andrew E. 1998. "Measures of job satisfaction: What makes a good job? Evidence from OECD countries", *OECD Labour Market and Social Policy Occasional Papers*, No. 34, OECD Publishing. http://dx.doi.org/10.1787/670570634774

Cole, Brooklyn M. and Manjula S. Salimath. 2013. "Diversity Identity Management: An Organizational Perspective," *Journal of Business Ethics*. 116(1): 151-161.

Comi, Simona, Mara Grasseni, Federica Origo and Laura Pagani. 2020. "Where Women Make a Difference: Gender Quotas and Firm's Performance in Three European Countries," *ILR Review*. 73(3): 768-793.

Commons, John R. 1909. "American Shoemakers, 1648-1895: A Sketch of

Industrial Evolution," *The Quarterly Journal of Economics*. 24(1): 39-84.
Compa, Lance. 1993. "Labor Rights and Labor Standards in International Trade". *Law and Policy in International Business*. 25: 165-191.
Correll, Shelley J., Katherine R. Weisshaar, Alison T. Wynn and JoAnne Delfino Wehner. 2020. "Inside the Black Box of Organizational Life," *American Sociological Review*. 85(6): 1022-1050.
Craypo, Charles, 1986. *The Economics of Collective Bargaining: Case Studies in the Private Sector*, Washington D.C.: The Bureau of National Affairs.
Cranford, Cynthia J., Leah F. Vosko and Nancy Zukewich. 2003. "The Gender of Precarious Employment in Canada." *Industrielles/Industrial Relations*. 58(3): 454-482.
Croucher, Richard and Lilian Miles. 2009. "The Legal Structuring of Women's Collective Voice in the South Korean workplace," *Journal of Contemporary Asia*. 39(2): 231-246.
Davis-Blake, Alison and Brian Uzzi. 1993. "Determinants of Employment Externalization: A study of temporary workers and independent contractors," *Administrative Science Quarterly*. 38(2): 195-223.
Deakin, Simon. 2002. "The Evolution of the Employment Relationship," ILO Symposium on the Future of Work, Employment and Social Protection, Lyon.
De Bustillo, Rafael Munoz, Enrique Fernández-Macías, Jose Ignacio Anton, Fernando Esteve. 2009. *Indicators of Job Quality in the European Union*. European Parliamentary Committee: Directorate General for Internal Policies.
Dekker, Fabian. 2010. "Self-Employed without Employees: Managing Risks in Modern Capitalism," *Politics & Policy*. 38(4): 765-788.
De Ruyter, Alex and Tonia Warnecke. 2008. "Gender, Non-standard Work and Development Regimes: A Comparison of the USA and Indonesia," *Journal of Industrial Relations*. 50(5): 718-735.
De Ruyter, Alex, Martyn Brown, and John Burgess. 2019. "Gig Work and the

Fourth Industrial Revolution," *Journal of International Affairs*. 72(1): 37-50.

Djankov, Simeon and Federica Saliola. 2019. "The Changing Nature of Work," *Journal of International Affairs*. 72(1): 57-74.

Doeringer, Peter B. and Michael J. Piore. 1971. *Internal Labor Markets and Manpower Analysis*. Lexington, Mass.: Heath.

Dore, Ronald. 1973. *British Factory, Japanese Factory: The Origins of National Diversity in Industrial Relations*. Berkeley and Los Angeles: University of California Press.

Dunlop, John T. 1958. *Industrial Relations Systems*. New York: Holt.

Edwards, Richard C. 1975. "The Social Relations of Production in the Firm and Labor Market Structure," in Richard C. Edwards, Michael Reich and David M. Gordon (eds.), *Labor Market Segmentation*. Lexington, Mass.: D. C. Heath.

________. 1979. *Contested Terrain: The Transformation of the Workplace in the Twentieth Century*. New York: Basic Books.

Ehrenberg, Ronald G. and Robert Stewart Smith. 2003. *Modern Labor Economics: Theory and Public Policy*. Boston: Addison-Wesley.

Ehrenreich, Barbara and Arlie Russell Hochschild, 2003. *Global Woman: Nannies, Maids, and Sex Workers in the New Economy*. London: Macmillan.

Eichhorst, Werner, et al. 2013. *Social Protection Rights of Economically Dependent Self-employed Workers*. European Parliament. http://www.europarl.europa.eu/studies

Eichhorst, Werner, Holger Hinte, Ulf Rinne and Verena Tobsch. 2017. "How Big is the Gig? Assessing the Preliminary Evidence on the Effects of Digitalization on the Labor Market," *Management Revue*. 28(3): 298-318.

Eklund, Ronnie. 2004. "Sweden," in Sciarra, Silvana, Paul Davis and Mark Freedland eds., *Employment Policy and the Regulation of Part-time Work in the European Union*. Cambridge: Cambridge University Press.

Emmenegger, Patrick, Silja Hausermann, Bruno Palier and Martin Seeleib-

Kaiser (eds.) 2012. *The Age of Dualization: The Changing Face of Inequality in Deindustrializing Societies*. New York: Oxford University Press.

England, Paula and Nancy Polbre, 2005. "Gender and Economic Sociology" in Smelser, N. J. and R. Swedberg, eds., *The Handbook of Economic Sociology*, 2nd edition. Princeton and Oxford: Princeton University Press. 627-649.

Esping-Andersen, Gøsta. 1985. *Politics Against Markets*. Princeton: Princeton University Press.

________. 1990. *The Three Worlds of Welfare Capitalism*. Princeton: Princeton University Press.

Estund, Cynthia. 2018. "What Should We Do After Work? Automation and Employment Law." *The Yale Law Journal*. 128(2): 254-326.

European Commission. 2006. "Modernising Labour Law to Meet the Challenges of the 21st Century," European Commission Green Paper, Brussels.

________. 2021. Directive of the European Parliament and of the Council on Improving Working Conditions in Platform Work. Brussels. December 9, 2021.

Figart, Deborah M. and Lonnie Golden. 1998. "The Social Economies of Work Time: Introduction," *Review of Social Economy*. 56(4): 411-424.

Filene, Edward. 1923. "The Minimum Wage and Efficiency," *The American Economic Review*. 13(3): 411-415.

Flanagan, Robert J. 1987. "Efficiency and Equality in Swedish Labor Market," in Barry P. Bosworth and Alice M. Rivlin (eds.), *Swedish Economy*. Washington D.C.: Brookings Institute.

Flanders, Alan. 1970. *Management and Unions: the Theory and Reform of Industrial Relations*. Oxford: Oxford University Press.

Fleischer, Miranda Perry and Daniel Hemel. 2020. "The Architecture of a Basic Income," *The University of Chicago Law Review*. 87(3): 625-710.

Fleischer, Miranda Perry and Otto Lehto. 2019. "Libertarian Perspectives on Basic Income," in Malcolm Torry, ed., *The Palgrave International Handbook of Basic Income*. Switzerland: Palgrave Macmillan. 439-458.

Fraser, Nancy. 1994. "After the Family Wage: Gender Equity and the Welfare State," *Political Theory*. 22(4): 591-618.

Freeman, Richard B. 2004. "What Do Unions Do?-The 2004 M-Brane Stringtwister Edition," *Journal of Labor Research*. XXVI(4): 641 668.

Freeman, Richard B. and Jeffrey Pelletier. 1990. "The Impact of Industrial Relations Legislation on British Union Density," *British Journal of Industrial Relations*. 28(2): 141-164.

Freeman, Richard B. and James L. Medoff. 1984. *What Do Unions Do?*. N.Y.: Basic Books.

Gilbert, Jacqueline A., Bette Ann Stead and John M. Ivancevich. 1999. "Diversity Management: A New Organizational Paradigm," *Journal of Business Ethics*. 21(1): 61-76.

Ginsburg, Helen, June Jaccone, Gertrude Schaffner Goldberg, Sheila D. Colins, and Sumner M. Rosen. 1997. "Special Issue on: The Challenge of Full Employment in the Global Economy, Editorial Introduction," *Economic and Industrial Democracy*. 18(5): 5-34.

Golden, Lonnie and Deborah Figart. 2000. "Doing Something about Long Hours," *Challenge*. 43(6): 15-37.

Gornick, Janet C. and Marcia K. Meyers. 2008. "Creating Gender Egalitarian Societies: An Agenda for Reform," *Politics & Society*. 36(3): 313-349.

Gottfried, Heidi. 2008. "Pathways to Economic Security: Gender and Nonstandard Employment in Contemporary Japan," *Social Indicators Research*. 88: 179-196.

Hanus, Karel. 2014. "The Decline of Centralized Collective Wage Bargaining in Sweden," *Slovak Journal of Political Sciences*. 14(1): 53-73.

Healey, Nigel M. 1992. "The Thatcher Supply-Side 'Miracle': Myth or Reality?," *The American Economist*. 36(1): 7-12.

Hirst, Paul and Jonathan Zeitlin. 1991. "Flexible Specialization vs. Post-Fordism: Theory, Evidence and Policy Implications," *Economy and Society*. 20(1): 5-9.

Hobsbawm, E. J. 1949. "General Labor Unions in Britain, 1889-1914," *The*

Economic History Review, New Series 1(2/3): 123-142.

Homberg, Michael, Laura Lükemann and Anja-Kristin Abendroth. 2023. "From 'Home Work' to 'Home Office Work'?," *Work Organization, Labour & Globalization*. 17(1): 74-116.

Hudson-Ward, Alexia. 2014. "Eying the New Diversity," *American Libraries*. 45(7/8): 32-35.

Hutton, Will. 1987. "Thatcher's Half-Revolution," *The Wilson Quarterly*. 11(4): 123-134.

ILO. 2003. *Report V: The Scope of the Employment Relationship*. Inter-national Labor Organization.

________. 2006. Report V(1): *The Employment Relationship*. International Labor Organization.

Jencks, Christopher, Lauri Perman, Lee Rainwater. 1988. "What is a Good Job? A new measure of labor-market success," *American Journal of Sociology*. 93(6): 1322-1357.

Kalleberg, Arne, L. 2000. "Nonstandard Employment Relations: Part-time, Temporary, and Contract Work," *Annual Review of Sociology*. 26: 341-365.

________. 2001. "Organizing flexibility: The Flexible Firm in an New Century," *British Journal of Industrial Relations*. 39(4): 479-504.

________. 2009. "Precarious Work, Insecure Workers: Employment relations in transition," *American Sociological Review*. 74: 1-22.

________. 2011. *Good Jobs, Bad Jobs: The Rise of Polarized and Precarious Employment Systems in the United States, 1970s to 2000s*. New York: Russell Sage Foundation.

________. 2012. "Job Quality and Precarious Work: Clarifications, Controversies and Challenges," *Work and Occupations*. 39(4): 427-448.

Kalleberg, Arne. L. and Arge B. Sørensen, 1979. "The Sociology of Labor Markets," *Annual Review of Sociology*. 5: 351-379.

Kalleberg, Arne. L. and Kevin Hewison. 2013. "Precarious Work and the Challenge for Asia," *American Behavioral Scientist*, 57(3): 271-288.

Kalleberg, Arne L., Barbara F. Reskin and Ken Hudson. 2000. "Bad Jobs in America: Standard and Nonstandard Employment Relations and Job Quality in the United States," *American Sociological Review*. 65(2): 256-278.

Kassalow, Everett M. 1982. "Industrial Democracy and Collective Bargaining: a Comparative view," *Labour and Society*. 7(3): 209-230.

Kautonen, Teemu, Simon Down, Friederike Welter, Pekka Vainio, Jenni Palmroos, Kai Althoff, Susanne Kolb. 2010. ""Involuntary Self-employment" as a Public Policy Issue: a cross-country European review," *International Journal of Entrepreneurial Behavior & Research*. 16(2), 112-129.

Kelly, Erin and Frank Dobbin. 1998. "How Affirmative Action Became Diversity Management: Employer Response to Antidiscrimination Law, 1961 to 1996," *American Behavioral Scientist*. 41(7): 960-984.

Kim, Haejin. and Paula B. Voos. 2007. "The Korean Economic Crisis and Working Women," *Journal of Contemporary Asia*. 37(2): 190-208.

Kim, Ji Hong. 1990. "Korean Industrial Policy in the 1970s: The Heavy and Chemical Industry Drive," KDI Working Paper No. 9015. Korea Development Institute.

Kim, Soh-yeong. 2009. "Precarious Work of Korea," *Labor Law Review*(『노동법학』) 31: 209-233.

Kim, Younggil. 2021. "Does Board Gender Diversity Improve the Firm Performance?," *KJMAR*(『관리회계연구』) 21(3): 207-227.

Kochan, Thomas A., Harry C. Katz, and Robert B. McKersie. 1986. *The Transformation of American Industrial Relations*. New York: Basic Books.

Korpi, Walter. 1983. *The Democratic Class Struggle*. London and Boston: Routledge, Kegan Paul.

Kunze, Florian, Stephan A. Boehm and Heike Bruch. 2011. "Age Diversity, Age Discrimination Climate and Performance Consequences-A Cross Organizational Study," *Journal of Organizational Behavior*. 32(2): 264-290.

Kurowska, Anna. 2020. "Gendered Effects of Home-Based Work on Parents' Capability to Balance Work with Non-work: Two Countries with Different

Models of Division of Labour Compared." *Social Indicators Research*. 151: 405-425.

Lancker, Wim Van. 2012. "The European World of Temporary Employ-ment: Gendered and Poor?," *European Societies*. 14(1): 83-111.

Lee, Joohee. 1997. "Class Structure and Class Consciousness in South Korea," *Journal of Contemporary Asia*. 27(2): 135-154.

________. 2004. "Taking Gender Seriously: Feminization of Nonstandard Work in Korea and Japan," *Asian Journal of Women's Studies*. 10(1): 25-48.

________. 2011. "Bewteen Fragmentaiton and Centralization: South Korean Industrial Relations in Transition," *British Journal of Industrial Relations*. 49(4): 767-791.

________. 2023. "Shadow Labor in Care Services: Why Do Korean Women Care Workers Work Such Long Hours and Get Paid So Little?," *Journal of Korean Studies*. 28(2): 253-280.

Lee, Joohee and Funkoo Park. 2007. "Globalization and the Changing Structure of Employment Relations in the Korean Banking Industry", in Jim Kitay, Leanne Cutcher, Nick Wailes, and Roger Blanpain (eds.), *Globalization and Employment Relations in Retail Banking*. The Hague: Kluwer Law International. 63: 99-115.

Lee, Wonduck and Joohee Lee, 2004. "Will the Model of Uncoordinated Decentralization Persist? Changes in Korean Industrial Relations after the Financial Crisis," in Harry Katz, Wonduck Lee and Joohee Lee (eds.), *The New Structure of Labor Relations: Tripartism and Decentralization*. Ithaca: Cornell University Press.

Lenin, Vladimir I. [1902]1973. *What Is to Be Done?*. Peking: Foreign Languages Press.

Leveson, Irving F. 1967. "Relations in Hours of Work as a Source of Productivity Growth," *Journal of Political Economy*. 75(2): 199-204.

Levin-Waldman, Oren M. 2000. "Minimum Wage and Justice?," *Review of Social Economy*. 58(1): 43-62.

________. 2011. "From a Narrowly Defined Minimum Wage to Broader Wage Policy," *Review of Social Economy*. 69(1): 77-96.

Lewis, Jane. 2009. *Work-family Balance, Gender and Policy*. Cheltenham, UK: Edward Elga Publishing.

Liebman, Wilma B. 2017. "Debating the Gig Economy, Crowdwork and New Forms of Work," Soziales Recht. 7(6): 221-238.

Lister, Ruth. 2002. "The Dilemmas of Pendulum Politics: Balancing Paid Work, Care and Citizenship," *Economy and Society*. 31(4): 520-532.

Locke, Richard M. and Kathleen Thelen. 1995. "Apples and Oranges Revisited: Contextualized Comparisons and the Study of Comparative Labor Politics," *Politics and Society*. 23(3): 337-367.

Lott, Yvonne. 2020. "Does Flexibility Help Employees Switch Off from Work? Flexible Working-Time Arrangements and Cognitive Work-to-Home Spillover for Women and Men in Germany." *Social Indicators Research*. 151(2): 471-494.

Marler, Janet H. and Phyllis Moen, 2005. "Alternative Employment Arrangements: A Gender Perspective," *Sex Roles*. 52(5/6): 337-349.

Martin, Andrew. 1979. "The Dynamics of Change in a Keynseian Political Economy: The Swedish Case and Its Implications," in Colin Crouch (ed.), *States and Economy in Contemporary Capitalism*, London: Croom Helm.

Marx, Karl. [1867]1967. *Capital Vol. 1*. New York: International Publishers.

Marx, Karl and Frederick Engels. [1848]1948. *The Communist Manifesto*. New York: International Publishers.

McGovern, Patrick, Deborah Smeaton, and Stephen Hill, 2004. "Bad Jobs in Britain: Nonstandard Employment and Job Quality," *Work and Occupations*. 31(2): 225-249.

Meidner, Rudolf. 1980. "Capital Formation through Employee Investment Funds, a Swedish Proposal," Benjamin Martin and Everett M. Kassalow (eds.), *Labor Relations in Advanced Industrial Societies: Issues and Problems*. Carnegie Endowment for International Peace: Washington D.C.

and New York.

Muehlberger, Ulrike and Sonia Bertolini, 2008. "The Organizational Governance of Work Relationships between Employment and Self-employment," *Socio-Economic Review*. 6(3): 449-472.

Muehlberger, Ulrike and Silvia Pasqua. 2009. "Workers on the Border between Employment and Self-employment," *Review of Social Economy*. 67(2): 201-228.

Nijhuis, Dennie Oude. 2016. "The TUC and the Failure of Labour's Postwar Social Agenda," *International Labor and Working-Class History*. 89: 162-183.

OECD. 1994. "Collective Bargaining: Levels and Coverage," *OECD Employment Outlook*. 1994. OECD.

_______. 1997. "Economic Performance and the Structure of Collective Bargaining," *OECD Employment Outlook*, 1997. OECD.

_______. 2000. "The Partial Renaissance of Self-employment," *OECD Employment Outlook*, 2000. OECD.

_______. 2010. "How Good is Part-time Work?" *OECD Employment Outlook*, 2010. OECD.

_______. 2017. "Collective Bargaining in a Changing World of Work," *OECD Employment Outlook* 2017. OECD.

_______. 2020. *Policies and Practices to Promote Women in Leadership Roles in the Private Sector*. Report prepared by the OECD for the G20 EMPOWER Alliance.

Offe, Claus. 1992. "A Non-Productivist Design for Social Policies," in Philippe van Parijs, ed., *Arguing for Basic Income*. London: Verso. 61-78.

Offe, Claus and Helmut Wiesenthal. 1980. "Two Logics of Collective Action: theoretical notes on social class and organizational form," in Maurice Zeitlin, ed, *Political Power and Social Theory*, 1.

Olsen, Jesse E. and Luis L. Martins, 2012. "Understanding Organizational Diversity Management Programs: A Theoretical Framework and Directions for Future Research," *Journal of Organizational Behavior*. 33(8): 1168-1187.

Osteraman, Paul. 1999. *Securing Prosperity—The American Labor Market: How It Has Changed and What to Do about It*. Princeton: Princeton University Press.

Pasquale, Frank. 2016. "Two Narratives of Platform Capitalism," *Yale Law & Policy Review*. 35(1): 309-319.

Pencavel, John. 2015. "The Productivity of Working Hours," *The Economic Journal*. 125(589): 2052-2076.

________. 2016. "Recovery from Work and the Productivity of Working Hours," *Economica*. 83(332): 545-563.

Perlman, Selig. 1928. *A Theory of Labor Movement*. New York: Macmillan.

Pernicka, Susanne. 2005. "The Evolution of Union Politics for Atypical Employees: A comparaison between German and Austrian trade unions in the private service sector," *Economic and Industrial Democracy*. 26(2): 205-228.

Perulli, Adalberto. 2003. "Economically Dependent/Quasi-subordinate(parasubordinate) Employment: legal, social and economic aspects," Study for the European Commission. Brussels.

Piore, Michael J. 1975. "Notes for a Theory of Labor Market Stratification," in Richard C. Edwards, Michael Reich and David M. Gordon (eds.), *Labor Market Segmentation*. Lexington, Mass.: D. C. Heath.

Pitts, David. 2009. "Diversity Management, Job Satisfaction, and Performance: Evidence from U.S. Federal Agencies," *Public Administration Review*. 69(2): 328-338.

Polanyi, Karl. [1944]1957. *The Great Transformation: the Political and Economic Origins of Our Time*. Boston: Beacon Press.

Pollin, Robert. 2007. "Economic Prospects: Making the Federal Minimum Wage a Living Wage," *New Labor Forum*. 16(2): 103-107.

Powell, Walter W. 1990. "Neither Market nor Hierarchy: Network forms of organization," *Research in Organizational Behavior*. 12: 295-336.

Rabl, Tanja and María del Carmen Triana. 2014. "Organizational Value for Age Diversity and Potential Applicants' Organizational Attraction: Individual Attitudes Matter," *Journal of Business Ethics*. 121(3): 403-417.

Ritter, Joseph A. and Richard Anker. 2002. "Good Jobs, Bad Jobs: Workers' evaluations in five countries," *International Labour Review*. 141(4): 331-358.

Robertson, David Brian. 1986. "Mrs. Thatcher's Employment Prescription: An Active Neo-Liberal Labor Market Policy," *Journal of Publicy Policy*. 6(3): 275-296.

Román, Condepcion, Emilio Congregado, and Jose Maria Millán, 2011. "Dependent Self-employment as a Way to Evade Employment Protection Legislation," *Small Business Economics*, 37(3), 33-392.

Ryan, Michelle K. and S. Alexander Haslam. 2007. "The Glass Cliff: Exploring the Dynamics Surrounding the Appointment of Women to Precarious Leadership Positions," *Academy of Management Review*. 32(2): 549-572.

Schmitter, Philippe C. 1974. "Still the Century of Corporatism?" *The Review of Politics*. 36(1): 85-131.

Schmitter, Philippe C. and Jürgen R. Groat 1997. "The Corporatist Sisyphus: Past, Present and Future," EUI Working Paper SPS No. 97/4. European University Institute, Florence, Department of Political and Social Sciences.

Schnabel, Claus, Stefan Zagelmeyer, and Susanne Kohaut. 2006. "Collective Bargaining Structure and Its Determinants: An empirical analysis with British and German Establishment Data," *European Journal of Industrial Relations*. 12(2): 165-188.

Schregle, Johannes. 1981. "Comparative Industrial Relations: Pitfalls and Potential," *International Labour Review*. 120(1): 15-30.

Schulz Buschoff, Karin and Claudia Schmidt. 2009. "Adapting labour law and social security to the needs of the 'new self-employed'—comparing the UK, Germany and the Netherlands," *Journal of European Social Policy*. 19(2): 147-159.

Scott, Peter and Anna Spadavecchia. 2011. "Did the 48-hour week damage

Britain's Industrial Competitiveness?," *The Economic History Review*. 64(4): 1266-1288.

Shin, Kwang-Young. 2010. "Globalization and the Working Class in South Korea: Contestation, Fragmentation and Renewal," *Journal of Contemporary Asia*, 40(2): 211-229.

Soskice, David. 1983. "Collective Bargaining and Economic Policies," Manpower and Social Affairs Committee. OECD.

_______. 1990. "Reinterpreting Corporatism and Explaining Unemploy-ment: Coordinated and Non-coordinated Market Economies. in eds., R. Brunetta and C. Dell'Aringa, *Labor Relations and Economic Performance*. London: Macmillan.

Standing, Guy. 2011. *The Precariat: The New Dangerous Class*. London and New York: Bloomsbury Academic.

Stone, Katherine Van Wezel. 1995. "Labor and the Global Economy: Four Approaches to Transnational Labour Regulation," *Michigan Journal of International Law*. 16(4): 987-1028.

Streeck, Wolfgang. 2005. "The Sociology of Labor Markets and Trade Unions," in N.J. Smelser and R. Swedberg (eds.), *The Handbook of Economic Sociology*. Princeton: Princeton University Press.

Sturmthal, Adolf. 1951. "Comments on Selig Perlman's: A Theory of Labor Movement," *Industrial and Labor Relations Review*. 4(2): 483-496.

Supiot, Alain. 1999. *Transformation of labour and future of labour law in Europe*. Report for the European Commission. Paris.

_______. 2001. *Beyond Employment: Changes in Work and the Future of Labour Law in Europe*. Oxford: Oxford University Press.

Swenson, Peter. 1989. *Fair Shares: Unions, Pay, and Politics in Sweden and West Germany*. Ithaca: Cornell University Press.

_______. 1991. "Bringing Capital Back In, or Social Democracy Reconsidered: Employer Power, Cross-class Alliances, and Centralization of Industrial Relations in Denmark and Sweden," *World Politics*. 43: 513-545.

Swinnerton, Kenneth A. and Gregory K. Schoepfle. 1994. “Labor Standards in the Context of a Global Economy,” *Monthly Labor Review*. 117(9): 52-58.

Taylor-Gooby, Peter. 2004. “New Risks and Social Change,” in Peter Taylor Gooby (ed.), *New Risks, New Welfare: The Transformation of the European Welfare State*, Oxford: Oxford University Press, pp. 1-28.

Thelen, Kathleen. 2019. “Transitions to the Knowledge Economy in Germany, Sweden, and the Netherlands,” *Comparative Politics*, 51(2): 295-315.

Torry, Malcolm. 2019. “The Definition and Charcteristics of Basic Income,” in Malcolm Torry, ed., *The Palgrave International Handbook of Basic Income*. Switzerland: Palgrave Macmillan. 15-29.

Traxler, Franz. 1995a. “Farewell to Labour Market Associations? Organized versus Disorganized Decentralization as a Map for Industrial Relations,” in Colin Crouch and Franz Traxler (eds.), *Organized Industrial Relations in Europe: What Future?*, Avebury, Ashgate.

________. 1995b. “From Demand-side to Supply-side Corporatism? Austria’s Labour Relations and Public Policy,” in Colin Crouch and Franz Traxler (eds.), *Organized Industrial Relations in Europe: What Future?*, Avebury, Ashgate.

U.S. Department of Labor. 1998. *Federal Contract Compliance Manual (FCCM)*.

Van der Lippe, Tanja and Zoltán Lippényi. 2020. *Social Indicators Research*. 151(2): 383-403.

Varoufakis, Yanis. 2023. *Technofeudalism: What Killed Capitalism*. London: The Bodley Head.

Vosko, Leah F. 2008. “Temporary Work in Transnational Labor Regulation: SER-Centrism and the Risk of Exacerbating Gendered Precariousness,” *Social Indicators Research*. 88: 131-145.

________. 2010. *Managing the Margins: Gender, Citizenship, and the International Regulation of Precarious Employment*. Oxford: Oxford University Press.

Webb, Sidney and Beatrice Webb. 1920. *Industrial Democracy*. London:

Longmans, Green.
Weil, David. 2014. *The Fissured Workplace: Why Work Become So Bad for So Many and What Can Be Done to Improve It*. Boston: Harvard University Press.
Williams, Christine L., Chandra Muller and Kristine Kilanski. 2012. "Gendered Organizations in the New Economy," *Gender and Society*. 26(4): 549-573.
Williamson, John. 1993. "The Emergent Development Policy Consensus," paper presented to a Conference on Sustainable Development with Equity in the 1990s, at the University of Wisconsin-Madison, 13-16 May.
Womack, James P., Daniel T. Jones and Daniel Roos. 1991. *The Machine That Changed the World: The Story of Lean Production*. New York: HarperCollins.
Worcester, Kent. 1989. "Ten Years of Thatcherism," World Policy Jouranl. 6(2): 297-320.
Wright, Erik Olin. 2010. *Envisioning Real Utopias*. London: Verso.
Young, Marisa C. 2010. "Gender Differences in Precarious Work Settings," *Relations Industrielles/Industrial Relations*. 65(1): 74-97.
Yu, Wei-hsin, 2012. "Better Off Jobless? Scarring Effects of Contingent Employment in Japan," *Social Forces*, 90(3): 735-768.
Zeytinoglu, Isik U. and Gor25don B. Cooke. 2008. "Non-standard Employment and Promotions: A Within Genders Analysis," *Journal of Industrial Relations*. 50(2): 319-337.

찾아보기

노동의 균열

조직과 삶의 새 패러다임 찾기

펴낸날 1판 1쇄 2025년 6월 24일
지은이 이주희
펴낸이 주소현
펴낸곳 이화여자대학교출판문화원
주소 서울특별시 서대문구 이화여대길 52 (우 03760)
등록 1954년 7월 6일 제9-61호
전화 02) 3277-2965 (편집), 02) 362-6076 (마케팅)
팩스 02) 312-4312
전자우편 press@ewha.ac.kr
홈페이지 www.ewhapress.com
책임편집 김가영
디자인 정혜진
찍은곳 한영문화사

ISBN 979-11-5890-548-4 93330
값 27,000원

* 잘못된 책은 구입처에서 바꾸어 드립니다.